O DIREITO AO SILÊNCIO NO PROCESSO PENAL

Uma abordagem sobre o princípio *nemo tenetur se detegere*

MARCUS RENAN PALÁCIO DE
MORAIS CLARO DOS SANTOS

O DIREITO AO SILÊNCIO NO PROCESSO PENAL

Uma abordagem sobre o princípio *nemo tenetur se detegere*

5ª edição, revista, ampliada e atualizada

Belo Horizonte
FÓRUM
CONHECIMENTO
2025

2020 2ª edição
2021 3ª edição
2022 4ª edição
2025 5ª edição

FÓRUM
CONHECIMENTO

Luís Cláudio Rodrigues Ferreira
Presidente e Editor

Coordenação editorial: Leonardo Eustáquio Siqueira Araújo
Thaynara Faleiro Malta
Revisão: Carolina Sueto Moreira
Capa, projeto gráfico e diagramação: Walter Santos

Rua Paulo Ribeiro Bastos, 211 – Jardim Atlântico – CEP 31710-430
Belo Horizonte – Minas Gerais – Tel.: (31) 99412.0131
www.editoraforum.com.br – editoraforum@editoraforum.com.br

Técnica. Empenho. Zelo. Esses foram alguns dos cuidados aplicados na edição desta obra. No entanto, podem ocorrer erros de impressão, digitação ou mesmo restar alguma dúvida conceitual. Caso se constate algo assim, solicitamos a gentileza de nos comunicar através do *e-mail* editorial@editoraforum.com.br para que possamos esclarecer, no que couber. A sua contribuição é muito importante para mantermos a excelência editorial. A Editora Fórum agradece a sua contribuição.

Dados Internacionais de Catalogação na Publicação (CIP) de acordo com ISBD

S237d Santos, Marcus Renan Palácio de Morais Claro dos

O direito ao silêncio no processo penal: uma abordagem sobre o princípio *nemo tenetur se detegere* / Marcus Renan Palácio de Morais Claro dos Santos. -- 5. ed. rev. ampl. e atual. --. Belo Horizonte: Fórum, 2025.

234 p. 14,5x21,5cm
ISBN impresso 978-85-450-0851-4
ISBN digital 978-85-450-0852-1

1. Direito ao silêncio. 2. Princípio *nemo tenetur se detegere*. 3. Vedação a não autoincriminação. I. Título.

CDD: 342
CDU: 342

Ficha catalográfica elaborada por Lissandra Ruas Lima – CRB/6 – 2851

Informação bibliográfica deste livro, conforme a NBR 6023:2018 da Associação Brasileira de Normas Técnicas (ABNT):

SANTOS, Marcus Renan Palácio de Morais Claro dos. *O direito ao silêncio no processo penal*: uma abordagem sobre o princípio *nemo tenetur se detegere*. 5. ed. rev. ampl. e atual. Belo Horizonte: Fórum, 2025. 234 p. ISBN 978-85-450-0851-4.

Dedico esta edição ao professor e jurista Guilherme de Souza Nucci, por toda a sua inestimável contribuição às ciências jurídico/ penal e processual penal brasileira, cujos ensinamentos doutrinários muito têm servido à formação (inicial e/ou complementar) acadêmica de todos quantos acessam suas obras e delas absorvem o melhor da doutrina nacional, tudo igualmente acrescido das jurisprudências consignadas nos Acórdãos de sua relatoria como Desembargador do Tribunal de Justiça de São Paulo/SP.

LISTA DE ABREVIATURAS E SIGLAS

AC – Acórdão
ADI – Ação Direta de Inconstitucionalidade
ANPP – Acordo de Não Persecução Penal
AgRg – Agravo Regimental
AG – Agravo
CADH – Convenção Americana de Direito Humanos
CEDH – Convenção Europeia de Direitos Humanos
CF – Constituição Federal
CNMP – Conselho Nacional do Ministério Público
CNJ – Conselho Nacional de Justiça
CP – Código Penal
CPB – Código Penal Brasileiro
CPI – Comissão Parlamentar de Inquérito
CPP – Código de Processo Penal
CRP – Constituição da República Portuguesa
CTB – Código de Trânsito Brasileiro
Des. – Desembargador
Desa. – Desembargadora
DF – Distrito Federal
DJE – Diário de Justiça do Estado
DJe – Diário da Justiça Eletrônico
DJU – Diário de Justiça da União
DUDH – Declaração Universal dos Direitos Humanos
EUA – Estados Unidos da América do Norte
HC – Habeas Corpus
JTACRIM – Jurisprudência do Tribunal de Alçada Criminal
JTJ – Jurisprudência do Tribunal de Justiça
LCP – Lei das Contravenções Penais
LEP – Lei de Execução Penal
MP – Ministério Público
MS – Mandado de Segurança
MG – Minas Gerais
Min. – Ministro

RE – Recurso Extraordinário
REsp – Recurso Especial
RJDTACRIM – Revista de Jurisprudência do Tribunal de Alçada Criminal
RMS – Recurso em Mandado de Segurança
ROMS – Recurso Ordinário em Mandado de Segurança
Rel. – Relator
Relª. – Relatora
SC – Santa Catarina
SP – São Paulo
STF – Supremo Tribunal Federal
STJ – Superior Tribunal de Justiça
STJ de Portugal – Supremo Tribunal de Justiça de Portugal
TSE – Tribunal Superior Eleitoral
StPO – Código de Processual Penal Alemão
TACrimSP – Tribunal de Alçada Criminal de São Paulo
TC – Tribunal Constitucional
TO – Tocantins
TEDH – Tribunal Europeu dos Direitos do Homem
TJ – Tribunal de Justiça
TJCE – Tribunal de Justiça do Ceará
TJMG – Tribunal de Justiça de Minas Gerais
TJRJ – Tribunal de Justiça do Rio de Janeiro
TJSP – Tribunal de Justiça de São Paulo
TJDFT – Tribunal de Justiça do Distrito Federal e Territórios
TUE – Tratado de União Europeia
Trad. – Tradução
UNESCO – Organização das Nações Unidas para a Educação, a Ciência e a Cultura

SUMÁRIO

Passados três anos desde o esgotamento da 4ª edição deste livro, novas lições agora a ele tivemos que acrescentar, nomeada e especificamente em razão de recentes jurisprudências do Superior Tribunal de Justiça e do Supremo Tribunal Federal sobre o tema aqui dedicado, as quais, por óbvio, até então, não haviam sido objeto de apreciação nossa.

Com isso, e sempre, ressalte-se, ciente de que o esgotamento da matéria não sucumbiu, trazemos à tona esta 5ª edição, com a certeza de que o leitor nela encontrará o que de mais recente restou publicado pela doutrina e jurisprudência nacionais.

Discorremos nesta nova edição, entre outros muitos aspectos a ela acrescentados, sobre a decisão da 3ª Seção do Superior Tribunal de Justiça, datada de 21 de março de 2025, na qual ficou assentado, por unanimidade, que o Ministério Público não pode recusar a ofertar Acordo de Não Persecução Penal (ANPP) com base na ausência de confissão do investigado durante a fase de inquérito policial.

Também foi objeto de reflexões a possibilidade, ou não, de condução coercitiva da vítima em processo de ação penal pública incondicionada, quando, sem motivo justificado, embora regularmente intimada, deixa de comparecer em juízo para prestar declarações, face à proteção constitucional à sua dignidade e os reflexos sobre sua liberdade de locomoção, sem contar com a provável submissão que se denominou com a expressão "revitimização".

Para além disso, comentamos recentes decisões, inclusive do Supremo Tribunal Federal, sobre a possibilidade, ou não, de o réu prestar interrogatório seletivo, respondendo, tão só, o que lhe convier e/ou a quem optar por fazê-lo.

Outros elementos e informações de interesse constitucional, penal e processual penal restaram igualmente trazidos à baila, como forma de iluminar esta obra com o melhor do que pudemos pesquisar e colacionar.

Estas, pois, e muitas outras notas constam desta novel publicação.

Deste modo, como já dito anteriormente, esperamos que o público interessado por esse tema permaneça bem informado e atento sobre o secular princípio *nemo tenetur se detegere*.

Fortaleza/CE, junho de 2025

O autor

O tema central deste livro – o princípio *nemo tenetur se detegere* – é atemporal. Por isso, a invocação desse princípio para quem dele se socorre, as decisões judiciais que o fazem por incidi-lo nos casos submetidos à apreciação e os estudos sobre esse direito fundamental do ser humano são recorrentes, daí a imposição do autor em manter o leitor atualizado sobre as mais recentes deliberações, fundamentações, lições e argumentações que nele se inspiram e/ou que negam sua presença em variadas situações.

À guisa de exemplo, relembre-se que a Resolução nº 181/2017 (com as alterações feitas pela Resolução nº 183/2018) do Conselho Nacional do Ministério Público (CNMP), disciplinando a instauração e tramitação do procedimento investigatório criminal a cargo do Ministério Público e prevendo o Acordo de Não Persecução Penal (ANPP), muito embora tenha sido objeto de duas ações diretas de inconstitucionalidade ajuizadas perante o Supremo Tribunal Federal, uma pelo Conselho Federal da Ordem dos Advogados do Brasil (ADI nº 5.793) e a outra manejada pela Associação dos Magistrados Brasileiros (ADI nº 5.790), trouxe à baila questionamentos sobre o referido princípio, na medida em que passou a exigir, do investigado, sua confissão quanto à autoria delituosa, como pressuposto à obtenção premial.

Em seguida, antes, pois, dos julgamentos daquelas ações diretas de inconstitucionalidade, o que as fez perder, a rigor, seus objetos, o ordenamento jurídico brasileiro foi contemplado com a Lei nº 13.964, de 24.12.2019 (entrou em vigor em data de 23.01.2020), a qual restou "batizada" de "Pacote Anticrime", alterando as redações de alguns dispositivos do Código de Processo Penal, e acrescentando outros, entre eles o 28-A, cuja redação de seu *caput* está vazada nos seguintes termos: "Não sendo o caso de arquivamento e tendo o investigado confessado formal e circunstancialmente a prática da infração penal sem violência ou grave ameaça e com pena mínima inferior a 4 (quatro) anos, o Ministério Público Poderá propor acordo de não persecução penal, desde que necessário e suficiente para a reprovação e prevenção do crime, mediante as seguintes condições ajustadas cumulativa e alternadamente".

Uma vez mais, destarte, veio à baila a discussão sobre o alcance, ou não, do mencionado princípio, na medida em que o referido dispositivo processual penal impõe, como condição *sine qua non* ao oferecimento do Acordo de Não Persecução Penal, que o investigado confesse "formal e circunstancialmente a prática da infração penal", pelo que a doutrina de logo suscitou divergentes interpretações sobre o malferimento, ou não, do princípio *nemo tenetur se detegere*, cujas algumas dessas posições foram expostas e comentadas nesta nova edição.

Sequenciando, o Senado da República Federativa do Brasil instaurou, em 2021, uma Comissão Parlamentar de Inquérito (CPI), popularmente denominada "CPI da Pandemia" (COVID-19), cujos convocados a depor, tanto como testemunhas quanto como investigados, se louvaram de *habeas corpus* junto ao Supremo Tribunal Federal, forçando os Ministros e as Ministras que integram esse Pretório Excelso a decidirem, monocraticamente, em inúmeras oportunidades, sobre a prevalência, ou não, do princípio *nemo tenetur se detegere* como elemento nodal das respectivas quizilas.

Assim, para além do que aqui já informado ter sido objeto de reflexões nesta 4ª edição, restaram incluídas outras questões pontuais, como, por exemplo, a que trata da condução coercitiva do acusado para fins de interrogatório, emprestando-se especial destaque à decisão proferida pelo Ministro Alexandre de Moraes, do Supremo Tribunal Federal, em data de 22.01.2022, nos autos do Inquérito nº 4.878/DF, a qual determinou, expressamente, a intimação do Presidente da República Federativa do Brasil, Jair Messias Bolsonaro, "para que compareça no dia 28/1/2022, às 14h00, PARA PRESTAR DEPOIMENTO PESSOAL, na sede da Superintendência da Polícia Federal no Distrito Federal", após haver o Chefe do Executivo nacional extrapolado o prazo anteriormente concedido para sua oitiva nos autos do procedimento inquisitorial anteriormente instaurado, no qual se apontam indícios de sua autoria na prática de ato delituoso. Uma vez mais, portanto, foi o princípio *nemo tenetur se detegere* mencionado.

Desse modo, esperamos que o público interessado por esse tema permaneça bem informado e atento sobre esse instigante princípio.

Fortaleza/CE, abril de 2022

O autor

Um mês depois do lançamento da segunda edição deste livro, o Ministro Celso de Mello, em sua última decisão enquanto integrante do Supremo Tribunal Federal, ao julgar, em data de 12.10.2020, o HC nº 186.797/RJ, trouxe à colação substanciosas lições, as quais muito dizem respeito ao tema principal tratado nesta obra, circunstância que, somada à boa acolhida que os leitores emprestaram àquela edição, cuja tiragem se esgotou em pouco tempo, forçou-nos, prazerosamente, em colocar à disposição dos que se interessam pelo estudo do princípio *nemo tenetur se detegere* uma nova publicação.

Para além disso, o Superior Tribunal de Justiça, avançando em sua jurisprudência, especificamente em relação à interpretação que vinha sendo anteriormente dada ao disposto no art. 307, do Código Penal, e, a rigor, nesse ponto, se afinando com a posição de há muito já assentada pelo Supremo Tribunal Federal, também alterou seu até então reiterado entendimento, pelo que o leitor vai encontrar nesta terceira edição a jurisprudência hoje prevalecente naquela Corte sobre a tipicidade da conduta do agente que, por ocasião de sua prisão, atribui a si falsa identidade, mesmo que assim o faça em situação de alegada autodefesa, a pretexto de que não é obrigado a se autoincriminar ou, em outras palavras, a produzir provas em seu desfavor. Por força desse novo e já consolidado entendimento, o STJ editou, inclusive, a Súmula nº 522, com o seguinte enunciado: "A conduta de atribuir-se falsa identidade perante a autoridade policial é típica, ainda que em situação de alegada autodefesa".

Novas lições doutrinárias e jurisprudenciais também foram acrescidas e comentadas, à medida que nos deparamos com a leitura de outros pesquisadores que se dispuseram a escrever sobre o assunto e com outras decisões das Cortes Superiores nacionais, com destaque às redações do parágrafo único do art. 186 e da parte final do art. 198, ambos do Código de Processo Penal, bem como restou acrescentada lição sobre o direito de o réu, quando de seu interrogatório, responder somente às perguntas que lhe forem formuladas por sua Defesa Técnica, recusando-se a se manifestar sobre questionamentos do Julgador e do Ministério Público.

Busca-se, pois, com esta nova edição, manter o leitor devidamente atualizado sobre os paradigmas dialéticos que permeiam este interessante e instigante princípio, sua invocada incidência ou a sua alegada não violação em sede de produção de prova.

Impõe-se, por oportuno, registrar nosso compromisso em deixar o leitor cientificado dos questionamentos suscitados em torno do princípio *nemo tenetur se detegere*, na medida em que nos vem a ser dado a conhecer mais sobre ele.

Fortaleza/CE, janeiro de 2021

O autor

APRESENTAÇÃO DA SEGUNDA EDIÇÃO

Passados cinco anos da publicação da primeira edição deste livro, e graças à generosidade dos operadores do Direito que se dispuseram a lê-lo e/ou adquiri-lo, esgotados restaram os respectivos exemplares junto à Editora Fórum, que, adotando-o como um de seus melhores produtos, suscitou a produção de uma nova edição.

Atendendo, assim, à sugestão editorial, atualizamos o tema objeto deste livro com novas lições doutrinárias e jurisprudenciais, acrescentando outras hipóteses que envolvem os postulados do princípio *nemo tenetur se detegere*.

Sob pena de incorrer em injusta omissão, cumpre-nos registrar, nesta oportunidade, o incentivo que nos foi dado por minha filha Rebeca Holanda Palácio de Morais Santos, estudante do curso de Direito, a qual já nos cobrava, há tempos, uma produção atualizada desta obra, e cujas críticas e sugestões apresentadas muito contribuíram para os acréscimos e melhoramentos aqui expostos. Foi dela, a rigor, que recebi a "requisição" de voltar ao tema. Depois de nove anos formada em Administração, com MBA em Marketing e Gestão por Processos em Comércio e Vendas, e após algum tempo dedicada à atividade empresarial, passou agora a se dedicar ao estudo, particularmente, da ciência jurídico-criminal, despertando, ainda não tarde, seu entusiasmo pelas disciplinas Direito Penal e Direito Processual Penal, tudo, nomeadamente, por óbvio, à luz dos preceitos e princípios constitucionais. A ela, portanto, devo, mais que a insistência, o impulso necessário à confecção desta inovadora versão.

Também nos impõe endereçar, por um imperativo e devido dever de lealdade, um especial agradecimento à Laís Correia Campos Capistrano, proficiente estagiária do Ministério Público do Ceará, lotada na 1ª Promotoria do Júri, de quem recebemos valiosa e substanciosa colaboração nos processos afetos ao Tribunal Popular, sem as quais não nos sobraria tempo e disponibilidade para o aprimoramento do estudo objeto desta empreitada. Dela, igualmente, recebemos inestimável contribuição acadêmica.

Esperamos, assim, continuar a merecer o prestígio dos leitores, honrando-nos com sua leitura.

Fortaleza/CE, agosto de 2020

O autor

Postulados constitucionais de muitos países do mundo nos quais vigora um Estado Democrático de Direito, secundados por convenções, tratados e pactos internacionais, enfatizam que qualquer pessoa submetida a procedimento investigatório ou a processo judicial de natureza penal tem, entre as várias prerrogativas que lhe são asseguradas, o direito de permanecer calada e o de não produzir prova em seu desfavor, consubstanciados, destarte, no princípio *nemo tenetur se detegere*. Não há, porém, como cediço, direitos constitucionais absolutos, ainda que contenham cláusulas pétreas, devendo-se, pois, sopesar que se de um lado se deve garantir os direitos individuais do cidadão, de outro, não se pode, sob esse argumento, deixar de dar guarida aos interesses de toda a sociedade. É certo, por outro lado, que a superposição do interesse público sobre o particular não possibilita ao Poder Público toda ordem de medidas abusivas para colher provas que lhe interessam na apuração de crimes. Procedimentos com a finalidade de colheita de elementos probatórios em feitos criminais, quando não agressivos à saúde, à integridade física e/ou à dignidade do ser humano, e sendo o único meio possível e razoável de se buscar a prova necessária, apresentam-se adequados e proporcionais, não ferindo, assim, a nenhum direito fundamental do ser humano. Considerando, pois, essas circunstâncias, a presente obra mirou a análise constitucional, processual e sociológica do direito ao silêncio e da prerrogativa contra a autoincriminação, consagrados, repita-se, pelo princípio *nemo tenetur se detegere*. Foram objeto de estudo os ordenamentos jurídicos – constitucional e infraconstitucional – de vários países, entre eles Alemanha, Argentina, Bélgica, Dinamarca, Espanha, França, Itália, Noruega, Estados Unidos da América, e, especialmente, Brasil e Portugal. A metodologia utilizada neste livro restou baseada em pesquisa documental, bibliográfica, bem como na análise sistemática de diversas jurisprudências oriundas das Cortes Superiores brasileiras (Supremo Tribunal Federal e Superior Tribunal de Justiça), tendo sido, também, observadas algumas decisões do Tribunal Europeu dos Direitos Humanos (TEDH). Concluiu-se que o princípio *nemo tenetur se detegere*, amplamente adotado em inúmeros países, seja em formato explícito ou em caráter tácito-implícito, não há de ser considerado absoluto, cedendo lugar, em determinadas condições, ao respeito aos interesses da coletividade.

INTRODUÇÃO

Não obstante considerado direito fundamental do ser humano, o amplo conhecimento do princípio *nemo tenetur se detegere*, em suas particularidades e vicissitudes, ainda não restou plenamente discutido e divulgado junto à maioria da comunidade jurídico/acadêmica nacional, o que se justifica pela escassez de artigos e obras versando sobre esse tema.

O que se vê, a rigor, hodiernamente, de forma rarefeita, são, na maior parte das vezes, estudos norteando e doutrinando a figura basilar e principiológica do consagrado "direito ao silêncio", circunstância, porém, insuficiente à exata dimensão daquele princípio.

A pesquisa que ora se apresenta ao público brasileiro especializado, portanto, busca descortinar, de forma didática, as mais variadas feições e aplicações do referido princípio em diversos países do mundo, desde sua origem, seus limites e sua extensão, com a indicação dos diplomas internacionais que o consagram, como por exemplo, o Pacto de San José da Costa Rica, o Pacto Internacional sobre Direitos Civis e Políticos e a Declaração Universal dos Direitos do Homem, além das legislações constitucionais e infraconstitucionais, por exemplo, de países como Alemanha, Argentina, Bélgica, Dinamarca, Espanha, França, Itália, Noruega, Estados Unidos da América, e, especialmente, Brasil e Portugal.

Foi ainda objeto de estudo e pesquisa as idiossincrasias do aludido princípio nos julgamentos de casos submetidos, particularmente, à apreciação dos Tribunais Superiores do Brasil e de Portugal, bem como do Tribunal Europeu de Direitos Humanos, inclusive sobre um suposto direito à mentira de quem se encontra sob investigação criminal ou sob o crivo de um processo penal, tudo secundado pelas posições doutrinárias daqueles – a que tivemos acesso – que se debruçaram sobre o assunto.

CAPÍTULO 1

SIGNIFICADO E ORIGEM DO PRINCÍPIO *NEMO TENETUR SE DETEGERE*

1.1 Significado

A expressão latina *nemo tenetur se detegere* significa, literalmente, que ninguém é obrigado a se descobrir, ou seja, qualquer pessoa acusada da prática de um ilícito penal não tem o dever de se autoincriminar, quer dizer, de produzir prova em seu desfavor, tendo como sua "manifestação mais tradicional" o direito ao silêncio,[1] devendo ser ressaltado, porém, de logo, que a teor da jurisprudência do Superior Tribunal de Justiça[2] e da melhor doutrina brasileira,[3] esse direito não abarca a primeira parte do interrogatório do agente, consistente em sua qualificação, já que esta não diz respeito ao mérito da pretensão punitiva.[4]

---

1 QUEIJO, Maria Elizabeth. *O direito de não produzir prova contra si mesmo*: o princípio *nemo tenetur se detegere* e suas decorrências no processo penal. São Paulo: Saraiva, 2003. p. 1-4.

2 A primeira parte do interrogatório não se relaciona com o direito de não produzir prova contra si. O direito a não se autoincriminar diz respeito ao mérito da pretensão punitiva, não à identificação do investigado/acusado" (RHC nº 126.362/BA – 6ª T., Rel. Min. Rogerio Schietti Cruz, j. em 22.09.2020, DJe 29.09.2020).

3 "Em relação à qualificação, não cabe direito ao silêncio, nem o fornecimento de dados falsos, sem que haja consequência jurídica, impondo sanção. O direito ao silêncio não é ilimitado, nem pode ser exercido abusivamente. As implicações, nessa situação, podem ser graves, mormente quando o réu fornece, maldosamente, dados de terceiros, podendo responder pelo seu ato" (NUCCI, Guilherme de Souza. *Curso de Direito Processual Penal*. 17. ed. Rio de Janeiro: Forense, 2020. p. 479-480).

4 "Na Itália, o direito ao silêncio também se estende a perguntas sobre a qualificação pessoal do acusado. "I - M. G. foi acusado de ter declarado falsamente à Polícia de Pisa que não tinha condenações penais na Itália. O Tribunal de Florença entendeu que a pessoa investigada tem a obrigação de responder com verdade apenas as questões relativas aos seus dados pessoais e as restritamente destinadas à identificação. Quanto aos antecedentes criminais e outras circunstâncias processuais, o sujeito poderia se recusar a responder sem incorrer em responsabilidade criminal. No entanto, se ele decidir responder e prestar

Outros brocardos também são utilizados no mesmo sentido, como: *nemo tenetur se ipsum accusare, nemo tenetur se ipsum prodere, nemo tenetur edere contra se, nemo tenetur turpidumen suan, nemo testis se ipsum* ou simplesmente *nemo tenetur*.[5]

Trata-se, de acordo com Paulo Mendes de Sousa, de um princípio "segundo o qual ninguém deve ser obrigado a contribuir para a sua própria incriminação, que engloba o direito ao silêncio e o direito de não facultar meios de prova".[6]

Segundo Renato Brasileiro de Lima, cuida-se o princípio *nemo tenetur se detegere* "de uma modalidade de autodefesa passiva, que é exercida por meio da inatividade do indivíduo sobre quem recai ou pode recair uma imputação. Consiste, a grosso modo, na proibição de uso de qualquer medida de coerção ou intimidação ao investigado (ou acusado) em processo de caráter sancionatório para obtenção de uma confissão ou para que colabore em atos que possam ocasionar sua condenação".[7]

Sustentam Aury Lopes Jr. e Ricardo Jacobsen Gloeckner, que

> O direito ao silêncio é apenas uma manifestação de uma garantia muito maior, insculpida no princípio *nemo tenetur se detegere*, segundo o qual o sujeito passivo não pode sofrer nenhum prejuízo por omitir-se de colaborar em uma atividade probatória da acusação.

---

declarações falsas, ele responderá pelo crime. II - A *Corte Constitucional Italiana* declarou a inconstitucionalidade de dispositivo do Código de Processo Penal na parte em que não prevê que a advertência quanto ao direito ao silêncio seja dirigida ao investigado ou ao acusado antes das informações pessoais a serem por ele prestadas; e também, declarou a inconstitucionalidade de dispositivos do Código Penal, na parte em que não exclui a punição do investigado ou do réu que, solicitado a prestar as informações sem antes lhe terem dado as advertências, fizeram declarações falsas" (Sentença 111/2023, julgado em 5.06.2003 (SUPREMO TRIBUNAL FEDERAL. *Boletim de jurisprudência internacional e estrangeira*: direito ao silêncio. 8. ed. Brasília, DF: STF, 2023. p. 23).

5 Cf. QUEIJO, Maria Elizabeth. *O direito de não produzir prova contra si mesmo*: o princípio *nemo tenetur se detegere* e suas decorrências no processo penal. São Paulo: Saraiva, 2003. p. 1; DIAS, Augusto Silva; RAMOS, Vânia Costa. *O Direito à não auto-inculpação (*nemo tenetur se ipsum accusare*) no Processo Penal e Contra-Ordenacional Português*. Lisboa: Coimbra, 2009; PINTO, Lara Sofia. Privilégio contra a auto-incriminação versus colaboração do argüido. *In*: BELEZA, Teresa Pizarro; PINTO, Frederico de Lacerda (org.). *Prova criminal e direito de defesa*: estudos sobre teoria da prova e garantias de defesa em processo penal. Lisboa: Almedina, 2010. p. 100.

6 MENDES, Paulo de Sousa. As garantias de defesa no processo sancionatório especial por práticas restritivas da concorrência confrontadas com a jurisprudência do Tribunal Europeu dos Direitos do Homem. *Revista de Concorrência e Regulação*, Lisboa, ano I, n.1, p.121-144, 2010. p. 125.

7 LIMA, Renato Brasileiro de. *Súmulas Criminais do STF e do STJ Comentadas*. 3. ed. Salvador: Juspodivm, 2020. p. 474.

> Como explica Ferrajoli, o princípio *nemo tenetur se detegere* é a primeira máxima do garantismo processual acusatório, enunciado por Hobbes e recepcionada, a partir do século XVII, no direito inglês. Dele seguem-se, como corolários, na lição de Ferrajoli:
>
> a) a proibição da *tortura espiritual*, como a obrigação de dizer a verdade;
>
> b) o direito de silêncio, assim como a faculdade do imputado de faltar com a verdade nas suas respostas;
>
> c) a proibição, pelo respeito devido à pessoa do imputado e pela violabilidade da sua consciência, não só de arrancar a confissão com violência, senão também de obtê-la mediante manipulações psíquicas, com drogas ou práticas hipnóticas;
>
> d) a consequente negação de papel decisivo das confissões;
>
> e) o direito do imputado de ser assistido por defensor no interrogatório, para impedir abusos ou quaisquer violações das garantias processuais.
>
> Destarte, através do princípio *nemo tenetur se detegere*, o sujeito passivo não pode ser compelido a declarar ou mesmo participar de qualquer atividade que possa incriminá-lo ou prejudicar sua defesa. Não pode ser compelido a participar de acareações, reconstituições, fornecer material para a realização de exames periciais (exame de sangue, DNA, escrita e outras) etc.[8]

Nesse contexto, vale ressaltar o magistério de Jorge de Figueiredo Dias, para quem "embora não tenham exactamente o mesmo conteúdo, o direito ao silêncio e o direito à não auto-incriminação estão incindivelmente ligados".[9]

Para nós, o significado do princípio *nemo tenetur se detegere* assume uma dupla natureza. Sob o aspecto subjetivo consiste em dizer que qualquer pessoa sob investigação criminal por qualquer autoridade e em qualquer grau de jurisdição tem o direito ao silêncio e de não produzir qualquer espécie de prova contra si.[10]

---

8 LOPES JÚNIOR, Aury; GLOECKNER, Ricardo Jacobsen. *Investigação preliminar no Processo Penal*. 6. ed. São Paulo: Saraiva, 2014. p. 486.

9 DIAS, Jorge de Figueiredo; ANDRADE, Manuel da Costa; PINTO, Frederico de Lacerda da Costa. *Supervisão, direito ao silêncio e legalidade da prova*. Lisboa: Almedina, 2009. p. 38.

10 O Supremo Tribunal de Justiça (STJ) de Portugal, em Acórdão datado de 5.01.2005, Rel. Henriques Gaspar, ancorado no princípio *nemo tenetur*, firmou o seguinte entendimento: "O privilégio contra a auto-incriminação, ou direito ao silêncio, significa que o arguido não pode ser obrigado, nem deve ser condicionado a contribuir para a sua própria incriminação, isto é, tem o direito a não ceder ou fornecer informações ou elementos que o desfavoreçam, ou a não prestar declarações, sem que do silêncio possam resultar quaisquer conseqüências negativas ou ilações desfavoráveis no plano da valoração probatória" (PORTUGAL. Supremo Tribunal de Justiça. Acórdão nº SJ200501050032763. Relator: Henriques Gaspar, 5 de janeiro de 2005. *Acórdãos do Supremo Tribunal de Justiça*, Lisboa, 2005).

E é, por outro lado, um mandamento ao órgão responsável pela colheita de evidências, no sentido de se abster de buscar ou aceitar, como legais e legítimas, provas oriundas de uma invasão não autorizada da autonomia da vontade do investigado.

1.2 Origem

Existem dúvidas quanto à origem do princípio *nemo tenetur de detegere*. Korl, por exemplo, diz ser "impossível identificar suas raízes".[11]

Giovanni Pugliese, Mauro Cappelletti e R. H. Helmolz asseveram, a seu turno, "que esse princípio era desconhecido no direito romano clássico".[12]

Porém, Luigi Ferrajoli, depois de informar que o princípio *nemo tenetur se detegere* "é a primeira máxima do garantismo processual acusatório, enunciada por Hobbes e recebida desde o século XVII no direito inglês", assegura, em nota de rodapé, que "o princípio foi sancionado no direito inglês por um estatuto de Carlo I de 1641, que proibiu deferir ao imputado o juramento *ex officio*".[13]

Referendando Jan Martin Rybnicek e Lissa Griffin, afirma Lara Sofia Pinto que "o princípio *nemo tenetur se ipsum accusare* teve a sua origem no Reino Unido, no séc. XVII como reação às práticas inquisitoriais dos tribunais eclesiásticos".[14]

Para Maria Elizabeth Queijo, foi no período Iluminista "que o princípio se firmou", pois, nessa época, o acusado deixou de ser visto exclusivamente como objeto de prova.[15]

Lecionam Augusto Silva Dias e Vânia Costa Ramos que a origem do princípio *nemo tenetur se detegere* está reconduzida "à tradição

---

11 *Apud* QUEIJO, Maria Elizabeth. *O direito de não produzir prova contra si mesmo*: o princípio *nemo tenetur se detegere* e suas decorrências no processo penal. São Paulo: Saraiva, 2003. p. 5.

12 *Apud* QUEIJO, Maria Elizabeth. *O direito de não produzir prova contra si mesmo*: o princípio *nemo tenetur se detegere* e suas decorrências no processo penal. São Paulo: Saraiva, 2003. p. 6.

13 FERRAJOLI, Luigi. *Direito e razão*: teoria do garantismo penal. Tradução de Ana Paula Zomer Sica, Fauzi Hassan Choukr, Juares Tavares, Luiz Flávio Gomes. 3. ed. São Paulo: Revista dos Tribunais, 2010. p.560-625.

14 PINTO, Lara Sofia. Privilégio contra a auto-incriminação versus colaboração do argüido. *In*: BELEZA, Teresa Pizarro; PINTO, Frederico de Lacerda (org.). *Prova criminal e direito de defesa*: estudos sobre teoria da prova e garantias de defesa em processo penal. Lisboa: Almedina, 2010. p. 100.

15 QUEIJO, Maria Elizabeth. *O direito de não produzir prova contra si mesmo*: o princípio *nemo tenetur se detegere* e suas decorrências no processo penal. São Paulo: Saraiva, 2003. p. 8.

jurídica anglo-saxônica e, mais concretamente, ao período de viragem do processo penal inquisitório para o processo acusatório".[16]

Das lições de Eugênio Pacelli de Oliveira, extrai-se:

> O princípio do direito ao silêncio, tradução de uma das manifestações da não auto-incriminação e do *nemo tenetur se detegere* (ninguém é obrigado a se descobrir), foi uma das grandes conquistas da processualização da jurisdição penal, consolidada no século XVIII, com a queda do Absolutismo.[17]

Noutra obra de sua autoria, Eugênio Pacelli de Oliveira explica:

> Na perspectiva de sua origem, pode-se concluir que o nascimento do *nemo tenetur se detegere* está ligado à necessidade de superação das mais variadas formas de absolutismo, estatal ou eclesiástico, que ao longo da história submeteram o homem ao exercício do poder. Seja como instrumento de manipulação religiosa, como ocorreu entre católicos e não-católicos no início da Renascença na velha Inglaterra ou na França, seja como instrumento de imposição de determinada *ordem* nos sistemas processuais inquisitoriais, a exigência do compromisso de revelação da verdade sempre esteve a serviço de certos poderes públicos, em face dos quais o indivíduo jamais recebia o tratamento de sujeito de direitos.[18]

Como se viu, não há, com exatidão, como informar qual ou sobre a origem do princípio *nemo tenetur se detegere*. No entanto, pode-se concluir que, com o reconhecimento dos Direitos Fundamentais, assim entendidos aqueles direitos humanos expressos e consagrados, formalmente, nos textos constitucionais, consolidou-se esse princípio como inerente a todos os seres humanos enquanto dotados do *status* de pessoas.[19] E isso se fez mais presente a partir do surgimento de um dos movimentos mais emblemáticos da história dos direitos humanos: o Iluminismo.

---

16 DIAS, Augusto Silva; RAMOS, Vânia Costa. *O Direito à não auto-inculpação (*nemo tenetur se ipsum accusare*) no Processo Penal e Contra-Ordenacional Português*. Lisboa: Coimbra, 2009. p. 9.

17 OLIVEIRA, Eugênio Pacelli de. *Curso de Processo Penal*. 10. ed. Rio de Janeiro: Lumen Juris, 2008. p. 332.

18 OLIVEIRA, Eugênio Pacelli de. *Processo e Hermenêutica na Tutela Penal dos Direitos Fundamentais*. Belo Horizonte: Del Rey, 2004. p. 207.

19 Embora não seja nosso objeto de estudo neste livro, pinçamos da Introdução feita por Luiz Moreira e Eugênio Pacelli de Oliveira, à obra *Direito Penal do Inimigo*, de Günther Jakobs,

a título de ilustração, a seguinte observação: "*Pessoa*, para Jakobs, é o titular de direitos e deveres em determinada ordem social. *Cidadão*, portanto, é aquele de quem se deve esperar o *conhecimento da estrutura normativa* da sociedade e o comportamento segundo expectativas comunicativamente compartilhadas. O *inimigo* a que se refere Jakobs, ao contrário de muito quanto já se alegou, não perde a sua humanidade" (JAKOBS, Günther. *Direito Penal do Inimigo*. Organização e introdução de Luiz Moreira e Eugênio Pacelli de Oliveira. Tradução de Gercélia Batista de Oliveira Mendes. Rio de Janeiro: Lumen Juris, 2009. p. xxii). Ainda a esse respeito, igualmente à guisa ilustrativa, extraímos, para quem desejar se aprofundar sobre esse tema, do mesmo Eugênio Pacelli de Oliveira, quando da Apresentação do livro *Tratado de Direito Penal: teoria do injusto penal e culpabilidade*, do mesmo autor alemão Günther Jakobs, a seguinte advertência: "É equívoco manifesto dizer que Jakobs desconsiderava a *humanidade* intrínseca do chamado "inimigo", reduzido que se veria ao mundo dos *objetos*. Jakobs jamais disse isso. Mais ainda: nem mesmo uma objeção que se quisesse associar o inimigo (do Direito Penal) àquele da guerra (o que não se encontra na obra de Jakobs), na qual se defende a soberania do país e não a violação a bens jurídicos, contempla a citada *coisificação* do indivíduo" (JAKOBS, Günther. *Tratado de Direito Penal*: teoria do injusto penal e culpabilidade. Apresentação de Eugênio Pacelli de Oliveira. Tradução de Gercélia Batista de Oliveira Mendes e Geraldo de Carvalho. Belo Horizonte: Del Rey, 2009. p. viii).

CAPÍTULO 2

RESISTÊNCIA, NO PASSADO, AO PRINCÍPIO *NEMO TENETUR SE DETEGERE*

O princípio *nemo tenetur se detegere* encontrou, no passado, resistência de notáveis autores. Jeremy Bentham, Bonneville Marsangy e Cesare Beccaria, por exemplo, teceram-lhe fortes críticas.

Bentham chegou a dizer que "o *nemo tenetur se detegere* é um produto irracional, com o efeito inevitável de excluir a mais fidedigna prova da verdade, que é a confissão".[20]

Marsangy, igualmente lembrado por Maria Elizabeth Queijo, "considerava o *nemo tenetur se detegere* verdadeira heresia", muito embora tenha, posteriormente, passado "a admitir o direito ao silêncio, ressalvando, porém, que a negação da culpabilidade deveria ser causa de agravamento da pena".[21]

Beccaria,[22] por sua vez, também mencionado por aquela autora, negava a sua aplicação sustentando a seguinte máxima:

---

20 [20] *Apud* QUEIJO, Maria Elizabeth. *O direito de não produzir prova contra si mesmo*: o princípio *nemo tenetur se detegere* e suas decorrências no processo penal. São Paulo: Saraiva, 2003. p. 10.

21 *Apud* QUEIJO, Maria Elizabeth. *O direito de não produzir prova contra si mesmo*: o princípio *nemo tenetur se detegere* e suas decorrências no processo penal. São Paulo: Saraiva, 2003. p. 10.

22 Beccaria, porém, também chegou a registrar que a confissão do réu, no interrogatório, é um ato contrário ao "direito natural" (BECCARIA, Cesare. *Dos delitos e das penas*. Tradução de José Cretella Jr. e Agnes Cretella. 2. ed. São Paulo: Revista dos Tribunais, 1997. p. 122). Por isso, Maria Elizabeth Queijo reagiu: "Registra-se, dessa forma, verdadeiro contra-senso na obra de Beccaria, na medida em que sustenta que o dever de dizer a verdade, imposto ao acusado pelo juramento, é antinatural, mas entende que o acusado silente deve ser apenado gravemente, por constituir ofensa à Justiça" (QUEIJO, Maria Elizabeth. *O direito de não produzir prova contra si mesmo*: o princípio *nemo tenetur se detegere* e suas decorrências no processo penal. São Paulo: Saraiva, 2003. p. 9).

> Aquele que, durante o interrogatório, insistir em não responder às perguntas feitas, merece pena fixada pelas leis, pena das mais graves entre as cominadas, para que os homens não faltem à necessidade do exemplo que devem ao público.[23]

Na atualidade, porém, esse princípio passou a ser considerado como direito fundamental, sendo reconhecido por diversos organismos jurídicos a nível nacional e internacional.

---

[23] QUEIJO, Maria Elizabeth. *O direito de não produzir prova contra si mesmo*: o princípio *nemo tenetur se detegere* e suas decorrências no processo penal. São Paulo: Saraiva, 2003. p. 9.

CAPÍTULO 3

A CONCEPÇÃO DO PRINCÍPIO *NEMO TENETUR SE DETEGERE* COMO DIREITO FUNDAMENTAL

Os direitos fundamentais são a feição histórica e temporal de uma expectativa de resguardo da dignidade humana. Representam uma tutela de direitos da mais relevante envergadura para o ser humano, trazendo limites claros à atuação do Estado em suas mais diversas áreas.

Assim, embora o dever de apuração de crimes e investigação de condutas sejam impostergáveis ao Estado, essa atividade somente será legitimada se sempre houver respeito aos direitos fundamentais do sujeito, aí se incluindo o *nemo tenetur se detegere*, com maior incidência, nomeadamente, quando do exercício da atividade de investigação criminal e persecução penal, que dizem respeito de perto sobre os direitos mais basilares, como liberdade, privacidade, intimidade, dentre outros.

O direito ao silêncio é sem dúvida uma decorrência do princípio *nemo tenetur se detegere*, muito embora seja, segundo alguns autores, "impróprio tratar-se do direito ao silêncio como sinônimo do *nemo tenetur se detegere*. Tal equivalência corresponde a uma concepção bastante restritiva desse princípio".[24] [25]

---

[24] QUEIJO, Maria Elizabeth. *O direito de não produzir prova contra si mesmo*: o princípio *nemo tenetur se detegere* e suas decorrências no processo penal. São Paulo: Saraiva, 2003. p. 55 (nota de rodapé 36).

[25] Para Sofia Saraiva de Menezes, constitui-se um equívoco o entendimento de que o privilégio contra a autoincriminação e o direito ao silêncio são sinônimos para descrever uma mesma realidade. De acordo com essa autora, "o direito ao silêncio e o direito à não autoincriminação, não tendo conteúdos totalmente idênticos, podem, por vezes, sobrepor-se ou confundir-se" (MENEZES, Sofia Saraiva de. O direito ao Silêncio: a verdade por trás do mito. *In*: BELEZA, Teresa Pizarro; PINTO, Frederico de Lacerda (org.). *Prova criminal*

Nesse mesmo sentido, é a posição de Maria Elizabeth Queijo, para quem "o *nemo tenetur se detegere* insere-se entre os direitos fundamentais".[26] [27] [28]

---

e direito de defesa: estudos sobre teoria da prova e garantias de defesa em processo penal. Lisboa: Almedina, 2010. p. 118-119).

[26] "O princípio *nemo tenetur se detegere* tem sido considerado Direito Fundamental do cidadão e, mais especificamente, do acusado. Nesse sentido, Vassali, Grevi e Zuccala já se manifestaram. Cuida-se do direito à não auto-incriminação, que assegura esfera de liberdade ao indivíduo, oponível ao Estado, que não se resume ao direito ao silêncio. Parece acertado referido entendimento, de acordo com as notas características dos direitos fundamentais. Nelas se dá ênfase à proteção do indivíduo contra excessos e abusos por parte do Estado. Em suma: é resguardada, nos direitos fundamentais, a dignidade humana, sendo que ganha relevo a esfera atinente às ingerências do Estado. Nessa ótica, o princípio *nemo tenetur se detegere*, como direito fundamental, objetiva proteger o indivíduo contra excessos cometidos pelo Estado, na persecução penal, incluindo-se nele o resguardo contra violências físicas e morais, empregadas para compelir o indivíduo a cooperar na investigação e apuração de delitos, bem como contra métodos proibidos no interrogatório, sugestões e dissimulações. Como direito fundamental, o *nemo tenetur se detegere* insere-se entre os direitos de primeira geração, ou seja, entre os direitos da liberdade. O titular de tais direitos é o indivíduo diante do Estado (QUEIJO, Maria Elizabeth. *O direito de não produzir prova contra si mesmo*: o princípio *nemo tenetur se detegere* e suas decorrências no processo penal. São Paulo: Saraiva, 2003. p. 55).

[27] QUEIJO, Maria Elizabeth. *O direito de não produzir prova contra si mesmo*: o princípio *nemo tenetur se detegere* e suas decorrências no processo penal. São Paulo: Saraiva, 2003. p. 395.

[28] Sobre o "Conceito e Características dos Direitos Humanos Fundamentais", importa reproduzir, nesta oportunidade, os comentários feitos por Alexandre de Moraes, a saber: "O conjunto institucionalizado de direitos e garantias do ser humano que tem por finalidade básica o respeito a sua dignidade, por meio de sua proteção contra o arbítrio do poder estatal e o estabelecimento de condições mínimas de vida e desenvolvimento da personalidade humana pode ser definido como *direitos humanos fundamentais*. A UNESCO, também definindo genericamente os *direitos humanos fundamentais*, considera-os por um lado uma proteção de maneira institucionalizada dos direitos da pessoa humana contra os excessos do poder cometido pelos órgãos do Estado, e por outro, regras para se estabelecer condições humanas de vida e desenvolvimento a personalidade humana (ORGANISATION DES NATIONS UNIES POUR L'EDUCATION, LA SCIENCE ET LA CULTURE. *Les dimensions internationales des doits de l'homme*. Paris: Unesco, 1978. p. 11). Pérez Luño apresenta-nos uma definição completa sobre os direitos fundamentais do homem, considerando-os "um conjunto de faculdades e instituições que, em cada momento histórico, concretizam as exigências da dignidade, da liberdade e da igualdade humanas, as quais devem ser reconhecidas positivamente pelos ordenamentos jurídicos em nível nacional e internacional" (CASTRO, J. L. Cascajo; LUÑO, Antonio-Enrique Pérez; CID, B. Castro; TORRES, C. Gomes. *Los Derechos Humanos*: significación, estatuto jurídico y sistema. Sevilla: Universidad de Sevilla, 1979. p. 43). José Castán Tobeñas, por sua vez, define "direitos humanos" como aqueles direitos fundamentais da pessoa humana – considerada tanto em seu aspecto individual como comunitário – que correspondem a esta razão de sua própria natureza (de essência ao mesmo tempo corpórea, espiritual e social) e que devem ser reconhecidos e respeitados por todo poder e autoridade, inclusive as normas jurídicas do bem comum (TOBEÑAS, José Castán. *Los Derechos del Hombre*. Madrid: Reus, 1976. p. 13). Assim, inúmeros e diferenciados são os conceitos de direitos humanos fundamentais, no que concordamos com Tupinambá Nascimento que, ao analisar esse conceito, afirma que "não é fácil a definição de direitos humanos, concluindo que qualquer tentativa pode significar resultado insatisfatório e não traduzir

para o leitor, à exatidão, a especificidade de conteúdo e a abrangência" (NASCIMENTO, Tupinambá. *Comentários à Constituição Federal*. Porto Alegre: Livraria do Advogado, 1997. p. 211), pois como aponta José Afonso da Silva, "a ampliação e transformação dos direitos fundamentais do homem no envolver histórico *dificulta definir-lhes um conceito sintético e preciso*. Aumenta essa dificuldade a circunstância de se empregarem várias expressões pra designá-los, tais como: direitos naturais, direitos humanos, direitos do homem, direitos individuais, direitos públicos subjetivos, liberdades fundamentais, liberdades públicas e direitos fundamentais do homem", para após breve análise das diversas terminologias concluir que "*direitos fundamentais do homem* constitui a expressão mais adequada a este estudo, porque, além de referir-se a princípios que resumem a concepção do mundo e informam a ideologia política de cada ordenamento jurídico, é reservada para designar, no nível do direito positivo, aquelas prerrogativas e instituições que ele concretiza em garantias de uma convivência digna, livre e igual de todas as pessoas" (SILVA, José Afonso da. *Curso de Direito Constitucional Positivo*. 13. ed. São Paulo: Malheiros, 1997. p. 174-177). O importante é realçar que os direitos humanos fundamentais relacionam-se diretamente com a garantia de não ingerência do Estado na esfera individual e a consagração da dignidade humana, tendo um universal reconhecimento por parte da maioria dos Estados, seja em nível constitucional, infraconstitucional, seja em nível de direito consuetudinário ou mesmo por tratados e convenções internacionais" (MORAES, Alexandre de. *Direitos Humanos Fundamentais*. 3. ed. São Paulo: Atlas, 2000. p. 39-41).

CAPÍTULO 4

LEGISLAÇÃO

Tanto o direito ao silêncio quanto o direito à não autoincriminação, como expressão do princípio *nemo tenetur se detegere*, além de haverem sido consagrados em documentos internacionais de proteção aos direitos do homem, têm sido, de forma expressa e/ou implícita, adotados pela maioria das legislações constitucionais e infraconstitucionais de inúmeros países onde se vivenciam um verdadeiro Estado Democrático de Direito.[29]

A propósito, veja-se:

4.1 Diplomas internacionais

4.1.1 Convenção Americana de Direitos Humanos: Pacto de San José da Costa Rica.[30]

Esse diploma internacional reconheceu expressamente o princípio *nemo tenetur se detegere* como garantia mínima a ser observada em

[29] Esclarece Jorge Miranda que, "em Direito Internacional, tende a prevalecer o termo *direitos do homem* – ou o termo *protecção internacional dos direitos do homem* – em parte, por, assim, ficar mais clara a atinência dos direitos aos indivíduos, e não aos Estados ou a outras entidades internacionais, e, em parte, por ser menos extenso o desenvolvimento alcançado e procurar-se um "mínimo ético" universal ou para-universal" (MIRANDA, Jorge. *Manual de Direito Constitucional*. 4. ed. Lisboa: Coimbra, 2008. t. IV. p. 15). Nesse contexto, Rogério Greco leciona: "A doutrina internacionalista diz que 'direitos humanos' são aqueles inerentes a toda pessoa humana e são vinculados ao jusnaturalismo. Quando positivados em âmbito internacional, são chamados 'direitos do homem'. No âmbito interno, ao serem consagrados por uma carta constitucional, recebem o nome de 'direitos fundamentais'" (GRECO, Rogério. *Direitos humanos, sistema prisional e alternativas à privação de liberdade*. São Paulo: Saraiva, 2011. p. 25).

[30] A Convenção Americana de Direitos Humanos, de 22.11.1969 (também conhecida como Pacto de San José da Costa Rica), foi ratificada pelo Brasil em 25.09.1992 e promulgada por esse mesmo País através do Decreto nº 678, de 6.11.1992.

relação a toda pessoa acusada de um delito, resguardando o "direito de não ser obrigada a depor contra si mesma, nem a confessar-se culpada" (v. art. 8º, 2, g).[31]

4.1.2 Pacto Internacional sobre Direitos Civis e Políticos.[32]

Nesse Pacto, também se fez consignar, literalmente, dispositivo reconhecendo o princípio *nemo tenetur se detegere*, estabelecendo-se, assim, que toda pessoa acusada de um crime tem direito "a não ser obrigada a depor contra si mesma, nem a confessar-se culpada" (v. art. 14, 3, g).[33]

4.1.3 Observações

Apesar de sua importância como diploma internacional de proteção aos direitos do homem, a Declaração Universal dos Direitos Humanos (DUDH), aprovada pela Assembleia das Nações Unidas em 1948, embora faça referências à presunção de inocência e à não utilização

---

31 "Art. 8º [...] 2. Toda pessoa acusada de um delito tem direito a que se presuma sua inocência enquanto não se comprove legalmente sua culpa. Durante o processo, toda pessoa tem direito, em plena igualdade, às seguintes garantias mínimas: [...] g. direito de não ser obrigada a depor contra si mesma, nem a declarar-se culpada;"

32 Adotado e aberto à assinatura, ratificação e adesão pela Assembleia Geral das Nações Unidas através da Resolução nº 2.200-A (XXI), de 16 de dezembro de 1966. Entrou em vigor em 23 de março de 1976 (art. 49º). A respeito do Pacto Internacional sobre Direitos Civis e Políticos, André de Carvalho Ramos registrou: "O Pacto Internacional sobre Direitos Civis e Políticos (PIDCP) foi adotado pela XXI Sessão da Assembleia Geral das Nações Unidas, em 16 de dezembro de 1966, junto ao Pacto Internacional sobre Direitos Econômicos, Sociais e Culturais. Contudo, entrou em vigor somente em 1976, pois exigiu ratificação de 35 Estados para entrar em vigor (art. 49, §1º). Possui, em 2020, 173 Estados partes. O Pacto teve por finalidade tornar juridicamente vinculantes aos Estados vários direitos já contidos na Declaração Universal de 1948, *declarando-os* e criando *mecanismos* de monitoramento internacional de sua implementação pelos Estados Partes. No Brasil, o Congresso Nacional aprovou o PIDCP por meio do Decreto Legislativo n. 226, de 12 de dezembro de 1991. A nota de adesão ao Pacto Internacional sobre Direitos Civis e Políticos, foi depositada em 24 de janeiro de 1992 e o Pacto entrou em vigor internacional, para o Brasil, em 24 de abril de 1992. Finalmente, o Pacto foi promulgado (incorporação interna) pelo Decreto n. 592, de 6 de julho de 1992" (RAMOS, André de Carvalho. *Curso de Direitos Humanos*. 8. ed. São Paulo: Saraiva, 2021. p. 168).

33 "Art. 14. [...] 3. Toda pessoa acusada de um delito terá direito, em plena igualdade, às seguintes garantias mínimas: [...] *g*. a não ser obrigada a depor contra si mesma, nem a confessar-se culpada".

da tortura, deixou de mencionar, expressamente, o princípio *nemo tenetur se detegere*.[34]

Quanto à Corte Europeia de Direitos Humanos (CEDH), assinala Thiago Bottino que, muito embora o texto de sua convenção

> não tenha previsto expressamente o direito de permanecer calado ou de não se auto-incriminar, há previsão de um julgamento justo e equitativo, conceito que remete ao devido processo legal. Ao longo dos anos, a CEDH incorporou ao conceito de processo justo a garantia de que um indivíduo não deve ser compelido a produzir prova contra si.[35] [36]

4.2 Constituições do Brasil, da Espanha, da Argentina e dos Estados Unidos da América do Norte: presença, explícita, do princípio *nemo tenetur se detegere*

O princípio *nemo tenetur se detegere* está presente explicitamente nas Constituições do Brasil (art. 5º, LXIII),[37] da Espanha (art. 17, 3),[38] da Argentina (art. 18)[39] e na dos Estados Unidos da América do Norte (5ª Emenda).[40]

---

34 "Deve ser registrado, a esse propósito, que a *Declaração universal dos direitos do homem*, de 1948, e a *Convenção européia de direitos humanos*, de 1950, não se referiram ao regramento *nemo tenetur se detegere*, e, consequentemente, não contemplaram, de modo explícito, o *direito ao silêncio*" (TUCCI, Rogério Lauria. *Direitos e garantias individuais no Processo Penal brasileiro*. 3. ed. São Paulo: Revista dos Tribunais, 2009. p. 301).

35 BOTTINO, Thiago. *O Direito ao Silêncio na Jurisprudência do STF*. São Paulo: Campus Jurídico, 2009. p. 76.

36 Registra Paulo de Sousa Mendes, que "a jurisprudência do TEDH, baseada no art. 6º, nº 1, CEDH, tem vindo a densificar consideravelmente o *nemo tenetur*" (MENDES, Paulo de Sousa. As garantias de defesa no processo sancionatório especial por práticas restritivas da concorrência confrontadas com a jurisprudência do Tribunal Europeu dos Direitos do Homem. *Revista de Concorrência e Regulação*, Lisboa, ano I, n.1, p.121-144, 2010. p. 129).

37 Art. 5º "Todos são iguais perante a lei, sem distinção de qualquer natureza, garantindo-se aos brasileiros e aos estrangeiros residentes no País a inviolabilidade do direito à vida, à liberdade, à igualdade, à segurança e à propriedade, nos termos seguintes: [...] LXIII - o preso será informado de seus direitos, entre os quais o de permanecer calado, sendo-lhe assegurada a assistência da família e de advogado".

38 "Artículo 17 [...] 3. Toda persona detenida debe ser informada de forma inmediata, y de modo que ie sea comprensible, de sus derechos y de las razones de su detención, no pudiendo ser obligada a declarar. Se garantiza la asistencia de abogado al detenido em las diligencias policiales y judiciales, em los términos que la ley establezca."

39 "Artículo 18. Ningún habitante de la Nación puede ser penado sin juicio previo fundado em ley anterior al hecho del proceso, ni juzgado por comisiones especiales, o sacado de los jueces designados por la ley antes del hecho de la causa. Nadie puede ser obligado a declarar contra si mismo; ni arrestado sino em virtud de orden escrita de autoridad competente. Es inviolable la defensa em juicio de la persona y de los derechos. El domicilio

No Brasil, a Constituição Federal de 1988 expressa e taxativamente determina que "o preso será informado de seus direitos, entre os quais o de permanecer calado, sendo-lhe assegurada a assistência da família e de advogado" (art. 5º, LXIII).[41] [42]

Em comentários ao inciso LXIII do art. 5º da CF/88, Luis Gustavo Grandinetti Castanho de Carvalho esclarece e pontua:

> O dispositivo ora comentado representa uma novidade no ordenamento constitucional brasileiro, que jamais previu o direito ao silêncio, a assistência da família e de advogado.
>
> [...]
>
> Trata-se de um direito de toda a pessoa, independente de ser nacional ou estrangeira.

---

es inviolable, como también la correspondencia epistolar y los papeles privados; y una ley determinará em qué casos y con qué justificativos podrá procederse a su allanamiento y ocupación. Quedan abolidos para siempre la pena de muerte por causas políticas, toda especie de tormento y los azotes. Las cárceles de la Nación serán sanas y limpias, para seguridad y no para castigo de los reos detenidos em ellas, y toda medida que a pretexto de precaución conduzca a mortificarlos más allá de lo que aquella exija, hará responsable al juez que la autorice."

40 "No person shall be held to answer for a capital, or otherwise infamous crime, unless on a presentment or indictment of a Grand Jury, except in cases arising in the or naval forces, or in the Militia, when in actual service in time of War or public danger; nor shall any person be subject for the same offense to be twice put in jeopardy of life or limb; nor shall be compelled in any criminal case to be a witness against himself, nor be deprived of life, liberty, or property, without due process of law; nor shall private property be taken use, without just compensation."

41 Para além do direito de permanecer calado, sendo-lhe assegurada a assistência da família e de advogado, relembra Miguel Reale Júnior, ainda que aqui registrado a título meramente ilustrativo, que o preso também tem outros direitos, "a começar pela preservação da integridade física e moral, como dispõe o art. 38 do Código Penal, depois reproduzido no inciso XLIX do art. 5º da Constituição Federal. Além desta proteção à integridade, tem o preso, segundo o art. 41 da Lei de Execução Penal, direitos que visam à preservação de sua dignidade como pessoa humana, como, por exemplo, direito a chamamento nominal, entrevista pessoal e reservada com advogado, assistência jurídica, social, religiosa, visita de cônjuge e de parentes e de amigos. Possui o preso, também, direito ao trabalho remunerado e ao contato com o mundo exterior por meio de correspondência e leitura. Estas prescrições buscam impor à Administração o reconhecimento de que a perda da liberdade não significa a perda da dignidade como pessoa humana, mesmo dentro do mundo do cárcere" (REALE JÚNIOR, Miguel. *Fundamentos de Direito Penal*. 5. ed. Rio de Janeiro: Forense, 2020. p. 273).

42 A Constituição Federal do Brasil também prevê, em seu art. 5º, LXVI, que "o preso tem direito à identificação dos responsáveis por sua prisão ou por seu interrogatório policial". Em comentários a esse dispositivo constitucional, Celso Ribeiro Bastos e Ives Gandra Martins, advertem que "o Estado não pode atuar por meio de autoridades anônimas ou encapuzadas", posto que é direito "do preso ver exibidos os agentes possíveis da prática do ato que ele próprio identificasse visivelmente o responsável" (BASTOS, Celso Ribeiro; MARTINS, Ives Gandra. *Comentários à Constituição do Brasil*. São Paulo: Saraiva, 1989. v. 2. p. 298-299).

> A consagração de um direito ao silêncio é decorrência da proibição de o acusado depor contra si mesmo, insculpida no art. 8º, n. 2, letra *g*, da Convenção Americana sobre Direitos Humanos. Trata-se de regra integrante dos princípios maiores da presunção de inocência e da dignidade da pessoa humana.[43]

Advertem Gilmar Ferreira Mendes, Inocêncio Mártires Coelho e Paulo Gustavo Gonet Branco que o "titular do direito é não só o preso, mas também qualquer acusado ou denunciado no processo penal".[44]

Quando se empresta ao art. 5º, inciso LXIII, da CF/88 uma interpretação extensiva (ou compreensiva), Guilherme de Souza Nucci leciona:

> Por óbvio, onde se lê "preso", deve-se ler igualmente réu ou acusado, preso ou solto.[45]

Já quando se lhe dá uma interpretação sistemática, Nucci adverte:

> Em visão global, o direito ao silêncio é de uso de qualquer suspeito, indiciado, acusado ou réu.[46]

Segundo Alexandre de Moraes:

> A expressão *preso* não foi utilizada pelo texto constitucional em seu sentido técnico, pois o presente direito tem como titulares todos aqueles acusados ou futuros acusados (por exemplo: testemunhas, vítimas), que possam eventualmente ser processados ou punidos em virtude de suas próprias declarações.[47]

Rogério Lauria Tucci, associando-se a esse entendimento, assinala:

---

43 CARVALHO, Luis Gustavo Grandinetti Castanho de. Comentário ao art. 5º, LXIII. *In*: CANOTILHO, J. J. Gomes; MENDES, Gilmar Ferreira; SARLET, Ingo Wolfgang; STRECK, Lenio Luiz. *Comentários à Constituição do Brasil*. São Paulo: Saraiva/Almedina, 2013. p. 457.

44 MENDES, Gilmar Ferreira; COELHO, Inocêncio Mártires; BRANCO, Paulo Gustavo Gonet. *Curso de Direito Constitucional*. São Paulo: Saraiva, 2007. p. 636.

45 NUCCI, Guilherme de Souza. *Curso de Direito Processual Penal*. 21. ed. Rio de Janeiro: Forense, 2024b. p. 132.

46 NUCCI, Guilherme de Souza. *Curso de Direito Processual Penal*. 21. ed. Rio de Janeiro: Forense, 2024b. p. 133.

47 MORAES, Alexandre de. *Direitos Humanos Fundamentais*. 3. ed. São Paulo: Atlas, 2000. p. 286.

> Esse direito, embora conferido expressamente ao preso, é reconhecido, segundo uniformizada orientação doutrinária e jurisprudencial, ao investigado, ao indiciado e ao acusado, ao ensejo do respectivo interrogatório.[48]

De igual modo, leciona Ada Pellegrini Grinover:

> O *direito de permanecer calado,* é importante que se lembre, é um relevantíssimo direito do suspeito ou acusado, e não apenas do preso. A preocupação do constituinte foi com a situação do preso, que deve ser informado de seu direito ao silêncio, mesmo antes do interrogatório, para que nenhuma declaração, mesmo espontânea, possa ser contra ele utilizada, sem essa advertência. Mas é claro que o dispositivo abrange qualquer suspeito ou acusado.[49]

Ainda sobre a extensão dessa disposição constitucional, preconizam Aury Lopes Jr. e Ricardo Jacobsen Gloeckner, que embora o direito ao silêncio esteja expressamente previsto no art. 5º, LXIII, da CF "(*o preso será informado de seus direitos, entre os quais o de permanecer calado* [...])", é "inequívoco que o direito ao silêncio aplica-se tanto ao sujeito passivo preso como também ao que está em liberdade. Contribui para isso o art. 8.2, *g*, da CADH, onde se pode ler que toda pessoa (logo, presa ou em liberdade) tem o *direito de não ser obrigada a depor contra si mesma nem a se declarar culpada*".[50]

Nos termos da jurisprudência do Supremo Tribunal Federal, o direito ao silêncio também é assegurado aos convocados para deporem perante as Comissões Parlamentares de Inquérito,[51] conforme,

---

48 TUCCI, Rogério Lauria. *Direitos e garantias individuais no Processo Penal brasileiro.* 3. ed. São Paulo: Revista dos Tribunais, 2009. p. 303.

49 GRINOVER, Ada Pellegrini. A Polícia Civil e as garantias constitucionais de liberdade. *In*: MORAES, Bismael B. (coord.). *A Polícia à Luz do Direito.* São Paulo: Revista dos Tribunais, 1991. p. 17.

50 LOPES JÚNIOR, Aury; GLOECKNER, Ricardo Jacobsen. *Investigação preliminar no Processo Penal.* 6. ed. São Paulo: Saraiva, 2014. p. 484.

51 No Brasil, sua Constituição Federal dispõe: "Art.58. O Congresso Nacional e suas Casas terão comissões permanentes e temporárias, constituídas na forma e com as atribuições previstas no respectivo regimento ou no ato de que resultar sua criação. [...] §3º - As comissões parlamentares de inquérito, que terão poderes de investigação próprios das autoridades judiciais, além de outros previstos nos regimentos das respectivas Casas, serão criadas pela Câmara dos Deputados e pelo Senado Federal, em conjunto ou separadamente, mediante requerimento de um terço de seus membros, para a apuração de fato determinado e por prazo certo, sendo suas conclusões, se for o caso, encaminhadas ao Ministério Público, para que promova a responsabilidade civil ou criminal dos infratores."

aliás, se verá mais à frente, no capítulo 7, especificamente no subitem 7.6 deste livro.

Adianta-se, porém, a propósito, que Aury Lopes Jr. e Ricardo Jacobsen Gloeckner, dizem e nos dão a conhecer:

> A garantia é aplicável não só ao inquérito policial, mas também ao procedimento investigatório levado a cabo por uma Comissão Parlamentar de Inquérito (CPI), como decidiu o STF, rel. Min. Celso de Mello, liminarmente, no HC 79.812-8/SP:
>
> Comissão Parlamentar de Inquérito. Privilégio contra a autoincriminação. Direito que assiste a qualquer indiciado ou testemunha. Impossibilidade de o poder público impor medidas restritivas a quem exerce, regularmente, essa prerrogativa. Medida Cautelar concedida.
>
> O privilégio contra a autoincriminação – que é plenamente invocável perante as Comissões Parlamentares de Inquérito – traduz direito público subjetivo assegurado a qualquer pessoa que deva prestar depoimento perante órgãos do Poder Legislativo, Executivo ou do Poder Judiciário.
>
> O exercício do direito de permanecer em silêncio não autoriza os órgãos estatais a dispensarem qualquer tratamento que implique restrição à esfera jurídica daquele que regularmente invocou essa prerrogativa fundamental. Precedentes.
>
> Ninguém pode ser tratado como culpado, independentemente da natureza do ilícito penal que lhe possa ser atribuído, sem que exista decisão judicial condenatória transitada em julgado. O princípio constitucional da não culpabilidade consagra, em nosso sistema jurídico, uma regra de tratamento que impede o Poder Público de agir e de se comportar, em relação ao suspeito, ao indiciado, ao denunciado ou ao réu, como se estes já houvessem sido condenados definitivamente por sentença do Poder Judiciário. Precedentes.[52]

Nesse sentido, igualmente, Gilmar Ferreira Mendes, Inocêncio Mártires Coelho e Paulo Gustavo Gonet Branco afirmam:

> Consolidou-se orientação no Supremo Tribunal Federal de que o direito ao silêncio em relação a fatos que possam constituir auto-incriminação tem aplicação à situação dos depoentes nas Comissões Parlamentares de Inquérito, entendendo-se que a sua invocação não pode dar ensejo a ameaça ou a decretação de prisão por parte da autoridade do Estado.[53] [54]

---

52 LOPES JÚNIOR, Aury; GLOECKNER, Ricardo Jacobsen. *Investigação preliminar no Processo Penal*. 6. ed. São Paulo: Saraiva, 2014. p. 488.

53 MENDES, Gilmar Ferreira; COELHO, Inocêncio Mártires; BRANCO, Paulo Gustavo Gonet. *Curso de Direito Constitucional*. São Paulo: Saraiva, 2007. p. 639.

54 V. também: "É jurisprudência pacífica desta Corte assegurar-se ao convocado para depor perante CPI o privilégio contra a auto-incriminação, o direito ao silêncio e a comunicar-

Imperioso consignar que o Superior Tribunal de Justiça já deliberou que o direito ao silêncio também é assegurado às pessoas sob investigação em processo administrativo disciplinar. No âmbito administrativo, pois, quando se apura responsabilidades para aplicação de sanções, o servidor é igualmente protegido pelo direito à não autoincriminação e, consequentemente, o descumprimento dessa prerrogativa, pela respectiva Comissão Processante, quando do interrogatório do servidor, macula o respectivo ato, dele não se podendo aproveitar qualquer efeito.[55]

A propósito, o Superior Tribunal de Justiça, ao julgar o Recurso em Mandado de Segurança nº 14.901/TO, tendo como Relatora a Ministra Maria Theresa de Assis Moura, anulou a pena de demissão imposta à servidora investigada, posto que, entre outras razões, quando do interrogatório, em duas ocasiões, ela se comprometeu a "dizer a verdade das perguntas formuladas".

Para a mencionada Ministra Relatora, cujo voto foi acompanhado pela unanimidade dos demais Ministros que compõem a 6ª Turma do STJ, ao assim proceder, "a comissão processante feriu de morte a regra do art. 5º, LXIII, da CF/88", já que, "em vez de constranger a servidora a falar a verdade, deveria ter-lhe avisado do direito de ficar em silêncio".

Nesse caso, especificamente, sentenciou a Ministra Theresa de Assis Moura:

> Os interrogatórios da servidora investigada, destarte, são nulos e, por isso, não poderiam embasar a aplicação da pena de demissão, pois deles não pode advir qualquer efeito.[56]

Por sua vez, a origem liberal do constitucionalismo norte-americano inscreveu o princípio *nemo tenetur se detegere* diretamente na 5ª Emenda à sua Constituição, ao vedar a conjuntura de um suspeito testemunhar contra si, o que foi reiterado em diversos julgamentos da Suprema Corte daquela nação.

Nesse ponto, escreveu Alexandre de Moraes:

---

se com o seu advogado" (STF – HC nº 100341/AM, Rel. Min. Joaquim Barbosa, j. em 4.11.2010). No mesmo sentido: STF, HC nº 100200/DF, Rel. Min. Joaquim Barbosa, j. em 8.04.2010.

55 STJ – 6ª T., no MS nº 14.901/TO, Rel. Min. Maria Theresa de Assis Moura, j. em 21.10.2008.

56 STJ – 6ª T., no MS nº 14.901/TO, Rel. Min. Maria Theresa de Assis Moura, j. em 21.10.2008.

A garantia ao silêncio do acusado foi consagrada no histórico julgamento norte-americano "*Miranda v. Arizona*", em 1966, em que a Suprema Corte, por cinco votos contra quatro, afastou a possibilidade de utilização como meio de prova de interrogatório policial quando não precedido da enunciação dos direitos do preso, em especial, "você tem o direito de ficar calado" (*you have the right to remain silent...*), além de consagrar o direito do acusado em exigir a presença imediata de seu advogado.[57]

Sobre o caso Miranda vs. Arizona, julgado em data de 13 de junho de 1966, pela Suprema Corte dos Estados Unidos, explica-se:

I - Sr. Ernesto Miranda foi preso em sua casa e levado diretamente à delegacia de polícia, onde foi identificado pela vítima como autor dos crimes de seqüestro e de estupro. Ele foi levado para uma sala, onde foi interrogado por duas horas. A polícia não o informou, quer antes ou durante o interrogatório, do direito de ter um advogado presente ao interrogatório ou de consultar com um advogado antes de responder qualquer questão. Inicialmente, Miranda afirmou sua inocência. No entanto, durante o interrogatório, assinou uma confissão escrita de culpabilidade, a qual continha um parágrafo afirmando que a confissão era voluntária com pleno conhecimento de seus direitos e com a compreensão de que qualquer declaração poderia ser usada contra ele. No julgamento, considerada a confissão, Miranda foi condenado. Em apelação, a Suprema Corte do Arizona manteve a decisão.

II - A *Suprema Corte dos Estados Unidos* determinou a revisão do julgamento, considerando que ninguém pode ser compelido, em qualquer caso penal, a se incriminar. De forma mais abrangente do que já havia decidido anteriormente, a Corte entendeu que o privilégio contra a autoincriminação não é proteção somente no curso de procedimentos judiciais, mas sempre que houver restrição da liberdade individual, inclusive em interrogatórios; também, que as declarações obtidas nessas circunstâncias não serão admitidas como provas a não ser que tenha sido demonstrado que o privilégio da não autoincriminação tenha sido assegurado. Uma vez verificado que as autoridades podem utilizar outro procedimento de modo eficaz, a Corte identificou requisitos básicos para que a declaração seja admitida. Primeiramente, a pessoa deve ser advertida que ela tem o direito de permanecer em silêncio, pois qualquer declaração pode ser usada contra ela, e que ela tem o direito da presença de um advogado, nomeado ou de sua escolha. Além disso, se a pessoa indicar, de qualquer maneira e em qualquer fase do processo, que ela deseja consultar um advogado antes de falar, ela não pode mais ser questionada. Se a pessoa estiver sozinha e indicar, de qualquer modo,

57 MORAES, Alexandre de. *Direitos Humanos Fundamentais*. 3. ed. São Paulo: Atlas, 2000. p. 286.

> que não deseja ser interrogada, a polícia não deve iniciar o interrogatório. Finalmente, se a pessoa respondeu a algumas questões ou declarou voluntariamente algo, esse fato não a impedirá de parar de responder até se consultar com um advogado e ela consentir em ser interrogada. A Corte também afirmou que a pessoa pode renunciar a esses direitos, desde que de forma voluntária e consciente. A decisão de Miranda não exigia que as pessoas sob custódia consultasse um advogado antes do interrogatório ou tivesses um advogado presente ao interrogatório. Em vez disso, exigia que o direito de consulta fosse informado à pessoa antes de iniciar o interrogatório.[58]

A esse respeito, anotou Thiago Bottino:

> A garantia de não se auto-incriminar constitui uma referência importante no âmbito internacional, em razão de constar expressamente a 5ª emenda à Constituição dos Estados Unidos da América (EUA), datada de 1791: *[...] ninguém será compelido a testemunhar contra si próprio no curso de um processo criminal.*[59]

Na visão de Thiago Bottino, essa garantia é um importante modelo para outros sistemas jurídicos. Além disso, houve, segundo esse mesmo autor, resistência para incorporações desse princípio. Analisando a aplicação desse princípio na jurisdição norte-americana, Thiago Bottino expõe que, no caso *Twining vs. State*, 211 U.S. 78 (1908), a Suprema Corte americana decidiu que as primeiras oito emendas à Constituição, entre elas a referente ao princípio em análise, trazia limitações somente ao governo federal e não aos estaduais.[60]

Em verdade, a decisão da Suprema Corte, nesse caso, estabeleceu a existência de dois tipos de cidadania, uma nacional e outra estadual. Se uma garantia, embora fundamental, não decorre do sistema federal e nem está prevista como oponível aos Estados não pode ser objeto de alegação no âmbito local. Ainda que a 14ª Emenda haja procedido à incorporação da cláusula do devido processo legal às jurisdições federal e estadual, isso não trouxe, por si só, a obrigação da incorporação desse princípio às jurisdições locais. Seria um direito destacado, não fazendo parte da *common law*, com o significado conferido pela 14ª Emenda.

---

[58] SUPREMO TRIBUNAL FEDERAL. *Boletim de jurisprudência internacional e estrangeira*: direito ao silêncio. 8. ed. Brasília, DF: STF, 2023. p. 20-21.

[59] BOTTINO, Thiago. *O Direito ao Silêncio na Jurisprudência do STF*. São Paulo: Campus Jurídico, 2009. p. 54.

[60] BOTTINO, Thiago. *O Direito ao Silêncio na Jurisprudência do STF*. São Paulo: Campus Jurídico, 2009. p. 54.

Thiago Bottino ainda menciona que a 5ª e a 14ª Emendas somente foram tornadas garantias efetivas na década de 60 do século XX, no bojo da campanha pela igualdade de direitos civis nos Estados Unidos da América do Norte (EUA), conhecido como *civil rights movement*, cujo período de maior efervescência ocorreu entre 1955 e 1965.[61]

Esse processo de expansão de direitos e efetivação das garantias constitucionais teve momentos marcantes, como a decisão da Suprema Corte no caso *Brown v. Board of Education*, 347 U.S. 483 (1954); a campanha de boicote às empresas de ônibus de Alabama nos quais os negros deveriam sentar-se separados dos brancos (1955); a "integração" de uma escola em *Little Rock*, no Arkansas, com a presença do exército (1957); dentre vários outros que culminaram, em 1963, com a presença de duzentas mil pessoas na "Marcha sobre Washington" reunidas para ouvir o famoso discurso "*I have a dream*" de Martin Luther King. Assim, o direito em questão somente veio a ser efetivado na jurisprudência norte-americana no contexto social dos anos 60 do século XX, com o caso *Miranda v. Arizona*, 384. U.S. 436 (1966).[62]

4.3 Constituições de Portugal, Alemanha e Itália: presença implícita do princípio *nemo tenetur se detegere*

Embora não esteja, expressamente, previsto na Constituição de Portugal,[63] o princípio *nemo tenetur se detegere*, segundo a doutrina portuguesa, acha-se ali implicitamente consagrado, como assinalam, por exemplo, Augusto Silva Dias e Vânia Costa Ramos,[64] Jorge de Figueiredo Dias[65] e Paulo de Sousa Mendes.[66] [67]

61 BOTTINO, Thiago. *O Direito ao Silêncio na Jurisprudência do STF*. São Paulo: Campus Jurídico, 2009. p. 54.

62 BOTTINO, Thiago. *O Direito ao Silêncio na Jurisprudência do STF*. São Paulo: Campus Jurídico, 2009. p. 55-57.

63 Aprovada pela Assembleia Constituinte em 2.04.1976, entrou em vigor no dia 25.04.1976, vindo a ser revisada em 1997.

64 "Ao contrário de outras Leis Fundamentais, a Constituição da República Portuguesa (CRP) não tutela expressamente o *nemo tenetur*. A consagração expressa no princípio surge no Código de Processo Penal (CPP), na vertente do direito ao silêncio (arts. 61º, nº 1, al. *d*), 132º, nº 2, 141º, nº 4, *a*), e 343º, n. 1, do CPP). Maugrado (*sic*) a ausência de previsão na CRP, tanto a doutrina como a jurisprudência portuguesa são unânimes quanto à natureza constitucional implícita do *nemo tenetur*. [...] O princípio *nemo tenetur* goza de consagração constitucional implícito no Direito português [...], e desdobra-se numa série de corolário, o mais importante dos quais é o direito ao silêncio" (DIAS, Augusto Silva; RAMOS, Vânia Costa. *O Direito à não auto-inculpação (*nemo tenetur se ipsum accusare*) no Processo Penal e Contra-Ordenacional Português*. Lisboa: Coimbra, 2009. p. 14-15).

Isso é reiterado na Constituição da Alemanha, segundo Manuel da Costa Andrade,[68] Maria Elizabeth Queijo[69] e Thiago Bottino,

---

[65] "Não obstante o princípio *nemo tenetur* – seja na sua vertente de direito ao silêncio do arguido, seja na sua dimensão de "privilégio" do arguido contra uma auto-incriminação – não estar expressa e directamente plasmado no texto constitucional, a doutrina e a jurisprudência portuguesas são unânimes não só quanto à vigência daquele princípio no direito processual penal português, como quando à sua natureza constitucional" (DIAS, Augusto Silva; RAMOS, Vânia Costa. *O Direito à não auto-inculpação (*nemo tenetur se ipsum accusare*) no Processo Penal e Contra-Ordenacional Português*. Lisboa: Coimbra, 2009. p. 14-15). V. DIAS, Jorge de Figueiredo; ANDRADE, Manuel da Costa; PINTO, Frederico de Lacerda da Costa. *Supervisão, direito ao silêncio e legalidade da prova*. Lisboa: Almedina, 2009. p. 39.

[66] "O princípio segundo o qual ninguém deve ser obrigado a contribuir para a sua própria incriminação, que engloba o direito ao silêncio e o direito de não facultar meios de prova, não consta expressamente do texto da Constituição da República Portuguesa (doravante, CRP), mas "a doutrina e a jurisprudência portuguesas são unânimes não só quanto à vigência daquele princípio no direito processual penal português, como quanto à sua natureza constitucional". Há quem baseie o princípio muito simplesmente nas garantias processuais, consagrada genericamente nos artigos 20º, nº 4, *in fine*, e 32º, nº 1, CRP. Outros, porém, consideram, não obstante aceitarem tais garantias processuais como fundamento directo e imediato o *nemo tenetur*, que este princípio carece ainda de uma fundamentação última de carácter não processualista, mas antes de ordem material ou substantiva, ligando-o desta feita aos direitos fundamentais e à dignidade da pessoa humana, nos termos do art. 1º CRP. Seja como for, o princípio *nemo tenetur* é aceite por todos" (MENDES, Paulo de Sousa. As garantias de defesa no processo sancionatório especial por práticas restritivas da concorrência confrontadas com a jurisprudência do Tribunal Europeu dos Direitos do Homem. *Revista de Concorrência e Regulação*, Lisboa, ano I, n.1, p.121-144, 2010. p. 125-126).

[67] A exemplo do Supremo Tribunal Federal brasileiro, que, como já vimos (v. item 4.2), consolidou sua jurisprudência no sentido de estender o direito ao silêncio não só ao preso, acusado ou ao formalmente denunciado em processo-crime, mas, igualmente, aos investigados e/ou convocados para deporem perante Comissões Parlamentares de Inquérito e em Processos Administrativos, em Portugal também o direito ao silêncio não é exclusivo do processo penal, consoante afirma Sofia Saraiva de Menezes: "Outra questão pertinente e de relevância prática é a de se saber se o direito ao silêncio é exclusivo do processo penal. Face a ela, devemos recorrer ao nº 10 do art. 32º da CRP, que dispõe que "nos processos de contra-ordenação, bem como em quaisquer processos sancionatórios, são assegurados ao arguido os direitos de audição e defesa". Neste sentido, dever-se-á aplicar o direito ao silêncio sempre que no processo em causa se possa aplicar uma sanção de carácter punitivo, mesmo não tendo carácter criminal, e, a ser assim, ele valerá também no campo do direito de mera ordenação social e das disciplinares (MENEZES, Sofia Saraiva de. O direito ao Silêncio: a verdade por trás do mito. *In*: BELEZA, Teresa Pizarro; PINTO, Frederico de Lacerda (org.). *Prova criminal e direito de defesa*: estudos sobre teoria da prova e garantias de defesa em processo penal. Lisboa: Almedina, 2010. p. 127).

[68] "A Lei Fundamental não consagra *expressis verbis* o princípio *nemo tenetur*. Mas isto não tem impedido a doutrina e a jurisprudência germânicas de sustentarem, de forma praticamente unânime, que aquele princípio configura verdadeiro "direito constitucional não escrito". Nesta linha, é já possível contar com um conjunto significativo de decisões do Tribunal Constitucional Federal, sistematicamente fiéis ao entendimento de que o princípio goza hoje, na ordem jurídica alemã, de autêntica dignidade constitucional" (ANDRADE, Manuel da Costa. *Sobre as Proibições de Prova em Processo Penal*. Lisboa: Coimbra, 1992. p. 124).

[69] "Não há dispositivo constitucional específico com relação ao *nemo tenetur se detegere* ou mesmo quanto ao direito ao silêncio do acusado. Contudo, apesar disso, entende-se que

destacando esse último autor que essa garantia é corolário de três princípios: "(1) a supremacia da dignidade humana; (2) o direito ao livre desenvolvimento da personalidade; e (3) a proibição de afetação do núcleo essencial de um direito".[70]

Na Itália, louvando-se em Vittorio Grevi, Maria Elizabeth Queijo anota que o princípio *nemo tenetur se detegere* "se insere no direito à autodefesa, tutelado no art. 24, n. 2, do texto constitucional, na perspectiva de não-colaboração e ainda na presunção de não culpabilidade (art. 27, n. 2, do mesmo texto).[71]

Segundo essa autora, "algumas regras foram estabelecidas para evitar qualquer fraude com relação aos direitos e garantias do acusado, inclusive a faculdade de não responder ao interrogatório.[72]

4.4 Códigos de Processo Penal

4.4.1 Do Brasil

O direito ao silêncio, como corolário do princípio *nemo tenetur se detegere*, vem a ser consagrado nos Códigos de Processo Penal do Brasil (art. 186, parágrafo único) e de Portugal (arts. 61º, I, *d*, 141º, 4, *a*, 343º e 345º, 1), embora, neste, com algumas restrições ou limitações.

No Brasil, antes de entrar em vigor a Lei nº 10.792, de 1º.12.2003, a qual deu nova redação ao art. 186 do CPP, esse dispositivo processual tinha o seguinte enunciado: "Antes de iniciar o interrogatório, o juiz observará ao réu que, embora não esteja obrigado a responder as perguntas que lhe forem formuladas, o seu silêncio poderá ser interpretado em prejuízo da própria defesa".[73]

---

o princípio tem envergadura constitucional, incluído entre os direitos fundamentais, não podendo ser violado em seu núcleo essencial (cf. art. 19, n. 2, da Lei Fundamental) nem pelo Judiciário nem pelo Legislativo" (QUEIJO, Maria Elizabeth. *O direito de não produzir prova contra si mesmo*: o princípio *nemo tenetur se detegere* e suas decorrências no processo penal. São Paulo: Saraiva, 2003. p. 142).

70 BOTTINO, Thiago. *O Direito ao Silêncio na Jurisprudência do STF*. São Paulo: Campus Jurídico, 2009. p.72.

71 QUEIJO, Maria Elizabeth. *O direito de não produzir prova contra si mesmo*: o princípio *nemo tenetur se detegere* e suas decorrências no processo penal. São Paulo: Saraiva, 2003. p. 127.

72 QUEIJO, Maria Elizabeth. *O direito de não produzir prova contra si mesmo*: o princípio *nemo tenetur se detegere* e suas decorrências no processo penal. São Paulo: Saraiva, 2003. p. 127.

73 BRASIL. *Lei nº 10.792, de 1º de dezembro de 2003*. Altera a Lei no 7.210, de 11 de junho de 1984 – Lei de Execução Penal e o Decreto-Lei no 3.689, de 3 de outubro de 1941 – Código de Processo Penal e dá outras providências. Brasília, DF: Presidência da República, 2003.

A segunda parte daquele revogado artigo já não havia sido recepcionada pela Constituição Federal de 1988, pois, de acordo com o seu art. 5º, LXIII: "O preso será informado de seus direitos, entre os quais o de permanecer calado".[74]

Assim, por força dessa norma constitucional, já era assente na doutrina brasileira que o juiz não mais podia fazer a advertência ao acusado de que "o seu silêncio poderá ser interpretado em prejuízo da própria defesa".[75]

Amoldando-se à Carta Magna brasileira, o legislador ordinário, através da Lei nº 10.792/2003, além de alterar a redação primitiva do referido art. 186, acrescentou-lhe um parágrafo único, com o seguinte teor: "O silêncio, que não importará em confissão, não poderá ser interpretado em prejuízo da defesa".[76]

Nesse particular, esclarece Roberto Delmanto Júnior:

> Se o direito ao silêncio é reconhecido e assegurado pela Constituição de nossa República, o exercício desse direito, evidentemente, jamais pode ser interpretado contra o acusado.[77]

Acentua, nessa mesma linha de raciocínio, Rogério Lauria Tucci, que o direito ao silêncio

> Não pode importar em desfavorecimento do imputado, até porque consistiria inominado absurdo entender-se que o exercício de um direito, expresso na Lei das Leis como fundamental do indivíduo, possa acarretar-lhe qualquer desvantagem.[78]

---

[74] BRASIL. [Constituição (1988)]. *Constituição da República Federativa do Brasil*. Brasília, DF: Presidência da República, 1988.

[75] Já em 1949, numa Conferência proferida no Instituto dos Advogados Brasileiros, Serrano Neves levantou suspeitas sobre a constitucionalidade da redação original dessa segunda parte do art. 186 do CPP (NEVES, Serrano. *O Direito de Calar*. Rio de Janeiro: Freitas Bastos, 1960. p. 30-42).

[76] BRASIL. *Lei nº 10.792, de 1º de dezembro de 2003*. Altera a Lei no 7.210, de 11 de junho de 1984 – Lei de Execução Penal e o Decreto-Lei no 3.689, de 3 de outubro de 1941 – Código de Processo Penal e dá outras providências. Brasília, DF: Presidência da República, 2003.

[77] DELMANTO JUNIOR, Roberto. *Inatividade no Processo Penal Brasileiro*. São Paulo: Revista dos Tribunais, 2004. v. 7. (Coleção Estudos de Processo Penal Prof. Joaquim Canuto Mendes de Almeida). p. 134.

[78] TUCCI, Rogério Lauria. *Direitos e garantias individuais no Processo Penal brasileiro*. 3. ed. São Paulo: Revista dos Tribunais, 2009. p. 305.

E arremata:

> Em suma, tendo sido consagrado constitucionalmente, em nosso País, o "direito do imputado de permanecer calado", nenhuma ilação poderá ser retirada dessa postura, apresentando-se o "silêncio" como "prova negativa da imputação", sem nenhuma repercussão positiva na apuração da responsabilidade penal.[79]

Com convicção, Guilherme de Souza Nucci afirma:

> O silêncio do acusado não pode lhe causar nenhum prejuízo.[80]

Sobre aquela alteração legislativa, Eugênio Pacelli de Oliveira explica:

> O direito ao silêncio deflui da regra constitucional prevista no art. 5º, LXIII, da CF, e implicou a imediata revogação (implícita, por inconstitucionalidade) daquilo que dispunha o art. 186 (posteriormente revigorado pela Lei nº 10.792/03) e o art. 198 do Código de Processo Penal, pela simples e bastante razão de não se poder atribuir qualquer forma de sanção a quem esteja no exercício de um direito a ele assegurado em lei.
>
> A Lei 10.792/03, que alterou vários dispositivos do Código de Processo Penal, veio, enfim, consolidar o que já era uma realidade, ao menos no âmbito doutrinário: o tratamento do interrogatório como meio de defesa, assegurando-se ao acusado o direito de entrevistar-se com seu advogado antes do referido ato processual (art. 185, §2º); o direito de permanecer calado e não responder perguntas a ele endereçadas sem que se possa extrair do silêncio qualquer valoração em prejuízo da defesa (art. 186, *caput*, e parágrafo único).
>
> Assim, a redação anterior do art. 186 do CPP, a qual já dávamos como implicitamente revogada pelo texto constitucional de 1988, foi expressamente afastada da ordem jurídica com a substituição de seu conteúdo pela citada Lei nº 10.792/03.[81]

---

79 TUCCI, Rogério Lauria. *Direitos e garantias individuais no Processo Penal brasileiro*. 3. ed. São Paulo: Revista dos Tribunais, 2009. p. 307.

80 NUCCI, Guilherme de Souza. *Curso de Direito Processual Penal*. 21. ed. Rio de Janeiro: Forense, 2024b. p. 27.

81 OLIVEIRA, Eugênio Pacelli de. *Curso de Processo Penal*. 10. ed. Rio de Janeiro: Lumen Juris, 2008. p. 30.

Categoricamente, prescrevem Aury Lopes Jr. e Ricardo Jacobsen Gloeckner:

> Ao estar assegurado o direito de silêncio sem qualquer reserva na Constituição e na Convenção Americana de Direitos Humanos, por lógica jurídica, o sistema interno [não] pode atribuir ao seu exercício qualquer prejuízo. Nessa linha, ainda que injustificadamente tardia, foi reformada a redação do art. 186 do CPP, inclusive com a inclusão do parágrafo único, assegurando ao imputado o direito de silêncio sem que o seu exercício decorra qualquer prejuízo ou presunção.[82]

E, criticando o que eles chamam de "reformas pontuais", acrescentam Aury Lopes Jr. e Ricardo Jacobsen Gloeckner que, a despeito da nova redação dada ao art. 186 do CPP pela Lei nº 10.792, de 1º.12.2003, o legislador não produziu nenhuma alteração na atual redação do art. 198 do CPP,[83] pelo que, principalmente a parte final deste dispositivo processual penal, carece de "validade substancial", por vício de inconstitucionalidade:

> Contudo, como sói acontecer com as "reformas pontuais", elas carecem de uma coerência sistêmica. A pontualidade das modificações só serve para gerar uma imensa inconsistência sistêmica e criar uma verdadeira colcha de retalhos. Exemplo típico disso é a permanência do art. 198 do CPP, evidente contradição com as modificações realizadas e manifesta inconstitucionalidade. O exercício do direito de silêncio, destaque-se, jamais poderá ser gerador de prejuízo jurídico para o imputado, devendo ser afastada a validade substancial do art. 198 do CPP.[84]

Ainda a respeito da vigente redação da parte final do art. 198 do CPP, Aury Lopes Jr. e Ricardo Jacobsen Gloeckner discorrem:

> Deve-se registrar a perversão contida no dispositivo, aparentemente "neutro". Em primeiro lugar, essa norma não parece estar em consonância com o princípio da persuasão racional ou do livre convencimento motivado. De fato, como poderia ser fundamentada uma decisão judicial amparada no silêncio do acusado? Por certo que a valoração do silêncio

---

82 LOPES JÚNIOR, Aury; GLOECKNER, Ricardo Jacobsen. *Investigação preliminar no Processo Penal*. 6. ed. São Paulo: Saraiva, 2014. p. 484.

83 "Art. 198. O silêncio do acusado não importará confissão, mas poderá constituir elemento para a formação do convencimento do juiz".

84 LOPES JÚNIOR, Aury; GLOECKNER, Ricardo Jacobsen. *Investigação preliminar no Processo Penal*. 6. ed. São Paulo: Saraiva, 2014.

> do réu tão somente poderia se dar negativamente, isto é, reforçando uma presunção latente de que aquele que prefere o silêncio está ocultando algo. Não é possível, com uma argumentação lógica, estabelecer qualquer ilação acerca do ato judicial de interrogatório, uma vez que não há registro algum. Nada sendo falado pelo acusado, não há signo linguístico algum para confirmar determinada hipótese. Sendo assim, o silêncio somente pode operar no campo da presunção. E, como tal, como já referido inúmeras vezes, a única presunção admissível no processo penal é a de inocência. Destarte, é inequivocamente inconstitucional tal artigo, que mantém a antiga redação do art. 186 do CPP, que faz menção ao fato de o silêncio ser interpretado em seu prejuízo. *Ad argumentandum tantum*, o art. 478, II, que regula o procedimento do tribunal do júri, afirma que as partes não poderão, sob pena de nulidade, fazer menção ao silêncio do acusado. Parece-nos indiscutível que o art. 198 do CPP não sobrevive a uma filtragem constitucional e sequer manter uma coerência lógica.[85]

Também em relação à atual redação do art. 198 do CPP, Eugênio Pacelli e Douglas Fischer lecionam:

> A manutenção da *vigência* do aludido dispositivo há de ser debitada exclusivamente à incompetência legislativa nacional. Se a revogação *tácita* – ou *não recepção* – do art. 198 já ocorrera no longínquo ano de 1988, com a chegada da atual Constituição da República, a Lei nº 10.792/03 fez incluir, no art. 186, logo abaixo do presente artigo (art. 198) a seguinte disposição:
>
> "Art. 186. [...]
>
> Parágrafo único. O silêncio, que não importará em confissão, *não poderá ser interpretado em prejuízo da defesa.*"
>
> Como se vê, os sentidos são absolutamente inversos, com o que, embora sem fazê-lo de modo expresso, a Lei nº 10.792/03 revogou, mais uma vez, tacitamente, a norma do art. 198. Assim, referido dispositivo, atualmente, não tem mais qualquer *validade*, isto é, não retirado do ordenamento pelas vias normais de supressão de vigência (revogação expressa ou inconstitucionalidade afirmada pelo STF, seguida de suspensão pelo Senado – art. 52, X, CF).[86]

---

85 LOPES JÚNIOR, Aury; GLOECKNER, Ricardo Jacobsen. *Investigação preliminar no Processo Penal*. 6. ed. São Paulo: Saraiva, 2014. p. 485.

86 OLIVEIRA, Eugênio Pacelli de; FISCHER, Douglas. *Comentários ao Código de Processo Penal e sua Jurisprudência*. 12. ed. São Paulo: Atlas, 2020. p. 553.

Nesse diapasão, preconiza Renato Brasileiro de Lima que "do exercício do direito ao silêncio previsto na Carta Magna (art. 5º, LXIII) não pode resultar qualquer prejuízo ao acusado. Logo, há de se considerar como não recepcionada a parte final do art. 198 do CPP. Se o acusado é titular do direito ao silêncio, consectário lógico do princípio *nemo tenetur se detegere*, é evidente que o exercício desse direito não pode constituir elemento para a formação do magistrado, sob pena de negação do próprio direito fundamental".[87]

De igual modo, sobre a redação da parte final do art. 198 do CPP, afirma Guilherme de Souza Nucci que "deve-se reputar *não recepcionada* a parte final deste artigo, mencionando poder o silêncio do réu "constituir elemento para a formação do convencimento do juiz". Ora, se a pessoa pode se calar, torna-se de manifesta inconstitucionalidade extrair desse ato alguma consequência negativa".[88] Em outra obra de sua autoria, reforçou Guilherme de Souza Nucci:

> A parte final do art. 198 do CPP, que prevê a possibilidade de ser levado em conta o silêncio do réu para a formação do convencimento do magistrado, não foi recepcionada pela Constituição Federal de 1988, que, expressamente, conferiu ao réu a possibilidade de manter-se calado (art. 5º, LXIII), sem estabelecer qualquer consequência dessa opção, razão pela qual não pode a lei ordinária fixar conteúdo diverso.[89]

Igualmente em relação à parte final do art. 198 do CPP, assim pontificam Rogério Sanches Cunha e Ronaldo Batista Pinto:

> A parte final deste artigo é considerada, pela doutrina, como revogada tacitamente, ao dispor que o silêncio "poderá constituir elemento para a formação do convencimento do juiz". Com efeito, na redação dada pela Lei nº 10.792/2003, ao parágrafo único do art. 186 do código, consta, com todas as letras, que "o silêncio, que não importará em confissão, não poderá ser interpretado em prejuízo da defesa". Há, portanto, evidente conflito entre uma e outra norma, a prevalecer, nesse caso, a mais recente, sobretudo quando encontra amparo na Constituição Federal.[90]

---

87 LIMA, Renato Brasileiro de. *Código de Processo Penal comentado*. 5. ed. Salvador: Juspodivm, 2020. p. 691.

88 NUCCI, Guilherme de Souza. *Código de Processo Penal comentado*. 19. ed. Rio de Janeiro: Forense, 2020a. p. 455

89 NUCCI, Guilherme de Souza. *Curso de Direito Processual Penal*. 17. ed. Rio de Janeiro: Forense, 2020c. p. 499.

90 CUNHA, Rogério Sanches; PINTO, Ronaldo Batista. *Código de Processo Penal e Lei de Execução Penal Comentados*. 4. ed. Salvador: Juspodivm, 2020. p. 649.

Em harmonia com os doutrinadores aqui já citados, Gustavo Henrique Badaró endossa:

> O art. 198 do CPP, que estabelece que "*o silêncio do acusado não importará confissão, mas poderá constituir elemento para a formação do convencimento do juiz*", não foi recepcionado pela nova ordem constitucional, posto que incompatível com o direito ao silêncio. De qualquer forma, diante da nova redação do art. 186, parágrafo único, do CPP, tal regra restou tacitamente revogada.[91]

Sérgio Rebouças, por sua vez registrou:

> A segunda parte desse dispositivo (art. 198, CPP), entretanto, não foi recepcionada pela Constituição de 1988, por significar ofensa ao próprio exercício regular do direito ao silêncio (art. 5º, LXIII, CF: "...mas poderá [o silêncio] constituir elemento para a formação do convencimento do juiz"). Essa regra, que já não havia sido recepcionada pela ordem constitucional vigente, acabou de toda sorte revogada pela Lei nº 10.792/2003, que conferiu esta redação ao parágrafo único do art. 186 do CPP: "O silêncio, que não importará em confissão, não poderá ser interpretado em prejuízo da defesa".[92]

E Noberto Avena, a propósito, consignou:

> Prescreve o art. 186 do CPP que, antes de iniciar o interrogatório, deverá o juiz advertir o acusado de seu direito de permanecer calado, sendo que tal silêncio não importará em confissão nem poderá ser interpretado em prejuízo de sua defesa. Essa garantia, prevista para o interrogatório judicial, tem igual aplicação no interrogatório policial, conforme dispõe o art. 6º, V, do CPP.
>
> Tal previsão legislativa decorreu de alteração introduzida pela Lei 10.792/2003, pois anteriormente dispunha o Código, no mesmo artigo, que o silêncio do réu, embora fosse um direito, poderia ser interpretado em prejuízo da defesa, referência esta que, evidentemente, não havia sido recepcionada pela Constituição Federal, da qual se infere o privilégio da não autoincriminação, corolário do direito ao silêncio. Apesar das modificações introduzidas ao Código no capítulo pertinente ao interrogatório do réu, olvidou o legislador de revogar o art. 198, que ainda mantém a inconstitucional previsão que o silêncio possa ser utilizado como fator de convicção do juiz.[93]

---

91 BADARÓ, Gustavo Henrique. *Processo penal*. 8. ed. São Paulo: Revista dos Tribunais, 2020. p. 523.

92 REBOUÇAS, Sérgio. *Curso de Direito Processual Penal*. Salvador: Juspodivm, 2017. p. 653.

93 AVENA, Norberto. *Processo Penal*. 12. ed. Rio de Janeiro: Método, 2020. p. 119-120.

De fato, por todas as razões e fundamentos já expostos, não há dissenso na doutrina nacional de que a parte final do art. 198, do CPP restou tacitamente revogada pela Lei nº 10.792/2003 e/ou não recepcionada pelo art. 5º, LXIII, da Constituição Federal.

Em resumo, no Brasil, como vimos, o direito ao silêncio restou consagrado na sua Constituição Federal (art. 5º, inciso LXVIII), e no seu Código de Processo Penal (art. 186, parágrafo único),[94] sendo certo, ainda, que a segunda parte do já aludido art. 198 do CPP brasileiro de há muito encontra-se tacitamente revogada pela Lei nº 10.792/2003, sendo certo que sequer foi recepcionada pela Constituição Federal de 1988.

4.4.2 De Portugal

Em Portugal, em relação propriamente ao regular exercício do direito ao silêncio, no que diz respeito ao art. 61, n. 1, alínea *d*, art.141, n. 4, alínea *a*, art. 343, n. 1, e art. 345, n. 1, todos do seu CPP, esclarece Paulo Sousa Mendes:

> A lei processual inclui expressamente o direito ao silêncio no elenco de direitos do argüidos (artigos 61, n. 1, alínea *d*), 141, n. 4, alínea *a*), 343, n. 1, e 345, n. 1, *in fine*, CPP, direito este que é, como se disse, um corolário

[94] Registre-se, nesse particular, por oportuno, que Danni Sales e Fernanda Marinela de Sousa Santos, embora preconizem que "Nem a lei processual, muito menos a Constituição brasileira, consagram, diretamente, o direito ao *nemo tenetur*", explicam, esclarecem e fundamentam: "O direito ao silêncio, cuja origem deita raízes na Idade Média e no início da Renascença, é a versão nacional do privilégio contra a autoincriminação (*against self-incrimination*) do direito anglo-americano, que surgiu como forma de reação ao procedimento inquisitório que transformava o arguido em instrumento de sua própria condenação. A legislação brasileira outorga especial força ao direito de ficar calado, na medida em que impede, inclusive, que o julgador forme convencimento em prejuízo do réu por força do exercício do silêncio. Tanto o direito ao silêncio como à não autoincriminação estão incidivelmente ligados. Subtraindo do réu o direito ao silêncio, ele estaria obrigado a pronunciar-se revelando, por vezes, informações aptas a sua autoincriminação. Nem a lei processual, muito menos a Constituição brasileira consagram, diretamente, o direito ao *nemo tenetur*. Situação semelhante se registra no ordenamento alemão e português, Para Fernandes, foi possível a evolução brasileira no sentido de extrair da cláusula da ampla defesa e de outros preceitos constitucionais, como o da presunção de inocência e o direito ao silêncio, o princípio de que ninguém é obrigado a se autoincriminar, não podendo o suspeito ser forçado a produzir prova contra si. A doutrina e a jurisprudência européias, no entanto, são consensuais em afirmar o assento constitucional do *nemo tenetur*, tido como constitucional não escrito. O fundamento do *nemo tenetur* está enraizado na perspectiva de respeito à dignidade da pessoa humana (artigo 1º, III, da Constituição Federal de 1988), o que outorga ao acusado a condição de sujeito de direito no processo, e não de objeto de investigação" (SILVA, Danni Sales; SANTOS, Fernanda Marinela de Sousa. Acordo de não persecução penal e os limites da renúncia aos direitos e às garantias fundamentais. *In*: CAMBI, Eduardo; SILVA, Danni Sales; MARINELA, Fernanda (org.). *Pacote Anticrime*. Curitiba: Escola Superior do MPPR, 2020. v. 1. p. 41.)

> do *nemo tenetur*. De resto, o direito ao silêncio estende-se mesmo ao próprio suspeito, desde logo porque a pessoa sobre quem recai a suspeita de ter cometido um crime tem direito a ser constituída, a seu pedido, como argüido (art. 59, n.2, CPP). Também a própria "testemunha não é obrigada a responder a pergunta quando alegar que as respostas resulta a sua responsabilização penal" (art. 132, n. 2, CPP).
>
> Enfim, o direito ao silêncio não é um direito absoluto. Na verdade, até está submetido a "[r]esponder com verdade às perguntas feitas por entidade competente sobra a sua identidade e, quando a lei o impuser, sobre os seus antecedentes criminais" (art. 61, n.3, *alínea* b, CPP). Tirando essas restrições, aliás mínimas, o direito ao silêncio é, sem dúvida, um dos pilares do processo penal português.[95]

Ainda sobre o Código de Processo Penal português, Maria Elizabeth Queijo, anotou:

> No Código de Processo Penal, o direito ao silêncio é protegido e o argüido não presta juramento.
>
> [...]
>
> O direito ao silêncio incide sobre as perguntas quanto aos fatos atribuídos ao argüido e não sobre os dados atinentes à sua identificação. Com relação a estes, o argüido deverá fornecê-los, tendo o dever de dizer a verdade, sob pena de responder pelo crime de falsidade de declaração tipificado no art. 359 do Código Penal. Se se recusar a fornecer os dados de identificação, incorrerá no crime de desobediência.[96]

Não obstante, há, no ordenamento jurídico português, limitações ao direito ao silêncio e à não autoincriminação.

A propósito, embora assegurem os arts. 61, n. 1, alínea *d* e art. 141, n. 4, do Código de Processo Penal português o direito de o arguido não responder às perguntas feitas à sua pessoa sobre os fatos que lhe forem imputados, existem, no ordenamento jurídico lusitano, restrições tanto ao direito ao silêncio quanto ao direito à não autoincriminação.

---

95 MENDES, Paulo de Sousa. As garantias de defesa no processo sancionatório especial por práticas restritivas da concorrência confrontadas com a jurisprudência do Tribunal Europeu dos Direitos do Homem. *Revista de Concorrência e Regulação*, Lisboa, ano I, n.1, p.121-144, 2010. p. 126-127.

96 QUEIJO, Maria Elizabeth. *O direito de não produzir prova contra si mesmo*: o princípio *nemo tenetur se detegere* e suas decorrências no processo penal. São Paulo: Saraiva, 2003. p. 148-149.

Certificando como válida essa assertiva, Jorge de Figueiredo Dias, Manuel da Costa Andrade e Frederico de Lacerda da Costa Pinto confirmam: "Na verdade, são visíveis no ordenamento jurídico português diversas *limitações* ao direito ao silêncio e ao direito à não auto-incriminação. A título de exemplo: - o direito ao silêncio não assiste ao argüido relativamente às perguntas sobre a sua identidade, tendo inclusive o dever de responder a elas com verdade, nos termos do artigo 61º, nº 3, al. *b)* do CPP; - a obrigatoriedade de realizar exames, por exemplo, de alcoolomia ou de substância psicotrópica no domínio rodoviário; a obrigatoriedade de sujeição a exames no âmbito das perícias médico-legais quando ordenados pela autoridade judiciária competente, prevista pela Lei 45/2004, de 29 de Agosto [...]".[97]

Na legislação processual penal portuguesa, era prevista a obrigatoriedade do arguido de falar a verdade sobre seus antecedentes criminais (art. 342º, n. 2), porém, o Tribunal Constitucional Português declarou inconstitucional tal exigência.[98]

---

[97] DIAS, Augusto Silva; RAMOS, Vânia Costa. *O Direito à não auto-inculpação (*nemo tenetur se ipsum accusare*) no Processo Penal e Contra-Ordenacional Português*. Lisboa: Coimbra, 2009. p. 44-45.

[98] Nos termos do antigo n. 2 do art. 342 CPP (1987), o arguido estava obrigado a responder com verdade sobre os seus antecedentes criminais na "audiência de julgamento" (cf. Palma, 1994, p. 101-110). Ora, o Acórdão do Tribunal Constitucional (doravante, TC) n. 695/95 considerou essa disposição inconstitucional por violação das garantias de defesa, do direito ao silêncio e da presunção de inocência. De resto, era, a nosso ver, uma imposição não só inconstitucional, como também praticamente inútil, dado que o juiz, na audiência, por regra já tem esses na sua posse. Enfim, a pergunta pelos antecedentes criminais poderia ainda assim servir, no caso de arguido mentir, para dar motivos ao juiz para descrer de quaisquer outras declarações que ele porventura fizesse em juízo, mas isso transformaria a pergunta num ardil, o que é inaceitável do ponto de vista do *fair trial*. Em boa hora, o legislador revogou essa disposição através do Decreto-Lei nº 317/95, de 28 de novembro, consagrando assim a orientação do TC. Já a imposição de declarações ao arguido sobre os seus antecedentes criminais em "primeiro interrogatório" nunca foi julgada inconstitucional e mantém-se em vigor" (v. MENDES, Paulo de Sousa. As garantias de defesa no processo sancionatório especial por práticas restritivas da concorrência confrontadas com a jurisprudência do Tribunal Europeu dos Direitos do Homem. *Revista de Concorrência e Regulação*, Lisboa, ano I, n.1, p.121-144, 2010. p. 126, em nota de rodapé nº 20). "Permanecem as limitações decorrentes da obrigação de declarar a verdade sobre os elementos de identidade pessoal e antecedentes criminais. Quanto a este último aspecto, o Tribunal Constitucional (TC) viria a declarar inconstitucional o n. 2, do art. 342, do CPP que obrigava o arguido, em julgamento, a descrever com verdade os seus antecedentes criminais (não tendo valorado da mesma forma a mesma obrigação nos interrogatórios anteriores)" (DIAS, Augusto Silva; RAMOS, Vânia Costa. *O Direito à não auto-inculpação (*nemo tenetur se ipsum accusare*) no Processo Penal e Contra-Ordenacional Português*. Lisboa: Coimbra, 2009. p. 14).

Comentando o art. 342º, 1 e 2, do Código de Processo Penal Português,[99] Paulo Pinto de Albuquerque esclareceu:

> O *dever de identificação do argüido* na audiência de julgamento já não inclui os seus antecedentes criminais, tendo o Decreto-Lei nº 317/95, de 28.11, consagrado a jurisprudência do acórdão do TC nº 695/95, nos termos da qual esse dever de resposta com verdade à pergunta sobre os antecedentes criminais na audiência de julgamento viola as garantias de defesa, o direito ao silêncio do argüido e a presunção de inocência. Consagrou-se, pois, a solução do direito germânico, que inclui as declarações sobre antecedentes criminais no âmbito das declarações sobre o objecto do processo (§243º IV da StPO), em relação ao qual há um direito ao silêncio, e não como parte integrante da identificação do arguido, prevista no §243º II. A conseqüência prática desta inovação foi a de a jurisprudência ter passado a entender que o conhecimento do registro criminal do argüido deveria advir das suas declarações sobre a matéria prestadas no inquérito ou na instrução e do que constasse do seu certificado de registro criminal ou na sua ficha pessoal (acórdão do STJ, de 7.3.1996, *in* CJ, Acs. Do STJ, IV, 1, 228). 2. Contudo, a Lei nº 48/2007, de 29.8, introduziu o dever de o argüido responder com verdade à pergunta sobre a "*existência de processos pendentes*". Ora, o referido acórdão do TC também censurava expressamente esta pergunta como inconstitucional por violar o direito ao silêncio do argüido, na sequência, aliás, de doutrina já defendida por FERNANDA PALMA (O direito ao silêncio do argüido, *in* RPM, ano 15, pp. 101 e SS). Com efeito, se a argumentação constitucional é válida para a pergunta sobre os antecedentes criminais, ela também é válida para a pergunta sobre os processos pendentes, pois, o arguido é, em qualquer dos casos, obrigado a pronunciar-se sobre facto que poderia ter querido imitir Pelo exposto, é *inconstitucional* artigo 342º, nºs 1 e 2, do CPP, por violar o artigo 32º, nº 1, da CRP, na parte relativa à existência de processos pendentes. 3. A *recusa do argüido de responder às perguntas sobre a sua identidade* constitui o crime previsto no artigo 348º do CP. A *falsidade das declarações do arguido sobre a sua identidade* constitui o crime previsto no art. 359º do CP.[100]

[99] "Artigo 342º, 1. O presidente começa por perguntar ao argüido pelo seu nome, filiação, freguesia e conselho de naturalidade, data de nascimento, estado civil, profissão, local de trabalho e residência, sobre a existência de processos pendentes e, se necessário, pede-lhe a exibição de documento oficial bastante de identificação. 2. O presidente adverte o argüido de que a falta de resposta às perguntas feitas ou a falsidade da mesma o pode fazer incorrer em responsabilidade penal."

[100] ALBUQUERQUE, Paulo Pinto de. *Comentários ao Código de Processo Penal à luz da Constituição da República e da Convenção Europeia dos Direitos do Homem*. 4. ed. Lisboa: Universidade Católica Editora, 2011. p. 883-884.

O certo é que, tanto dentro do Código de Processo Penal português quanto fora dele, podem-se encontrar limitações aos direitos ao silêncio e à não autoincriminação. A título exemplificativo, confira-se:

> - o direito ao silêncio somente é assegurado ao arguido relativamente aos fatos que lhe são imputados, mas não lhe assiste o direito de mentir sobre sua verdadeira identidade, obrigando-se, desse modo, ao dever de responder com a verdade às perguntas que lhe forem dirigidas nesse aspecto, sob pena de incorrer nas práticas dos crimes de desobediência (art. 348 do CP), no caso de recusa, ou falsas declarações (art. 359 do CP), no caso de mentir (art. 61, 3, *b*); (art. 342, 2);
>
> - não pode alguém, sob pena de ser compelido por decisão da autoridade judiciária competente, eximir-se ou obstar a qualquer exame devido no âmbito das perícias médico-legais ou a facultar coisa que deva ser examinada (art. 172 do CPP e art. 6 da Lei n. 45/2004, de 29 de agosto);
>
> - qualquer pessoa está obrigada a submeter-se a realização de exames de alcoolemia e substâncias psicotrópicas no âmbito rodoviário (art. 152 do Decreto-Lei n. 44/2005 de 23 de fevereiro).

Além dessas restrições, outros deveres são previstos no ordenamento jurídico português, a saber:

> Dos deveres de cooperação do obrigado fiscal perante a administração tributária, previstos na Lei Geral Tributária e no Regime Complementar do Procedimento de Inspecção Tributária; dos deveres de colaboração daquelas entidades que exerçam actividades de carácter económico e se encontram sujeitas a certos deveres de colaboração, designadamente, ao dever de entregar documentos à Autoridade da Concorrência (art. 17, n. 1, als. a) e b) da Lei nº 18/2003 de 11 de junho); dos deveres de cooperação face à Comissão do Mercado de Valores Mobiliários (CMVM), previstos no Código dos Valores Mobiliários (CdVM).[101]

Acrescente-se, outrossim, que nos termos do Código Penal português, o arguido, em caso de falta de resposta às perguntas a si dirigidas ou na hipótese de vir a respondê-las falsamente, poderá incorrer em responsabilidade penal, respectivamente pelos crimes de desobediência (art. 248º) ou de falsas declarações (art. 359º).

---

[101] MENEZES, Sofia Saraiva de. O direito ao Silêncio: a verdade por trás do mito. *In*: BELEZA, Teresa Pizarro; PINTO, Frederico de Lacerda (org.). *Prova criminal e direito de defesa*: estudos sobre teoria da prova e garantias de defesa em processo penal. Lisboa: Almedina, 2010. p. 117.

Nesse sentido, Germano Marques da Silva leciona:

> O arguido tem o dever de responder com verdade às perguntas sobre a sua identidade feitas por entidades competentes e, quando a lei o impuser, sobre os seus antecedentes criminais [art. 61, n. 3, alínea b], é o que sucede nos interrogatórios a que for submetido (arts. 141, n. 3, art. 143, n. 2, e art. 144).
>
> A falta de resposta ou a sua falsidade pode fazer incorrer o argüido em responsabilidade penal, por desobediência ou por falsas declarações (art. 141, n. 3).[102]

Pondera Germano Marques da Silva, no entanto, que:

> O argüido deve ser informado de que goza do direito ao silêncio antes do interrogatório, com a explicação que se mostre necessária (arts. 141º, nº 4, 143º, nº 2º, 144º, nº 1, e 343º, nº 1).
>
> O silêncio do argüido não pode ser interpretado como presunção de culpa; ele presume-se inocente (art. 32º, nº 2, da CRP). Podem ser várias as razões que levam o arguido a preferir silenciar, e porventura, dignas de respeito, donde que não possa ser prejudicado pelo exercício do seu direito ao silêncio.
>
> Acresce que a lei não estabelece qualquer sanção para o argüido que, prestando declarações falsas sobre os factos que lhe forem imputados, falte a verdade. Não se trata de um direito de mentir, mas simplesmente da não punição da mentira.[103]

Igualmente, colhe-se de Sofia Saraiva de Menezes a seguinte lição:

> Quanto à estrutura do interrogatório, é importante salientar que o direito ao silêncio não a percorre inteiramente. Ou seja, há perguntas às quais o arguido tem obrigatoriamente que responder e, mais, impende mesmo sobre ele um dever de resposta com a verdade. Actualmente, este dever incide apenas sobre os elementos identificativos do arguido: nome, filiação, freguesia e conselho de naturalidade, data de nascimento, estado civil, profissão, local de trabalho e residência, existência de processos pendentes.
>
> Nos termos da lei, o arguido deverá ser informado de que a falta de resposta às perguntas ou a falsidade da mesma o poderá fazer incorrer

---

102 SILVA, Germano Marques da. *Curso de Processo Penal*: noções gerais, elementos do processo penal. 6. ed. rev. e actual. Lisboa: Verbo, 2010. p. 318.

103 SILVA, Germano Marques da. *Curso de Processo Penal*: noções gerais, elementos do processo penal. 6. ed. rev. e actual. Lisboa: Verbo, 2010. p. 315.

em responsabilidade penal, nomeadamente, crime de desobediência (art. 348, Código Penal – CP) ou de falsas declarações (art. 359, CP). Tal dever justifica-se uma vez que a comprovação da identidade do arguido é essencial para a prossecução do processo penal e ainda porque se entende que este conjunto de informações não se relaciona directamente com a sua culpabilidade.[104]

[104] MENEZES, Sofia Saraiva de. O direito ao Silêncio: a verdade por trás do mito. *In*: BELEZA, Teresa Pizarro; PINTO, Frederico de Lacerda (org.). *Prova criminal e direito de defesa*: estudos sobre teoria da prova e garantias de defesa em processo penal. Lisboa: Almedina, 2010. p. 127-128.

O PRINCÍPIO *NEMO TENETUR SE DETEGERE* E A POSSIBILIDADE DE PRODUÇÃO DE PROVA COM A PARTICIPAÇÃO DO ACUSADO, DE TESTEMUNHA OU DA VÍTIMA

No campo infraconstitucional de muitos países de regime democrático, podem-se observar diversos dispositivos mitigando ou restringindo a incidência do princípio *nemo tenetur se detegere*.

Nesse passo, assevera Marcelo Schirmer Albuquerque:

> Em países de reconhecida tradição no âmbito dos direitos humanos e em outros de também indiscutível desenvolvimento nas dogmáticas Penal e Processual Penal, o *nemo tenetur se detegere* quase nunca vai além da prerrogativa de se calar em interrogatório ou de se recusar a depor, protegendo o acusado contra a obrigatoriedade de emitir declarações verbais de conteúdo, em nada interferindo na questão probatória, contexto em que sequer é estudado.[105]

Assinala Maria Elizabeth Queijo que vários ordenamentos jurídicos estrangeiros não reconhecem a incidência do *nemo tenetur se detegere* nas provas que dependam da cooperação do acusado para sua produção. Ora se admite, nos referidos ordenamentos, a execução coercitiva de medidas para a produção da prova contra o acusado que se recuse a cooperar ou consentir, ora se aplicam sanções penais ao

[105] ALBUQUERQUE, Marcelo Schirmer. *A garantia de não auto-incriminação*: extensão e limites. Belo Horizonte: Del Rey, 2008. p. 59.

acusado em caso de recusa. Ainda, atribui-se valor probatório à recusa em submeter-se à prova. Estas são as soluções mais frequentes. Ainda que de forma não expressa, é reconhecido um dever de colaboração na produção das provas.[106]

A propósito, lembra Eugênio Pacelli de Oliveira que nos "Estados Unidos e em praticamente toda a Europa são permitidas determinadas ingerências corporais, variando apenas a necessidade de previsão legal e/ou de ordem de autoridade judiciária".[107]

Após haver analisado as peculiaridades processuais em países como França, Bélgica, Portugal, Dinamarca, Noruega, Alemanha, Itália, Espanha, Estados Unidos da América e Argentina, Marcelo Schirmer Albuquerque proclamou:

> Portanto, a garantia de não auto-incriminação, em países de notável tradição de respeito aos direitos fundamentais, não vai além da proteção aos direitos fundamentais de consciência e autodeterminação, mas não alcança a possibilidade de o acusado recusar-se a participar de qualquer prova.[108]

Em Portugal, o art. 172º do seu Código de Processo Penal dispõe:

> 1. Se alguém pretender eximir-se ou obstar a qualquer exame devido ou a facultar coisa que deva ser examinada, pode ser compelido por decisão da autoridade judiciária competente.[109]

---

106 QUEIJO, Maria Elizabeth. *O direito de não produzir prova contra si mesmo*: o princípio *nemo tenetur se detegere* e suas decorrências no processo penal. São Paulo: Saraiva, 2003. p. 149.

107 OLIVEIRA, Eugênio Pacelli de. *Processo e Hermenêutica na Tutela Penal dos Direitos Fundamentais*. Belo Horizonte: Del Rey, 2004. p. 215.

108 ALBUQUERQUE, Marcelo Schirmer. *A garantia de não auto-incriminação*: extensão e limites. Belo Horizonte: Del Rey, 2008. p. 67.

109 Importa esclarecer que, em data de 2.03.2007, o Tribunal Constitucional de Portugal, em sede de julgamento recursal, lavrou o Acórdão nº 155/2007, relatado pelo Conselheiro Gil Galvão, nos seguintes termos finais: "i) julgar inconstitucional, por violação do disposto nos artigos nºs 25, 26 e 32, nº 4, da Constituição, a norma constante do artigo 172, nº 1, do Código de Processo Penal, quando interpretada no sentido de possibilitar, sem autorização do juiz, a colheita coactiva de vestígios biológicos de um argüido para determinação de seu perfil genético, quando este último tenha manifestado a sua expressa recusa em colaborar ou permitir tal colheita; ii) consequencialmente, julgar inconstitucional, por violação do disposto no artigo 32, nº 4, da Constituição, a norma constante do artigo 126, nºs 1, 2, alíneas a) e c) e 3, do Código de Processo Penal, quando interpretada em termos de considerar válida e, por conseguinte, susceptível de ulterior utilização e valoração a prova obtida através da colheita realizada nos moldes descritos na alínea anterior."

Ainda na esteira de Maria Elizabeth Queijo, "o acusado não pode recusar-se a submeter-se à perícia, podendo ser compelido por decisão judicial a cooperar".[110]

E acrescenta a mencionada autora:

> Quanto às perícias, especificamente, o Decreto-Lei n. 11/98, de 24 de janeiro, estabelece, no art. 43, n. 1, que "ninguém pode eximir-se a ser submetido a qualquer exame médico-legal quando este for necessário ao inquérito ou à instrução de qualquer processo e desde que seja ordenado pela autoridade judiciária competente, nos termos da lei de processo". O art. 44, n.1, estabelece o dever de comparecimento, nos seguintes termos: "Qualquer pessoa devidamente convocada pelo responsável do serviço do instituto ou pelo coordenador do gabinete para a realização de uma perícia tem o dever de comparecer no dia, hora e local designados, sob pena das sanções previstas na lei de processo".[111]

Daí, fácil perceber-se "que o arguido não poderá subtrair-se à realização de perícias médico-legais".[112]

Já na Alemanha, seu Código de Processo Penal permite a extração de sangue e outras intervenções corporais, mesmo sem o consentimento do imputado, inclusive, em algumas situações, por determinação do Ministério Público. A esse respeito, extrai-se da nota de rodapé n. 206, da citada obra de Cristina Di Gesu, o seguinte:

> §81 - a StPO (exame corporal: análise sangüínea) (1) possibilita o exame corporal do acusado para a constatação de fatos significativos para o processo. São admissíveis, sem consentimento do acusado, a extração de sangue e outras intervenções corporais, realizadas por um médico, conforme as regras do saber jurídico, desde que não haja nenhum dano à saúde do acusado; (2) sua disposição compete ao juiz e, em caso de perigo ao êxito da investigação por demora (urgência), pode ser determinada pelo Ministério Público; (3) as análises sangüíneas e de outras células corporais extraídas do acusado só podem ser utilizadas para finalidades do processo penal subjacente à extração ou de outro pendente; devem ser destruídas logo que não sejam mais necessárias ao processo.[113]

---

110 QUEIJO, Maria Elizabeth. *O direito de não produzir prova contra si mesmo*: o princípio *nemo tenetur se detegere* e suas decorrências no processo penal. São Paulo: Saraiva, 2003. p. 291.

111 QUEIJO, Maria Elizabeth. *O direito de não produzir prova contra si mesmo*: o princípio *nemo tenetur se detegere* e suas decorrências no processo penal. São Paulo: Saraiva, 2003. p. 292.

112 QUEIJO, Maria Elizabeth. *O direito de não produzir prova contra si mesmo*: o princípio *nemo tenetur se detegere* e suas decorrências no processo penal. São Paulo: Saraiva, 2003. p. 292.

113 GESU, Cristina di. *Prova penal e falsas memórias*. Rio de Janeiro: Lumen Juris, 2010. p. 50-51.

Registre-se, nesse ponto, que, conforme nos relembra Marcus Amorim, "na Alemanha, os autos do procedimento investigatório permanecem em poder do Ministério Público, que é o senhor da investigação, devendo adotar todas as providências para apuração dos fatos e, desse modo, pode investigar por si mesmo ou por meio das agências policiais com atribuição criminal".[114]

Sobre aquela especificidade, pois, colhem-se uma vez mais de Maria Elizabeth Queijo as seguintes explicações:

> No Código Processual Penal alemão (StPO), no parágrafo 81ª, permite-se a investigação corporal no acusado para constatação de fatos importantes para o processo. Estabelece a mencionada norma, expressamente, que, com essa finalidade, são admissíveis coletas de sangue e outras ingerências corporais, que serão realizadas por médico, que funcionará como perito, sem o consentimento do acusado. O limite para aplicação dessa norma é o risco para a saúde do acusado. [...] A intervenção corporal deverá ser ordenada por juiz. Em caso de perigo na demora, poderá ser determinada também pelo Ministério Público ou seus auxiliares.[115]

E continua a referida doutrinadora:

> A polícia somente poderá determinar a intervenção se algum dos seus funcionários for auxiliar do Ministério Público. [...] Portanto, no ordenamento processual penal alemão, admite-se a execução coativa de procedimentos tendentes à produção de determinada prova, que se julgue necessária para o esclarecimento da verdade, mesmo contrariamente à vontade do acusado.
>
> Em outras palavras, no direito alemão, pode-se afirmar que o acusado tem o dever de colaboração na produção da prova, sob pena de execução forçada. O limite para essa execução encontra-se no perigo para a saúde do acusado.
>
> Saliente-se que não se considera, nesse sistema, que haja qualquer violação à dignidade do indivíduo na coleta de material para perícia, mediante intervenção corporal no acusado não consentida, ainda que seja invasiva.[116]

---

114 AMORIM, Marcus. *O Controle da Investigação Criminal pelo Ministério Público*. São Paulo: Tirante lo Blanch, 2024. p. 157.

115 QUEIJO, Maria Elizabeth. *O direito de não produzir prova contra si mesmo*: o princípio *nemo tenetur se detegere* e suas decorrências no processo penal. São Paulo: Saraiva, 2003. p. 281.

116 QUEIJO, Maria Elizabeth. *O direito de não produzir prova contra si mesmo*: o princípio *nemo tenetur se detegere* e suas decorrências no processo penal. São Paulo: Saraiva, 2003. p. 283.

Na França, conforme também registrado por Maria Elizabeth Queijo, "não há regras específicas sobre a colaboração do acusado na produção da prova. Não se alude também, de nenhuma forma, ao reconhecimento do *nemo tenetur se detegere*".[117]

Porém, segundo Marcelo Shirmer Albuquerque,

> Há leis específicas que determinam que a constatação de certas infrações, tais como embriaguez ao volante e uso de substâncias entorpecentes, deve ser feita necessariamente por meio da análise de amostras de sangue (*ASSOCIATION DE RECHERCHES PENALÉS EUROPÉENNES*, 2000, p. 337), sendo certo que, nesses casos, "há dever de colaborar na produção das provas" (QUEIJO, 2003, p. 281) e a recusa por parte do motorista constitui delito punível com detenção de até dois anos (QUEIJO, 2003, p. 281).[118]

Especificamente em relação às infrações de trânsito na França, ocorridas por força do uso de bebidas alcoólicas, Maria Elizabeth Queijo lembra que:

> Em matéria de infrações de trânsito, há dever de colaborar na produção das provas para verificação de embriaguez. A recusa por parte do motorista em colaborar na prova de verificação da embriaguez constitui um *delit correctionel*, punível com pena de detenção de até dois anos e multa. Não se admite execução coercitiva.[119]

Na Bélgica, de acordo com Marcelo Schirmer Albuquerque:

> O Juiz da Instrução pode autorizar intervenções corporais no acusado em caso de flagrância. Fora de tais casos, subsiste a possibilidade de intervenção corporal, tanto no acusado quanto em terceiro, havendo modificação apenas quanto à autoridade competente para determiná-la, que passa a ser a Sala do Conselho (composta por um só Juiz e competente para valorar os indícios recolhidos pelo Juiz da Instrução, determinando a natureza do feito e o Tribunal competente) ou a Sala da Acusação (competente para conhecer dos recursos de apelação contra

---

117 QUEIJO, Maria Elizabeth. *O direito de não produzir prova contra si mesmo*: o princípio *nemo tenetur se detegere* e suas decorrências no processo penal. São Paulo: Saraiva, 2003. p. 280.

118 ALBUQUERQUE, Marcelo Schirmer. *A garantia de não auto-incriminação*: extensão e limites. Belo Horizonte: Del Rey, 2008. p. 60.

119 QUEIJO, Maria Elizabeth. *O direito de não produzir prova contra si mesmo*: o princípio *nemo tenetur se detegere* e suas decorrências no processo penal. São Paulo: Saraiva, 2003. p. 281.

as decisões da Sala do Conselho) (*ASSOCIATION DE RECHERCHES PÉNALES EUROÉENNES*, 2000, p. 235).[120]

Na Dinamarca e na Noruega, consoante assevera Marcelo Schirmer Albuquerque, "há sempre a possibilidade, com maior ou menor amplitude, de se constranger alguém a uma intervenção corporal".[121]

José Francisco Etxeberria Guridi, mencionado por Marcelo Schirmer Albuquerque, diz:

> O Direito dinamarquês admite a possibilidade de submeter o acusado a um exame *in corpore*, desde que exista fundada suspeita de participação sua em delito punível com pena de prisão de, no mínimo, 18 meses, enquanto que, na Noruega, as intervenções corporais são reguladas desde 1986 e, segundo o art. 157 do Código de Processo Penal daquele país, sempre que existam fundadas suspeitas de prática de delito punível com pena privativa de liberdade, o acusado pode ser constrangido a se submeter a um exame corporal (1999, p. 165-166).[122]

Na Argentina, em matéria de extração de sangue, afirma Maria Elizabeth Queijo:

> A jurisprudência tem entendido que, mesmo contra a vontade do acusado, "é possível realizar o exame", tendo como única limitação "o perigo para a vida deste".[123]

No que diz respeito ao interrogatório do acusado, aduz Marcelo Schirmer Albuquerque, que o art. 296 do Código de Processo Penal argentino é, em relação à nossa legislação,

> mais minucioso e firme, denotando até maior preocupação com a questão do respeito aos direitos humanos, porém, quando se analisa a questão dos meios de prova, percebe-se que o tom da lei de ritos é outro e, ao lado de dispositivo legal expresso que veda às autoridades obrigarem o imputado a intervir na reconstituição simulada dos fatos

[120] ALBUQUERQUE, Marcelo Schirmer. *A garantia de não auto-incriminação*: extensão e limites. Belo Horizonte: Del Rey, 2008. p. 60.

[121] ALBUQUERQUE, Marcelo Schirmer. *A garantia de não auto-incriminação*: extensão e limites. Belo Horizonte: Del Rey, 2008. p. 61.

[122] ALBUQUERQUE, Marcelo Schirmer. *A garantia de não auto-incriminação*: extensão e limites. Belo Horizonte: Del Rey, 2008. p. 61-62.

[123] QUEIJO, Maria Elizabeth. *O direito de não produzir prova contra si mesmo*: o princípio *nemo tenetur se detegere* e suas decorrências no processo penal. São Paulo: Saraiva, 2003. p. 294

(art. 221), permite-se ao juiz proceder à sua inspeção corporal e mental, inclusive com o auxílio de perito, tendo como única barreira o respeito ao pudor.[124]

Apoiando-se em Ricardo Levene, assinala Marcelo Schirmer Albuquerque:

> A doutrina portenha nem aventa a hipótese de recusa legítima do acusado em se submeter à inspeção com base na garantia de não auto-incriminação. Pelo contrário, diz que a realização da prova encontra-se entre as faculdades discricionárias e coercitivas do Juiz (LEVENE, 1997, p. 573).[125]

Itália e Espanha convivem, no que toca às intervenções corporais e exames coercitivos, segundo Marcelo Schirmer Albuquerque, louvando-se em Paolo Tonini e Maria Elizabeth Queijo, com

> questionamentos atinentes ao laconismo ou à ausência de previsão legal. De toda sorte, na Itália, admite-se tranquilamente a realização coercitiva de inspeção de pessoas, até mesmo pelo Ministério Público e inclusive com intervenção médica (TONINI, 2002, p. 243-244).[126]

Sendo que:

> Na Espanha, nem a doutrina, nem a jurisprudência consideram que as provas que dependam da contribuição do acusado tenham, necessariamente, a conotação de atos de inculpação, já que o resultado da prova pode ser favorável ou desfavorável aos seus interesses.[127]

Nos Estados Unidos da América, assegura Marcelo Schirmer Albuquerque, apoiado em João Gualberto Garcez Ramos, que tem prevalecido, no seio de sua Suprema Corte:

---

[124] ALBUQUERQUE, Marcelo Schirmer. *A garantia de não auto-incriminação*: extensão e limites. Belo Horizonte: Del Rey, 2008. p. 66-67.

[125] ALBUQUERQUE, Marcelo Schirmer. *A garantia de não auto-incriminação*: extensão e limites. Belo Horizonte: Del Rey, 2008. 2008, p. 67.

[126] ALBUQUERQUE, Marcelo Schirmer. *A garantia de não auto-incriminação*: extensão e limites. Belo Horizonte: Del Rey, 2008. p 63-64.

[127] ALBUQUERQUE, Marcelo Schirmer. *A garantia de não auto-incriminação*: extensão e limites. Belo Horizonte: Del Rey, 2008. p. 63-64.

> O entendimento de que o privilégio contra auto-incriminação, refere-se exclusivamente às manifestações testemunhais do acusado. Assim, outras formas de ser fonte de prova – ainda que verbalizadas pelo imputado, não estão por ela abrangidas (RAMOS, 2006, p. 138).[128]

5.1 Condução coercitiva do acusado para fins de interrogatório

Dispõe o art. 260 do CPP que "se o acusado não atender à intimação para o interrogatório, reconhecimento ou qualquer outro ato que, sem ele, não possa ser realizado, a autoridade poderá mandar conduzi-lo à sua presença".

A expressão "para o interrogatório", constante desse dispositivo processual penal, porém, é apontada como não tendo sido recepcionada pela Constituição Federal de 1988 e, portanto, incompatível com seus mandamentos.

Nesse sentido, por exemplo, Renato Stanziola Vieira, indicando, inclusive, a posição já firmada pelo Supremo Tribunal Federal, anotou:

> O Plenário do Supremo Tribunal Federal se deparou com a questão da constitucionalidade da chamada condução coercitiva para fins de interrogatório em procedimentos criminais, no âmbito das ADFs 395 e 444.
>
> A Suprema Corte assentou a não recepção, com esse conteúdo, do dispositivo ora analisado. Por isso, como constou da parte final da ementa do acórdão na ADPF 395, a argüição de descumprimento de preceito fundamental foi julgada procedente "para declarar a incompatibilidade com a Constituição Federal da condução coercitiva de investigados ou de réus para interrogatório, tendo em vista que o imputado não é legalmente obrigado a participar do ato, e pronunciar a não recepção da expressão 'para o interrogatório', constante do art. 260 do CPP" (ADPF 395/DF, Plenário, rel. Min. Gilmar Mendes, j. 14.06.2018).
>
> O entendimento que prevaleceu, com razão, no âmbito do Supremo Tribunal Federal, foi o de se dar a mais ampla interpretação possível ao princípio de que ninguém pode ser compelido a participar de ato que poderá redundar em prova que o prejudique. E, ao se defrontar com a situação de não comparecimento do investigado ou réu para

---

[128] ALBUQUERQUE, Marcelo Schirmer. *A garantia de não auto-incriminação*: extensão e limites. Belo Horizonte: Del Rey, 2008. p. 65.

> fins de interrogatório, reconheceu-se existir o direito de ausência, com a sequência de regular marcha processual.
>
> De qualquer forma, e sem prejuízo das celeumas que o tema pode suscitar, parece justificável dar a mais ampla interpretação possível ao princípio de que ninguém pode ser compelido a participar de ato que poderá redundar em prova que o prejudique.
>
> Afirmar-se esse posicionamento, além de espelhar com maior vigor a garantia constitucional decorrente do exercício do direito ao silêncio e de que ninguém pode ser compelido a se autoincriminar (aí incluindo a obrigatoriedade a participação de atos nos quais, mesmo que permaneça passivo, pode advir prova em seu desfavor, como se dá, por exemplo, com reconhecimento e reconstituição), privilegia a construção do processo penal no qual o ônus acusatório é integralmente do acusador, não se podendo exigir do acusado eventual postura colaborativa com sua própria condenação.
>
> Por isso, seja em situações de interrogatório, seja em presença de colheita de prova oral, seja em medidas de reconhecimento ou reconstituição, ao acusado deve ser observado o direito de não anuir com sua prática e se abster de tomar parte especial em sua realização.[129]

Guilherme de Souza Nucci, em comentários ao referido artigo 260, do CPP, assim registrou:

> *Autoridade competente para determinar a condução coercitiva*: atualmente, somente o juiz pode determinar a condução coercitiva, visto ser esta uma modalidade de prisão processual, embora de curta duração. E a Constituição é taxativa ao preceituar caber, exclusivamente, à autoridade judiciária a prisão de alguém, por ordem escrita e fundamentada (art. 5º, LXI). O delegado, quando necessitar, deve pleitear ao magistrado que determine a condução coercitiva do indiciado/suspeito ou de qualquer outra pessoa à sua presença. Lembremos que nem mesmo a edição da Lei 11.419/2006 (informatização do processo judicial) alterou tal situação, vale dizer, é imprescindível a intimação pessoal, no processo criminal, ao menos de réus e testemunhas, visto gerar, caso não atendida, a condução coercitiva.
>
> *Proteção contra a autoincriminação*: seguindo-se, estritamente, o disposto neste artigo, observa-se que a postura do Código de Processo Penal é voltada a obrigar o réu a produzir, de algum modo, prova contra si mesmo. Em razão da consagração do direito ao silêncio (art. 5º, LXIII,

---

[129] VIEIRA, Renato Stanziola. Do juiz, do Ministério Público, do acusado e defensor, dos assistentes e auxiliares da justiça. *In*: GOMES FILHO, Antonio Magalhães; TORON, Alberto Zacharias; BADARÓ, Gustavo Henrique (coord.). *Código de Processo Comentado*. 4. ed. São Paulo: Thomson Reuters Brasil, 2021. p. 612.

> CF), não se pode mais seguir tal prisma. Por outro lado, obrigar o réu a participar de sessões de reconhecimento, bem como de outros atos que podem levá-lo a produzir prova contra si, seria produto da mesma tendência. Enfim, é preciso alterar a interpretação deste artigo. Continua vigendo, certamente, a possibilidade de o juiz determinar a condução coercitiva do réu para comparecer ao interrogatório, mas somente assim o fará, caso necessite, por alguma razão, identificá-lo e qualificá-lo. Mas, inexistindo qualquer dúvida quanto à sua identidade, torna-se um constrangimento ilegal e abusivo determinar a sua condução compulsória.
>
> *Condução coercitiva para interrogatório*: o STF, na ADPF 395, em julgamento no Plenário, decidiu não ter sido recepcionada pela CF de 1988 a expressão "para interrogatório", constante do art. 260 (rel. Gilmar Mendes, 14.06.2018, m.v.). Agiu corretamente o Pretório Excelso, pois ser conduzido à força à presença do juiz somente para se manifestar sobre o interrogatório é inadequado na exata medida em que o réu tem o direito de permanecer silente. Logo, vai ao magistrado, para interrogatório, se quiser. Para outros atos considerados essenciais, é possível a condução coercitiva do réu".[130]

Eugênio Pacelli e Douglas Fischer, igualmente comentando o disposto no art. 260, do CPP, discorrem:

> *Direito ao silêncio e condução coercitiva:* Já vimos e revimos a impossibilidade de condução coercitiva do acusado para fins de interrogatório. Nesse ponto, o dispositivo foi *ab-rogado* pela Constituição da República, já na década de 80 (oitenta) do século passado.
>
> No entanto, permanece vigente e válida a exigência de comparecimento do acusado para fins de produção de prova testemunhal ou mesmo a inquirição do ofendido. Em tais situações, e nos termos do quanto já o afirmamos em inúmeras outras oportunidades (ver art. 185, dentre outros) não haverá qualquer violação a direito fundamental do réu e muito menos a garantia do silêncio. Uma coisa é o controle da qualidade da prova oral (interrogatório do acusado) e a garantia de ser assegurada a ele a proteção de sua consciência moral e de sua integridade física e psíquica; outra, muito diferente, é impedir a produção de uma prova que não cause a menor afetação aos direitos fundamentais da pessoa, como parecer ser o caso – estamos certos disso – do *reconhecimento de pessoa*.
>
> Sem razão Guilherme NUCCI (*Código de Processo Penal comentado*, 2. ed., p. 261), quando supõe tratar-se de conduta abarcada pelo princípio do *nemo tenetur se detegere*. E sua solução, de valoração da recusa nesse

[130] NUCCI, Guilherme de Souza. *Código de Processo Penal comentado.* 19. ed. Rio de Janeiro: Forense, 2020a. p. 289-291.

sentido (ao reconhecimento de pessoa), caminha no mesmo passo. Não se tem aqui, com efeito – e em nenhum ordenamento jurídico que se tem notícia – hipótese de exercício do *direito ao silêncio*. A proteção dessa cláusula se dirige unicamente à prova e manifestação oral do réu. Já a garantia contra a autoincriminação protege o réu contra investidas estatais arbitrárias e violadoras da integridade física e psíquica daquele submetido a processo. Não vai além disso.

De outro lado, a solução ali aventada, de valoração da recusa, parece-nos muito mais problemática, até porque se traduziria em meio de prova absolutamente discutível, porque posto à disposição do réu e de suas escolhas. Imagine-se a hipótese daquele réu que pretende assumir a responsabilidade penal de outro: o seu não comparecimento poderia produzir a confirmação de uma autoria que jamais ocorrera.

O reconhecimento de pessoa é meio de prova absolutamente inatacável [...].

Como dito, ninguém é obrigado a produzir prova especialmente em seu desfavor. A prova de eventual prática criminosa é atribuição *exclusiva* da acusação. A questão tem trazido muitos debates, especialmente após o julgamento da ADPF 395 em que se postula seja reconhecida a não recepção parcial do art. 260 do CPP, na parte em que permite a condução coercitiva para a realização de interrogatório, excluindo do dispositivo a expressão "interrogatório", de modo que o artigo fique redigido em conformação constitucional: "*Art. 260. Se o acusado não atender à intimação para [...]reconhecimento ou qualquer outro ato que, sem ele, não possa ser realizado, a autoridade poderá mandar conduzi-lo à sua presença*".

Em junho de 2018, no bojo das ADPFs 395 e 444, o Plenário do STF, por maioria, ratificando essa nossa posição, declarou não ter havido recepção da expressão "para o interrogatório" constante no art. 260 do CPP, bem assim a incompatibilidade com a Constituição Federal da condução coercitiva de investigados ou de réus para interrogatório, sob pena de responsabilidades civil, disciplinar e penal do agente ou da autoridade que a autorizar, bem como a ilicitude das provas obtidas.

Douglas Fischer compreende que, a partir da admissão de um chamado geral de cautela, e mesmo após as decisões do STF retromencionadas, as conduções coercitivas somente deveriam ser declaradas como indevidas quando realizados os atos com o fim de *obrigar* o conduzido a falar. Dentro deste espectro, seria evidente a não conformação constitucional (diante do caso concreto, *mas não em abstrato*) de qualquer medida autorizada judicialmente para esse fim específico.

Em verdade, o que se deve verificar é que, no ordenamento jurídico nacional, podem-se antever duas "espécies" de condução coercitiva: a primeira, a condução para a prática de algum ato processual, para neutralizar o risco para a garantia à ordem pública, à instrução criminal ou para assegurar a aplicação penal – como uma decorrência do princípio da proporcionalidade – subprincípio da necessidade, para evitar a decretação de alguma medida cautelar mais gravosa.

Realmente, para a primeira forma de condução coercitiva – para a prática de algum ato processual –, decorre do poder de coação assegurado ao Estado, no exercício de suas atividades de investigação e apuração das infrações penais.

A segunda hipótese de condução coercitiva prevista no ordenamento jurídico – que também extrai sua cobertura legal do art. 260 do CPP, mas em aplicação conjunta com o princípio constitucional da proporcionalidade/subprincípio da necessidade (interpretação sistêmica) – é a que possui natureza cautelar – ou seja, com o fito de *neutralizar riscos para o processo*, mais especificamente risco para aplicação da lei penal, para a investigação ou instrução criminal e para a ordem pública. Em geral, a condução coercitiva é decretada para evitar que os investigados sobretudo destruam as provas.

Assim, a condução coercitiva precisa ser compreendida como uma *medida cautelar* menos gravosa que a prisão temporária ou a prisão preventiva. Quando devidamente fundamentada e justificada diante do caso concreto (e sempre excepcionalmente, frise-se), a condução coercitiva traz em seu bojo, de forma equilibrada (sem excessos, nem deficiências), a garantia da eficácia de demais medidas cautelares que estejam sendo realizadas *concomitantemente* sem interferir de forma injustificada (para além do tempo necessário) na restrição da liberdade daquela pessoa que for conduzida coercitivamente. Noutras apalavras, significa que, mesmo sem previsão legal *expressa*, mas sempre mediante a devida e prévia justificação da necessidade e adequação pelo juiz competente, a condução coercitiva é um meio de garantir eficácia (não prejuízos) à produção de provas no processo penal sem que se lance mão, de uma restrição de liberdade muito mais gravosa, como é o caso de prisões temporárias ou preventivas.

Nestes termos, a condução coercitiva precisa ser *compreendida sistematicamente* como uma medida decorrente do *poder geral de cautela* que é conferido aos membros do Poder Judiciário – inclusive o brasileiro – pela compreensão sistêmica dos princípios orientadores da atuação jurisdicional, sem malferir a legalidade estrita.

Pensamos de modo diverso, ainda que parcialmente. Por primeiro, a admissibilidade de um *poder geral de cautela* ao juiz criminal, para além dos limites expressos em Lei, não nos parece boa política criminal, embora se possa admitir o seu manejo em determinadas situações, para que, de acordo com as condições pessoais do agente e com sua expressa concordância, seja substituída uma medida cautelar legal por outra, menos onerosa.

Contudo, mesmo aí, nos casos de alternativas *mais favoráveis* ao réu (em comparação a uma prisão temporária, por exemplo), ainda assim a condução coercitiva à presença da autoridade judicial para a não

> interferência em diligências realizadas concomitantemente não parece ser o melhor caminho. Primeiro, porque a cautelar não se prestaria à tomada de depoimentos do conduzido, sendo outra sua justificativa. No entanto, é exatamente o contrário que vem ocorrendo.
>
> Em segundo lugar, porque, se o propósito da medida for o de assegurar o sucesso de outra providência *simultânea*, que poderia ser prejudicada pela presença do acusado (destruição de provas, por exemplo), bastaria a sua retenção no local em que for encontrado, até a ultimação das medidas em curso. E essa *retenção*, embora não prevista em Lei, tanto quanto a *condução coercitiva*, reduziria significativamente o inevitável constrangimento causado por esta última providência, e, de outro lado, atenderia perfeitamente às finalidades cautelares do ato. Conduzir coercitivamente o investigado para não prestar declarações é mais oneroso que mantê-lo afastado de qualquer intervenção por *retenção coercitiva*. De todo modo, é inadmissível a tomada de depoimento de quem é conduzido coercitivamente para outra finalidade, que não essa, proibida constitucionalmente.[131]

Em data de 27.01.2022, o Ministro Alexandre de Moraes, do Supremo Tribunal Federal, proferiu despacho nos autos do Inquérito de nº 4878/DF, determinando a intimação do Presidente da República, "para que compareça no dia 28.01.2022, às 14:00, PARA PRESTAR DEPOIMENTO PESSOAL, na sede da Superintendência Regional da Polícia Federal no Distrito Federal", reacendendo, destarte, o debate em torno desse tema.

Para melhor compreensão das razões invocadas pelo Ministro Alexandre de Moraes à adoção daquela medida, convém reproduzir, à exceção do relatório, a íntegra da exposição e fundamentação expostas na mencionada decisão, *in verbis*:

> Em 29.11.2021, verificando a pertinência da inquirição do Presidente da República para o completo esclarecimento dos fatos investigados, revelando-se em verdadeiro instrumento de preservação do direito á ampla defesa (art. 5º, LV, da Constituição Federal), deferi o requerimento da autoridade policial e determinei à Polícia Federal que procedesse a oitiva pessoal do Presidente da República JAIR BOLSONARO, no prazo de 15 (quinze) dias, concedendo-lhe a oportunidade de prévio ajuste de local, dia e hora.
>
> O investigado tomou ciência da decisão e, concordando com sua oitiva, solicitou, por intermédio da petição 117.832/2021, a concessão de prazo

---

131 OLIVEIRA, Eugênio Pacelli de; FISCHER, Douglas. *Comentários ao Código de Processo Penal e sua Jurisprudência*. 12. ed. São Paulo: Atlas, 2020. p. 663-666.

adicional de 60 (sessenta) dias alegando que: "*a agenda Presidencial, mormente neste período de final de ano, lhe impõe série de compromissos alguns deles em agendas externas que dificultam sobremaneira a sinalização de dia e hora no exíguo lapso ofertado pela Senhora Delegada de Polícia Federal*".

Em face da solicitação, determinei a prorrogação do prazo para a realização da oitiva do Presidente da República em mais 45 (quarenta e cinco) dias, com termo final em 28.10.2021, resultando no total de 60 (sessenta) dias para o cumprimento da diligência.

Ocorre, entretanto, que no dia anterior ao vencimento do prazo de 60 (sessenta dias) para que o Presidente da República indicasse local, dia e horário para a realização de sua oitiva, a AGU protocolou nova petição, onde, alterando anterior posicionamento do investigado, deixará não só de indicar local, dia e horário para sua oitiva, mas também de realizar o interrogatório.

Tenho ressaltado que a amplitude do interrogatório como meio de defesa engloba não só o "*direito ao silêncio*", mas também o "*direito de falar no momento adequado*", sob a ótica da impossibilidade de alguém ser obrigado a produzir provas contra si mesmo, seja em suas declarações, seja na compulsoriedade de entrega de provas com potencial lesivo à sua defesa na persecução penal (T. R. S. ALLAN. *Constitucional Justice*. Oxford: University Press, 2006, p. 12 ss.).

A participação do investigado no inquérito ou do réu em seu processo não é apenas um meio de assegurar que os fatos relevantes sejam trazidos à tona e os argumentos pertinentes considerados. Mais do que isso, o direito do acusado em manifestar-se livremente e em ser ouvido no momento processual adequado é intrínseco à natureza do julgamento, cujo principal propósito é justificar o veredicto final para o próprio acusado, como resultado legal justamente obtido, concedendo-lhe o respeito e a consideração que qualquer cidadão merece.

A previsão de interrogatório do acusado em procedimentos sancionatórios, com a consagração do "*direito ao silêncio*" e do privilégio contra a autoincriminação (*privilege against self-incrimination*), tornou-se tema obrigatório a ser respeitado em relação ao direito constitucional à ampla defesa, sendo direcionado no intuito de preservar o caráter voluntário de suas manifestações e a regularidade de seu julgamento, com um *diálogo equitativo entre o indivíduo e o Estado*, como bem salientado pelo citado professor da Universidade de Cambridge (*Constitucional Justice*. Oxford: University Press, 2006, p. 12 ss.).

Em uma República, o investigado – qualquer que seja ele – está normalmente sujeito ao alcance dos poderes compulsórios do Estado necessários para assegurar a confiabilidade da evidência, podendo, se preciso, submeter-se à busca de sua pessoa ou propriedade, dar suas impressões digitais quando autorizado em lei e ser intimado para interrogatório.

Cabe-lhe, entretanto, escolher até onde vai auxiliar a acusação, oferecendo explicações ou admissões à luz das evidências contra ele, bem como consentir em ser interrogado, respondendo, ou permanecer em silêncio, pois, como observado por KENT GREENAWALT, professor de Colúmbia, *"não é constitucionalmente razoável e exigível que alguém traia a si mesmo – nemo tebet prodere se ipsum"* (*Silence as a Moral and Constitucional Right*, 1981 – 23 William & Mary LR 15, p. 35-41).

O *diálogo equitativo entre o indivíduo e o Estado* pressupõe absoluto respeito à dignidade da pessoa, a possibilidade de acesso à defesa técnica, com a participação do advogado em seu interrogatório; garantido, ainda, a ausência de qualquer tipo de coação ou indução nas declarações do investigado, por parte do comportamento de autoridades públicas, além de, no Brasil, vedar a possibilidade de condução coercitiva, no caso de recusa injustificada de comparecimento por parte do investigado; em que pese meu posicionamento em contrário, manifestado no julgamento da ADPF 395.

O *caráter voluntário de suas manifestações* na ótica de um *diálogo equitativo entre o indivíduo e o Estado* permite ao investigado exercer livre e discricionariamente seu direito ao silêncio, podendo, inclusive, optar pelas previsões legais autorizem benefícios à sua confissão voluntária ou adesão às hipóteses de colaborações premiadas. São suas opções e de sua defesa técnica, pois como destacado pelo juiz LORD KENNEDY DIPLOCK, da mais alta Corte Inglesa de Justiça, na Câmara dos Lordes, em 1980, no caso R v. SANG, o *"direito ao silêncio"* configura legítima proteção ao investigado contra *"uma confissão impropriamente obtida por outros meios que destroem sua natureza voluntária (McDermott v. R (1948) 76 CLR 501, p.512)."*

Dessa maneira, será o investigado quem escolherá o *"direito de falar no momento adequado"* ou o *"direito ao silêncio parcial ou total"*; mas não é o investigado que decidirá prévia e genericamente pela impossibilidade ou não da realização de atos procedimentais ou processuais durante a investigação criminal ou a instrução processual penal.

O respeito aos direitos e garantias fundamentais deve ser real e efetivo, jamais significando, porém, que a Constituição Federal estipulou verdadeira cláusula de indenidade absoluta aos investigados, permitindo-lhes, inclusive, previamente afastar a possibilidade de realização de atos procedimentais licitamente fixados pela legislação, tais quais a fixação de data e horário para interrogatório em inquérito.

O absoluto e intransigente respeito às garantias fundamentais não deve ser interpretado para limitar indevidamente o dever estatal de exercer a investigação e a persecução criminal, função de natureza essencial e que visa a garantir, também, o direito fundamental à probidade e segurança de todos os cidadãos.

Em momento algum, a imprescindibilidade do absoluto respeito ao direito ao silêncio e ao privilégio da não autoincriminação constitui

> obstáculo intransponível à obrigatoriedade de participação dos investigados nos legítimos atos de persecução penal estatal ou mesmo uma autorização para que possam ditar a realização de atos procedimentais ou o encerramento da investigação, sem o respeito ao devido processo legal.
>
> A Constituição Federal consagra o direito ao silêncio e o privilégio contra a autoincriminação, mas não o *"direito de recusa e genérica à observância de determinações legais"* ao investigado ou réu, ou seja, não lhes é permitido recusar prévia e genericamente a participar de atos procedimentais ou processuais futuros, que poderão ser estabelecidos legalmente dentro do devido processo legal, máxime quando já definidos ou aceitos pela defesa, como na presente hipótese em que, inclusive, houve concordância do acusado em participar do ato procedimental e solicitação de dilação de prazo peara agendamento e oportunidade para o Presidente da República exercer real, efetiva e concretamente seu direito de defesa, como fator legitimador do processo penal em busca da verdade real e esclarecimento de importantes fatos.
>
> A manutenção da constitucionalidade desse diálogo equitativo entre Estado-investigador e investigado na investigação criminal exige, portanto, a estrita obediência da expressa previsão legal; que não possibilita aos investigados a possibilidade de, simplesmente, impedir o agendamento para a realização de um ato procedimental, sob penal de desvirtuamento das normas processuais penais.

Com essa decisão, portanto, seguramente reacendeu-se a questão sobre a possibilidade legal, ou não, da condução coercitiva do acusado ao ato designado para seu interrogatório.

Não obstante, Roberto Delmanto Júnior prescreve que "de nada adianta o acusado ser apresentado sob vara e, depois de todo esse desgaste, silenciar. Se ele não atende ao chamamento judicial, é porque deseja, ao menos no início do processo, calar".[132]

Sobre a determinação judicial de condução coercitiva do acusado para fins de interrogatório, Guilherme de Souza Nucci, com lucidez, esclarece:

> É viável a determinação judicial de condução coercitiva para o momento do interrogatório, mas única e tão somente quando o magistrado deseje realizar o interrogatório de qualificação, pois tem dúvida quanto à identidade do réu. No mais, não tem o menor sentido determinar a

[132] DELMANTO JUNIOR, Roberto. *Inatividade no Processo Penal Brasileiro*. São Paulo: Revista dos Tribunais, 2004. v. 7. (Coleção Estudos de Processo Penal Prof. Joaquim Canuto Mendes de Almeida). p. 192-193.

condução coercitiva (ato violento por natureza) para que o acusado, conhecido e perfeitamente identificado, invoque o direito ao silêncio.[133]

5.2 O Acordo de Não Persecução Penal e a exigência de confissão.

Pela didática com que trataram de algumas questões sobre o Acordo de Não Persecução Penal (ANPP),[134] tomamos por empréstimo a exposição feita por José Laurindo de Souza Netto, Jenyfer Michele Pinheiro Leal e Adriane Garcel, a saber:

> *A priori*, o acordo de não persecução penal foi inserido no ordenamento jurídico brasileiro por meio da resolução nº 182/2017 (alterada pela resolução nº 182/2018) do Conselho Nacional do Ministério Público (CNMP). Mas, tão logo entrou em vigor, a sua constitucionalidade foi questionada, dada a natureza jurídica do meio que introduziu o acordo no sistema penal.
>
> Nesse aspecto, duas ações diretas de inconstitucionalidade foram ajuizadas (ADI nº 5790 pela Associação Brasileira de Magistrados – AMB e ADI nº 5793 pela Ordem dos Advogados do Brasil – OAB) com o intuito de questionar, dentre outros argumentos, a falta de competência normativa do CNMP para legislar sobre o acordo, eis que este promoveu significativas mudanças na legislação penal, as quais, registre-se, trata-se de competência privativa da União (artigo 22, inciso II, da CRFB/88).
>
> Mas, antes mesmo que o Supremo Tribunal Federal pudesse apreciar o mérito das respectivas ações, entrou em vigor a Lei 13.964/2019 – oriunda do famigerado projeto conhecido como "pacote anticrime" – que inseriu o acordo no artigo 28-A do Código de processo Penal.
>
> O acordo de não persecução penal reflete uma espécie de exceção ao princípio da obrigatoriedade da ação penal. De acordo com a sistemática estabelecida neste dispositivo legal o acordo de não persecução penal trata-se de um negócio extrajudicial celebrado entre o Ministério Público e o autor da conduta ilícita, o qual, devidamente assistido por um defensor, confessa formal e circunstanciadamente o cometimento da infração penal e, por conseguinte, submete-se ao cumprimento de determinadas condições com o objetivo de que o *parquet* se comprometa de não o denunciar.

---

133 NUCCI, Guilherme de Souza. *Curso de Direito Processual Penal*. 17. ed. Rio de Janeiro: Forense, 2020c. p. 470-471.

134 Para um estudo mais aprofundado sobre esse tema, confira-se CUNHA, Rogério Sanches; BARROS, Francisco Dirceu; SOUZA, Renne de Ó; CABRAL, Rodrigo Leite Ferreira (coord.). *Acordo de Não Persecução Penal (Resolução 181/2017 do CNMP, com as alterações feitas pela Res. 183/2018)*. 3. ed. Salvador: *Jus*podivm, 2020.

O acordo só pode ser promovido nos casos em que há viabilidade acusatória, ou seja, é imprescindível que no caso estejam presentes o *fumus comissi delicti* (aparência da prática criminosa), exista um suporte probatório mínimo como fundamento para uma eventual condenação (justa causa), haja legitimidade das partes e, ainda, punibilidade concreta (*v.g.*, não tenha ocorrido a prescrição da pretensão punitiva).

No que concerne aos requisitos, o acordo será cabível quando tratar-se de infração penal a qual seja cominada pena mínima inferior a quatro anos e que não tenha sido cometida com emprego de violência ou grave ameaça a pessoa. Ademais, é substancial que o acordo se revele uma medida necessária e suficiente para reprovação e prevenção do crime.

Essencial, ainda, mencionar que a proposta de acordo não é admitida nas hipóteses em que: i) cabível a transação penal prevista na Lei 9.099/95; ii) o investigado for reincidente ou houver elementos probatórios que indiquem a prática de conduta criminosa profissional, reiterada ou habitual, salvo quando as infrações pretéritas forem insignificantes; iii) o investigado tenha se beneficiado com suspensão condicional do processo, transação penal ou com acordo de não persecução penal nos cinco anos anteriores ao cometimento do ilícito e iv) tratar-se de crime praticado no âmbito de violência doméstica ou familiar, ou cometido contra a mulher por razões da condição do sexo feminino.

Para que o acordo seja celebrado, o investigado deve voluntariamente se sujeitar ao cumprimento de certas condições não privativas de liberdade, que podem ser impostas de forma alternativa ou cumulativa: i) reparar o dano ou restituir a coisa à vítima, salvo a impossibilidade de fazê-lo; ii) renunciar voluntariamente a bens e direitos indicados como instrumentos, produto ou proveito do crime; iii) prestar serviço à comunidade ou a entidades públicas; iv) pagar prestação pecuniária a entidade pública ou de interesse social e v) cumprir, por prazo determinado, outra condição designada pelo *parquet*.

Para além disso, imperioso destacar que o acordo firmado pelo representante do Ministério Público, pelo investigado e seu defensor, deve obrigatoriamente ser levado à homologação pelo magistrado – *pelo menos em regra, pelo juiz de garantias (art. 3ºB, inciso XVII, do CPP)* – com o fim de que, por meio da oitiva do investigado, na presença de seu defensor, possa verificar a legalidade e a voluntariedade do acordo.

A indigitada audiência não contará com a presença do representante do Ministério Público, dado que sua finalidade é justamente permitir ao magistrado aferir se houve qualquer forma de constrangimento em face do investigado, quando da celebração do acordo.

Durante esse ato, o juiz detém a opção de: i) homologar o acordo e, *incontinenti*, encaminhar os autos ao *parquet* para que a execução das condições se inicie perante o juízo da execução (art. 28-A, §6º, do CPP; ii) determinar, com a aquiescência do investigado e seu defensor, a reformulação do acordo quando as condições forem inapropriadas,

> abusivas ou insuficientes (artigo 28-A, §5º, do CPP) ou iii) recusar a homologação da proposta quando não ocorrer a reformulação exigida ou quando o acordo não respeitar os pressupostos legais (hipótese em que cabível a interposição de recurso em sentido estrito, *ex vi* do artigo 581, inciso XXV, do CPP).
>
> No caso em que celebrado e homologado o acordo de não persecução penal, o representante do Ministério Público abster-se-á de oferecer a denúncia em face do investigado. Com isso, é evidente que este deverá cumprir todas as obrigações assumidas no momento da avença. Caso haja o descumprimento de quaisquer condições estipuladas, o *parquet* deverá comunicar ao juízo – que *outrora homologou o acordo* – para que este rescinda o acordo.
>
> A partir da rescisão, o representante do MP pode dar prosseguimento a persecução penal por meio do oferecimento da exordial acusatória (artigo 28-A, §10, do CPP), utilizando inclusive, como suporte probatório, a confissão voluntária, formal e circunstanciada prestada pelo investigado no momento da celebração do acordo. Para além disso, o *parquet* poderá utilizar-se dos descumprimento da avença como fundamento para a recusa do oferecimento da suspensão condicional do processo (artigo 28-A, §11, do CPP), notadamente porque este comportamento do investigado revela ausência de senso de responsabilidade e autodisciplina.
>
> Noutro vértice, se cumprido integralmente o acordo será decretada, pelo juízo competente, a extinção da punibilidade do agente (artigo 28-A, §6º, do CPP).[135]

A questão que mais nos interessa aqui reside no fato de que, segundo o disposto no art. 28-A, do CPP, com a nova redação que lhe deu a Lei nº 13.964/2019 (a qual entrou em vigor em data de 23.01.2020), para a obtenção do ANPP o investigado ou acusado deverá confessar, formal e circunstancialmente, a autoria do crime que lhe é apontado, circunstância que sucinta discussão sobre sua eventual inconstitucionalidade, nomeadamente por malferimento ao princípio *nemo tenetur se detegere*.

A propósito, assim dispõe o referido dispositivo processual penal:

> Não sendo caso de arquivamento e tendo o investigado confessado formal e circunstancialmente a prática da infração penal sem violência ou

[135] NETTO, José Laurindo de Souza; LEAL, Jenyfer Michele Pinheiro; GARCEL, Adriane. Limites à retroatividade do acordo de não persecução penal no pacote anticrime. *In*: CAMBI, Eduardo; SILVA, Danni Sales; MARINELA, Fernanda (org.). *Pacote Anticrime*. Curitiba: Escola Superior do MPPR, 2020. v. 1. p. 174-177.

> grave ameaça e com pena mínima inferior a 4 (quatro) anos, o Ministério Público poderá propor acordo de não persecução penal, desde que necessário e suficiente para reprovação e prevenção do crime, mediante as seguintes condições ajustadas cumulativa e alternativamente [...].

Para Danni Sales e Fernanda Marinela de Sousa Santos, "não existe violação aos primados da presunção de inocência, silêncio ou *nemo tenetur* na imposição, ao réu, de confissão, para gozo dos acordos de não persecução. A defesa abdica do direito ao silêncio na busca do benefício, o qual concebe ser mais vantajoso, qual seja, o prêmio correspondente ao negócio penal".[136] Segundo essas autoras, "nos casos de não persecução, o investigado abdica do silêncio, em confissão, na busca do benefício premial. A confissão, no acordo de não persecução, não se presta a produzir qualquer efeito sobre a culpabilidade do investigado, uma vez que não temos sentença penal condenatória. As medidas e condições fixadas para gozo do benefício premial não têm natureza jurídica de pena, razão pela qual reforça-se a inexistência de violação ao direito ao silêncio e ao *nemo tenetur*".[137]

Diferentemente é o entendimento de Guilherme de Souza Nucci, para quem essa exigência da confissão como pressuposto à obtenção do ANPP padece de inconstitucionalidade. Em comentários ao art. 28-A, do CPP, assim se manifestou Nucci:

> *Confissão formal e circunstanciada*: demanda o dispositivo uma confissão do investigado, representando a admissão de culpa, de maneira expressa e detalhada. Cremos inconstitucional essa norma, visto que, após a confissão, se o acordo não for cumprido, o MP pode denunciar o investigado, valendo-se da referida admissão de culpa. Logo, a confissão somente teria gerado danos ao confitente.[138]

Noutra obra de sua autoria aqui já citada, Guilherme de Souza Nucci reafirma que "obrigar o investigado a confessar formalmente

---

[136] SILVA, Danni Sales; SANTOS, Fernanda Marinela de Sousa. Acordo de não persecução penal e os limites da renúncia aos direitos e às garantias fundamentais. *In*: CAMBI, Eduardo; SILVA, Danni Sales; MARINELA, Fernanda (org.). *Pacote Anticrime*. Curitiba: Escola Superior do MPPR, 2020. v. 1. p. 53.

[137] SILVA, Danni Sales; SANTOS, Fernanda Marinela de Sousa. Acordo de não persecução penal e os limites da renúncia aos direitos e às garantias fundamentais. *In*: CAMBI, Eduardo; SILVA, Danni Sales; MARINELA, Fernanda (org.). *Pacote Anticrime*. Curitiba: Escola Superior do MPPR, 2020. v. 1. p. 43.

[138] NUCCI, Guilherme de Souza. *Curso de Direito Processual Penal*. 17. ed. Rio de Janeiro: Forense, 2020c. p. 121.

o cometimento do crime para depois fixar penas alternativas e outras condições não nos parece o ideal, ferindo, indiretamente, o direito à imunidade contra a autoacusação".[139]

Nos filiamos, sem reservas, às doutas lições do Professor Guilherme de Souza Nucci. Razão lhe assiste, pois.

De fato, a nosso sentir, não pode o Ministério Público se opor ao oferecimento da proposta de suspensão processual, por mera discricionariedade, quando presentes os pressupostos contemplados do texto legal de regência. Com muita mais razão, não convém ao Ministério Público exigir a confissão do investigado como condição à firmação do Acordo de Não Persecução Penal (ANPP). Não deve, enfim, o Ministério Público, a pretexto de oferecer o Acordo de Não Persecução Penal, impor ao agente a obrigação de admitir sua culpa, confessando a autoria delituosa como condição à obtenção do benefício. Essa exigência, a mais não poder, nos parece que fere, sim, "à imunidade contra a autoacusação", conforme bem esclareceu, à saciedade, o jurista Guilherme de Souza Nucci.

5.3 Ausência de confissão durante inquérito não impede ANPP

A 3ª Seção do Superior Tribunal de Justiça, por unanimidade, em data de 21 de março de 2025, fixou a seguinte tese quanto ao Tema Repetitivo nº 1303: "1. A confissão pelo investigado na fase de inquérito policial não constitui exigência do art. 28-A do Código de Processo Penal para o cabimento do Acordo de Não Persecução Penal (ANPP), sendo inválida a negativa de formulação da respectiva proposta baseada em sua anuência. 2. A formalização da confissão para fins de ANPP pode se dar no momento da assinatura do acordo, perante o próprio órgão ministerial, após a ciência, avaliação e aceitação da proposta pelo beneficiado, devidamente assistido por defesa técnica, dado o caráter negocial do instituto".

A decisão, como consta acima, foi fixada no Tema 1.303 dos recursos repetitivos. O STJ, portanto, definiu tese permitindo ANPP em caso de ausência de confissão durante o inquérito.

---

[139] NUCCI, Guilherme de Souza. *Curso de Direito Processual Penal*. 17. ed. Rio de Janeiro: Forense, 2020c. p. 214.

Eis, a seguir, o inteiro teor da Ementa do respectivo Acórdão quando do julgamento do Recurso Especial nº 2161548-BA (2004/0288303-2), da lavra do Ministro Relator Otávio de Almeida Toledo (Desembargador Convocado do TJSP), *in verbis*:

> RECURSO ESPECIAL REPRESENTATIVO DE CONTROVÉRSIA. DIREITO PROCESSUAL PENAL. ACORDO DE NÃO PERSECUÇÃO PENAL. EXIGÊNCIA DA CONFISSÃO DURANTE A FASE DE INQUÉRITO. FUNDAMENTAÇÃO INIDÔNEA PARA A RECUSA NA FORMULAÇÃO DA PROPOSTA CORRESPONDENTE. NATUREZA NEGOCIAL DO INSTITUTO. AUSÊNCIA DE CERTEZA DA CONTRAPARTIDA. GARANTIA DE NÃO AUTOINCRIMINAÇÃO. NECESSIDADE DE ESCOLHA INFORMADA. POSSIBILIDADE DE REALIZAÇÃO DO ATO PERANTE O MINISTÉRIO PÚBLICO. PRECEDENTES. RECURSO ESPECIAL PARCIALMENTE CONHECIDO E NESSA EXTENSÃO DESPROVIDO. FIXAÇÃO DA TESE JURÍDICA.
>
> *I. Caso em Exame*
>
> 1.Trata-se de recurso especial interposto pelo Ministério Público diante de decisão de primeiro grau que rejeitou a denúncia pela ausência de proposta de Acordo de Não Persecução Penal (ANPP) lastreada na falta de confissão do recorrido em sede de inquérito policial.
>
> *II. Questão em Discussão*
>
> 2. O recurso é representativo de controvérsia objetivando definir se a ausência de confissão pelo investigado a respeito de cometimento do crime, durante a fase de inquérito policial constitui fundamento válido para o Ministério Público não ofertar proposta de Acordo de Não Persecução Penal (ANPP).
>
> *III. Razões de Decidir*
>
> 3. A admissibilidade do recurso especial pela alínea "c" do permissivo constitucional (art. 105, III, da CF) reclama a prova da divergência jurisprudencial nos moldes traçados no art. 255, §1º, do RISTJ – o que não restou observado na espécie. Assim, admissível o recurso apenas pela alínea "a" do mesmo dispositivo, sendo, portanto, parcialmente conhecido.
>
> 4. O posicionamento jurisprudencial de ambas as Turmas criminais deste Superior Tribunal se consolidou no sentido da impossibilidade do condicionamento da proposta de ANPP à confissão extrajudicial na fase inquisitorial. Nesse sentido, exemplificativamente: HC n. 657.165/RJ, relator Ministro Rogério Schietti Cruz, Sexta Turma, julgado em 9.08.2022, DJe de 18.08.2022 e AgReg no AREsp n. 2.357.929/BA, relator Ministro Reynaldo Soares da Fonseca, Quinta Turma, julgado em 12.09.2023, DJe de 18.09.2023. Entendimento doutrinário a corroborar tal interpretação.

5. A confissão anterior não foi exigida quando da definição do Tema Repetitivo n. 1098 por esta Terceira Seção, entendendo-se cabível a celebração do ANPP *"em casos de processos em andamento quando da entrada em vigor da Lei n. 13.964/2019, mesmo se ausente confissão do réu até aquele momento"*, na mesma linha do decidido pelo Supremo Tribunal Federal no HC n. 185.913/DF. Decisões que, embora versem sobre a questão da retroatividade da novel legislação, sinalizam a *ratio decidenti* para o caso em apreço.

6. A natureza negocial do ANPP deve informar a interpretação da legislação de regência. Acordo que *"não constitui direito subjetivo do acusado"* (AgRg no HC n. 879.014/PR, relator Ministro Jesuíno Rissato (Desembargador Convocado do TJDFT), Sexta Turma, julgado em 22.04.2024, DJe de 25.04.2024). Inelegibilidade, diante de tal natureza, de que a parte mais vulnerável cumpra de antemão com uma das obrigações (confissão) sem ter a garantia sequer da futura oferta de proposta de acordo.

7. A garantia de toda pessoa a não ser obrigada a depor contra si mesma ou declarar-se culpada, prevista no art. 8.2, "g" da Convenção Americana de Direitos Humanos (CADH), delimita a interpretação da confissão que tem como objetivo a celebração do ANPP como faculdade – a qual, sem a certeza de contrapartida, não poderia ser exercida plenamente pela pessoa investigada, se aproximando de proscrita obrigação.

8. Inviável considerar o exercício da garantia do art. 8.2, "g", da CADH na fase inquisitorial como impeditivo para acesso ao instrumento processual que pode ensejar situação mais favorável, já que a interpretação dos dispositivos convencionais não pode ocorrer de modo a limitar o gozo e exercício de qualquer direito ou liberdade reconhecido de acordo com as leis nacionais (art. 29, "b").

9. Na mesma linha, *[o] direito à não autoincriminação, vocalizado pelo brocardo latino* nemo tenetur se detegere, *não pode ser interpretado em desfavor do réu, nos termos do que veicula a norma contida no inciso LXIII do art. 5º da Constituição da República e no parágrafo único do art. 186 do Código de Processo Penal. Assim, a invocação do direito ao silêncio durante a persecução penal não pode impedir a incidência posterior do ANPP* [...]" (HC n. 837.239/RJ, relator Ministro Ribeiro Dantas, Quinta Turma, julgado em 26.09.2023, DJe de 3.10.2023; e AgRg no RHC n. 185.642/CE, relator Ministro Reynaldo Soares da Fonseca, Quinta Turma, julgado em 12.03.2024, DJe de 18.03.2024).

10. Caso concreto em que o Ministério Público deixou de ofertar proposta de ANPP com base no fundamento de que não teria ocorrido a confissão em sede inquisitiva. Posicionamento que não se adéqua à jurisprudência deste Superior Tribunal. Consequência jurídica (rejeição da denúncia) que não é pacífica nesta Corte Superior, nem tampouco se insere no

> objeto de afetação, mas que, no caso sob análise, não encontra alternativa, uma vez que, por se tratar de recurso interposto pelo Ministério Público, seria impossível o reconhecimento de eventual nulidade em favor do recorrente que lhe deu causa (art. 565 do CPP).
>
> *IV. Dispositivo e Tese*
>
> 11. Recurso Especial parcialmente conhecido e nessa extensão não provido, com teses jurídicas fixadas para fins dos arts. 927, III, 1.039 e seguintes do CPC/2015:
>
> Tema Repetitivo n. 1.303:
>
> 1 *A confissão pelo investigado na fase de inquérito policial não constitui exigência do art. 28-A do Código de Processo Penal para o cabimento de Acordo de Não Persecução Penal (ANPP), sendo inválida a negativa de formulação da respectiva proposta baseada em sua ausência.*
>
> 2. *A formalização da confissão para fins do ANPP pode se dar no momento da assinatura do acordo, perante o próprio órgão ministerial, após a ciência, avaliação e aceitação da proposta pelo beneficiado, devidamente assistido por defesa técnica, dado o caráter negocial do instituto.*(STJ – 3ª Seção, no REsp nº 2161548-BA, Rel. Min. Otávio de Almeida Toledo (Desembargador Convocado do TJ/SP. j. em 21.03.2025)

Em resumo, portanto, decidiu o STJ (Tema 1.303 – dos recursos repetitivos): a) que é permitido o ANPP em caso de ausência de confissão na fase de inquérito; b) em se tratando o ANPP de um instituto negocial, não se pode exigir do investigado confissão antecipada sem a garantia da futura oferta do acordo; c) a negativa de confissão durante o inquérito não pode ser utilizada como justificativa para o Ministério Público recusar a oferecer proposta de ANPP, já que tal exigência não está expressamente prevista na legislação de regência; d) a interpretação do art. 8.2, "g", da Convenção Americana de Direitos Humanos impede que a recusa do investigado em se autoincriminar (princípio *nemo tenetur se detegere*) seja usada como obstáculo ao ANPP; e) por fim, que o direito à não autoincriminação (princípio *nemo tenetur se detegere*) previsto no art. 5º, inciso XVII, da Constituição Federal do Brasil e no art. 186, do Código de Processo Penal brasileiro, não pode ser interpretado de maneira desfavorável ao acusado.

5.4 Condução coercitiva da vítima

Como sabido, dispõem os arts. 201, §1º,[140] e 218,[141] do Código de Processo Penal brasileiro, respectivamente, a possibilidade de conduções coercitivas da vítima e de testemunha que, regulamente intimadas, deixarem, sem motivo justificado, de comparecerem à audiência para as quais foram convocadas.

Não obstante as previsões legais, as conduções coercitivas da vítima e de testemunha suscitam alguns questionamentos, os quais serão objeto, agora, de considerações a respeito, nomeada e especialmente quando se trata da possibilidade dessa circunstância ser adotada em relação à parte ofendida.

Dissertando sobre a necessidade de oitiva da vítima, Guilherme de Souza Nucci leciona que "o art. 201, expressamente, menciona que ela será ouvida sempre que possível (não esteja morta ou desaparecida, além de, no processo penal, como se sabe, viger o princípio da verdade real, isto é, dever o juiz buscar todos os meios lícitos se plausíveis para atingir o estado de certeza subjetivo, dando-lhe condições para proferir o veredicto".[142] Por esta razão, acrescenta Nucci que, "sem dúvida, pode a vítima ser conduzida coercitivamente à presença do juiz para dar suas declarações, não somente porque a sua oitiva, como já afirmado, é essencial para a busca da verdade real, como, também, pelo fato de que ninguém se exime de colaborar com o Poder Judiciário".[143]

Nesse mesmo sentido, prelecionam Eugênio Pacelli e Douglas Fischer, que "a condição de ofendido não o exime de comportar-se conforme o direito durante a persecução penal. Não tem ele, por exemplo, *direito ao silêncio*; ao contrário, tem o *dever de depor*, enquanto e nas situações em que tenha partido dele a identificação do acusado.

---

140 "Art. 201. Sempre que possível, o ofendido será qualificado e perguntado sobre as circunstâncias da infração, quem seja ou presuma ser o seu autor, as provas que possa indicar, tomando-se por termo as suas declarações. §1º Se, intimado para esse fim, deixar de comparecer sem motivo justo, o ofendido poderá ser conduzido à presença da autoridade."

141 "Art. 218. Se, regularmente intimada, a testemunha deixar de comparecer sem motivo justificado, o juiz poderá requisitar à autoridade policial a sua apresentação ou determinar seja conduzida por oficial de justiça, que poderá solicitar o auxílio da força pública."

142 NUCCI, Guilherme de Souza. *Código de Processo Penal comentado*. 23. ed. Rio de Janeiro: Forense, 2024a. p. 473.

143 NUCCI, Guilherme de Souza. *Código de Processo Penal comentado*. 23. ed. Rio de Janeiro: Forense, 2024a. p. 478.

Não vemos, então, inconstitucionalidade na exigência de condução coercitiva do ofendido que, citado, não comparece à instrução".[144]

Renato Brasileiro de Lima, a exemplo dos doutrinadores até aqui já citados, ao comentar o art. 201, §1º, do CPP, argumenta que "caso o ofendido tenha sido intimado para prestar suas declarações e não compareça, é possível que a autoridade policial ou judiciária determine sua condução coercitiva".[145]

Por sua vez, Noberto Avena, no mesmo diapasão, preconiza que "se regularmente notificado, deixar de comparecer à audiência de instrução, poderá ser conduzido, nos termos do §1º".[146]

Identicamente, asseveram Rogério Sanches Cunha e Ronaldo Batista Pinto, que "o presente dispositivo autoriza a condução coercitiva do ofendido que, regularmente intimado, se ausenta sem apresentar uma escusa razoável".[147]

De há muito, Edilson Mougenot Bonfim registrou que "uma vez determinada sua realização, o comparecimento da vítima se torna obrigatória. Se, regularmente intimado, ela não comparecer, poder-se-á determinar sua condução coercitiva à presença da autoridade policial ou judicial".[148]

Não discordando dos demais estudiosos até então nominados, Renato Marcão arremata que, "se intimado para depor, deixar de comparecer sem motivo justo, o ofendido poderá ser conduzido à presença da autoridade (§1º do art. 201). A previsão tem fundamento não apenas na importância de suas declarações para apuração da verdade real, mas decorre também da regra geral segundo a qual ninguém se exime do dever de colaborar com o Poder Judiciário. Não cabe ao ofendido decidir se irá ou não depor. Uma vez intimado, deverá comparecer em juízo e prestar suas informações a respeito dos fatos. Se não se dirigir voluntariamente ao local de sua inquirição, será levado contra sua vontade: conduzido coercitivamente por autoridade policial ou oficial de justiça".[149]

---

[144] OLIVEIRA, Eugênio Pacelli de; FISCHER, Douglas. *Comentários ao Código de Processo Penal e sua Jurisprudência*. 15. ed. Salvador: Juspodivm, 2023. p. 685.

[145] LIMA, Renato Brasileiro de. *Código de Processo Penal comentado*. 5. ed. Salvador: Juspodivm, 2020. p. 693-694.

[146] AVENA, Norberto. *Processo Penal*. 12. ed. Rio de Janeiro: Método, 2020. p. 622.

[147] CUNHA, Rogério Sanches; PINTO, Ronaldo Batista. *Código de Processo Penal e Lei de Execução Penal Comentados*. 4. ed. Salvador: Juspodivm, 2020. p. 657.

[148] BONFIM, Edílson Mougenot. *Código de Processo Penal Anotado*. São Paulo: Saraiva, 2007. p. 353.

[149] MARCÃO, Renato. *Código de Processo Penal comentado*. São Paulo: Saraiva, 2016. p. 543.

Por fim, para ficar somente nesses, Nestor Távora e Rosmar Rodrigues Alencar igualmente entendem "que o ofendido está obrigado a comparecer sempre que devidamente intimado para o ato. A ausência injustificada pode implicar condução coercitiva, determinada pelo magistrado ou pela autoridade policial (art. 201, §1º, CPP), além de eventual responsabilidade por desobediência".[150]

Não é dissonante o posicionamento jurisprudencial do Superior Tribunal de Justiça, a saber:

> AGRAVO REGIMENTAL. *HABEAS CORPUS*. LESÃO CORPORAL. VIOLÊNCIA DOMÉSTICA E FAMILIAR. CONDUÇÃO COERCITIVA DA VÍTIMA. FASE JUDICIAL. PREVISÃO LEGAL. NULIDADE. NÃO OCORRÊNCIA.
>
> 1. É cabível a condução coercitiva da vítima para depor em juízo, ainda que esta alegue não ter mais interesse em processar seu companheiro na esfera criminal, pois além de a ação penal ser pública incondicionada, no caso de lesão corporal por violência doméstica e familiar, o próprio Código de Processo Penal prevê a possibilidade de condução coercitiva da ofendida para depor.
>
> 2. Não ocorre nulidade no depoimento, em juízo, de vítima ser conduzida coercitivamente para prestar declarações, sobre lesão corporal sofrida nos âmbitos doméstico e familiar, quando há informações nos autos de que foram respeitadas todas as formalidades legais, no momento da realização de tal ato processual.
>
> 3. Agravo regimental não provido.[151]

Apesar de tudo quanto exposto, há quem justifique que, não sendo a prova um direito absoluto, a condução coercitiva da vítima possui limitações constitucionais, entre elas o respeito à dignidade da pessoa humana, a privação da liberdade de locomoção e, em especial, também, ao que se denominou chamar-se de revitimização.

Nesse sentido, o Tribunal de Justiça do Distrito Federal e Territórios, desacolhendo Reclamação Criminal apresentada pelo Órgão Ministerial contra decisão do Juízo de Violência Doméstica e Familiar de Ceilândia, processada sob o nº 0704652-86.2019.8.07.0000, decidiu:

---

150 NESTOR, Távora; ALENCAR, Rosmar Rodrigues. *Curso de Processo Penal e Execução Penal*. 18. ed. Salvador: Juspodivm, 2023. p. 336.

151 STJ – 6ª T., Ag. Rg. no HC nº 506.814/SP, Rel. Min. Rogério Schietti Cruz, j. em 6.08.2019, DJe de 12.08.2019.

> RECLAMAÇÃO CONTRA DECISÃO QUE NEGA A CONDUÇÃO COERCITIVA DE MULHER VÍTIMA DE AMEAÇA E DE INVASÃO DE DOMICÍLIO. A MESMA PESSOA FOI TAMBÉM TESTEMUNHA DE AMEAÇA PERPETRADA CONTRA A AMIGA PELO COMPANHEIRO SEPARADO. REVITIMIZAÇÃO SECUNDÁRIA. PONDERAÇÃO DO DIREITO DO ÓRGÃO ACUSADOR À PRODUÇÃO DE PROVAS EM FACE DO DIREITO À LIBERDADE DE LOCOMOÇÃO E DA DIGNIDADE DA MULHER. RECLAMAÇÃO JULGADA IMPROCEDENTE.
>
> 1. Reclamação do Ministério Público contra decisão do Juízo de Violência Doméstica e Familiar contra a Mulher de Ceilândia por lhe negar a condução coercitiva da vítima, também testemunha, que, intimada, não compareceu à audiência de instrução. Sua residência foi invadida e ela foi ameaçada pelo ex-companheiro da sua amiga quando tentava defendê-la.
>
> 2. A condução coercitiva de vítimas e testemunhas é uma faculdade, e não uma obrigação do Juízo, ao qual compete analisar o caso concreto para deferir a medida apenas em circunstâncias excepcionais, considerando tratar-se de ato que priva o indivíduo da liberdade de locomoção, submetendo-o ao comparecimento forçado à audiência.
>
> 3. O direito à prova no processo penal não é um direito absoluto: deve ceder diante da tutela de outros direitos e garantias constitucionais de igual ou maior relevância, tais como a dignidade da vítima e sua liberdade de locomoção. Se nem mesmo o réu pode ser conduzido coercitivamente a comparecer em audiência, conforme assentado pelo Supremo Tribunal Federal, não é razoável – em determinadas circunstâncias – que se submeta a vítima a tal espécie de agressão institucional.
>
> 4. Reclamação improcedente.[152]

Contra essa decisão do TJDFT manejou o Ministério Público do Distrito Federal e Territórios, perante o Superior Tribunal de Justiça, um Recurso Especial. Em data de 28.09.2022, o Ministro Sebastião Reis Júnior, monocraticamente, assim decidiu:

> RECURSO ESPECIAL. PROCESSUAL PENAL. AMEAÇA EM CONTEXTO DE VIOLÊNCIA DOMÉSTICA E VIOLAÇÃO DE DOMICÍLIO. CONTRARIEDADE AOS ARTS. 201, §1º, E 218, AMBOS DO CPP. PLEITO DE DECRETAÇÃO DE NULIDADE DO FEITO DESDE A DECISÃO QUE INDEFERIU A CONDUÇÃO COERCITIVA DA

[152] TJDFT – 1ª Turma Criminal, Acórdão nº 1175046 – 0704652-86.2019.8.07.0000 – Rel. Des. George Lopes, j. em 30.05.2019, DJe de 6.06.2019.

> VÍTIMA. PROVIMENTO. JURISPRUDÊNCIA DO STJ E DO STF. AÇÃO PENAL PÚBLICA INCONDICIONADA. POSSIBILIDADE DE COAÇÃO PARA NÃO APRESENTAÇÃO DA VÍTIMA PERANTE A AUTORIDADE JUDICIAL.
>
> Recurso especial provido nos termos do dispositivo.[153]

Inconformada com essa decisão, a parte interessada interpôs Agravo Regimental, o qual foi assim julgado:

> AGRAVO REGIMENTAL EM RECURSO ESPECIAL. PROCESSUAL PENAL. AMEAÇA EM CONTEXTO DE VIOLÊNCIA DOMÉSTICA E VIOLAÇÃO DE DOMICÍLIO. MANUTENÇÃO DA DECRETAÇÃO DE NULIDADE DO FEITO DESDE A DECISÃO QUE INDEFERIU A CONDUÇÃO COERCITIVA DA VÍTIMA. PROVIMENTO. JURISPRUDÊNCIA DO STJ E DO STF. AÇÃO PENAL PÚBLICA INCONDICIONADA. POSSIBILIDADE DE COAÇÃO PARA APRESENTAÇÃO DA VÍTIMA PERANTE A AUTORIDADE JUDICIAL.
>
> 1. [...] *a orientação emanada pelo Tribunal de origem vai de encontro à jurisprudência desta Corte Superior, no sentido de que é cabível a condução coercitiva da vítima para depor em juízo, ainda que esta alegue não ter mais interesse em processar seu companheiro na esfera criminal, pois além de a ação penal ser pública incondicionada, no caso de lesão corporal por violência doméstica e familiar, o próprio Código de Processo Penal prevê a possibilidade de condução coercitiva da ofendida para depor* (AgRg no HC n. 506.814/SP, Ministro Rogério Schietti Cruz, Sexta Turma, DJe 12.08.2019).
>
> 2. [...] *ao julgar a ADC 19/DF e a ADI 4.424/DF, o Plenário desta CORTE decidiu dar interpretação conforme aos artigos 12, inciso I, e 16, ambos da Lei 11.340/2006, para assentar a natureza pública incondicionada da ação penal em caso de crime de lesão corporal, pouco importando a extensão desta, praticado contra a mulher no ambiente doméstico. Em consequência, não há mais que se falar em representação da ofendida como condição de procedibilidade da ação penal, muito menos em retratação dessa representação, podendo o Ministério Público, assim, dar início à persecução penal ao receber a notitia criminis.* [...] *Nesse contexto, a manifestação da vítima em sede policial, no sentido de que "não possui interesse em processar seu ex-namorado" (Doc. 2 – fl. 35), e a sua recusa em comparecer à audiência de instrução e julgamento não têm o condão de cessar a atuação do órgão acusador. É que não se pode afirmar, com a necessária certeza, que o motivo da recusa em comparecer à audiência seja a reconciliação do casal ou eventual intimidação por parte do agressor, a fim de impedir a elucidação do fato denunciado.* [...] *Além disso, crimes praticados no ambiente familiar e doméstico são cometidos na clandestinidade, possuindo*

---

[153] STJ – 6ª T., REsp nº 1838611-DF, Rel. Min. Sebastião Reis Júnior, j. em 28.09.2022

> *especial relevo a palavra da vítima, que, muitas vezes, é coagida a permanecer em silêncio* (STF/HC n. 175.077/SP, Ministro Alexandre de Moraes, DJe 18.09.2019). 3. Agravo regimental improvido.[154]

Não obstante, o Tribunal de Justiça do Estado do Ceará, desatendendo às Reclamações do Ministério Público em casos específicos que não comportariam indeferimentos, se mantém firme no sentido de que, malgradas as insurgências do *Parquet* nas hipóteses em que se fazem presentes a excepcionalidade da medida (condução coercitiva da vítima em crime de tentativa de homicídio), "as conduções coercitivas de testemunhas e vítimas se constituem em faculdade e não em obrigação, ficando a avaliação ao alvedrio do Reitor do feito, a quem compete analisar o caso concreto para deferir a medida apenas em circunstâncias excepcionais, levando em conta se tratar de ato que priva o indivíduo da liberdade de locomoção, submetendo-o ao comparecimento forçado ao juízo, sem livre e espontânea vontade". Em tese, há acerto na decisão do egrégio Tribunal de Justiça alencarino, porém, nos casos em que assim deliberou, agiu em desacordo, *data maxima venia*, com o interesse público, em situação que, em hipótese alguma, causaria a denominada revitimização.

A propósito, eis o inteiro teor da Ementa do respectivo Acórdão do TJCE:

> CONSTITUCIONAL, PENAL E PROCESSUAL PENAL. AÇÃO CAUTELAR INOMINADA COM PEDIDO LIMINAR. REQUERIMENTO DE CONDUÇÃO COERCITIVA DE TESTEMUNHA E VÍTIMAS. INDEFERIMENTO PELO JUÍZO PROCESSANTE. INCONFORMAÇÃO DO MINISTÉRIO PÚBLICO
>
> - Não obstante as previsões legais, as conduções coercitivas de testemunhas e vítimas se constituem em *faculdade* e não em obrigação. Ficando a avaliação AL alvedrio do Reitor do feito, a quem compete analisar o caso concreto para deferir a medida apenas em *circunstâncias excepcionais,* levando em conta se trata de ato que priva o indivíduo da liberdade de locomoção, submetendo-o ao comparecimento forçado em juízo, sem livre e espontânea vontade.
>
> - Na interpretação da Corte Constitucional, a possibilidade de condução coercitiva tem suas limitações nos princípios constitucionais, dentre outros, da presunção de inocência, dignidade da pessoa humana

[154] STJ – 6ª T., AgRg. no REsp nº 1838611-DF, à unanimidade, Rel. Min. Sebastião Reis Júnior, j. na Sessão Virtual de 6.12.2022 a 12.12.2022.

> e liberdade de locomoção, não podendo, desse modo, de forma incondicionada, sujeitar-se à vontade do Ministério Público. Assim é se deve ponderar o direito da Promotoria de Justiça de produzir prova e o direito da vítima de não se submeter ao que se denominou "revitimização", inexistindo, nesse passo, solução prática e objetiva, mas sim a avaliação com toda a parcimônia de todas as circunstâncias que norteiam o caso concreto.
> 2. *AÇÃO CAUTELAR CONHECIDA, JULGANDO-SE IMPROCEDENTE O PEDIDO.*[155]

Não se nos apresenta justificável que, numa ação penal pública incondicionada, uma vítima de tentativa de homicídio qualificado, fora do contexto de antagonismos entre organizações criminosas, e sem notícias de que esteja sendo ameaçada e/ou constrangida, simplesmente opte, depois de regularmente intimada, por não comparecer à audiência de instrução e julgamento, para prestar suas declarações, deixando de oferecer, por mera liberalidade, ao Ministério Público e ao próprio Juízo, um elemento substancioso de prova, posto que, como de corriqueira sabença, a palavra da vítima possui forte valor probatório, inclusive no que concerne à identificação do autor do delito. Como aqui já registrado por renomados doutrinadores nacionais, a ninguém é dado o direito de se eximir do dever de colaborar com o Poder Judiciário, não cabendo, pois, ao ofendido decidir se irá ou não depor, sem qualquer motivo crível e/ou justo. Em determinados casos, portanto, a recusa, sem motivo plausível ou justificado, de comparecer em juízo para prestar depoimento ou declarações, permite, *ex vi legis*, a condução coercitiva tanto das testemunhas quanto da vítima. Insta, outrossim, salientar que o legislador processual penal brasileiro, antevendo circunstâncias desconfortável, humilhante ou temerosa, a qualquer um que compareça em juízo para prestar depoimento, pode determinar a retirada do réu do ambiente em que terá lugar à audiência (v. art. 217, do CPP), pelo que somente em casos excepcionais, caberá ao juiz deixar de fazer incidir os comandos normativos insertos nos arts. 218 e 201, §1º, ambos do Código de Processo Penal.

---

[155] TJCE – 2ª Câmara Criminal, à unanimidade, na Ação Cautelar Inominada Criminal de nº 0633684-19.2023.8.06.0000, Relª. Desª. Vanja Fontenele Pontes, j. em 6.12.2023, DJe de 15.12.2023.

O PRINCÍPIO *NEMO TENETUR SE DETEGERE* E A JURISPRUDÊNCIA DO TRIBUNAL EUROPEU DOS DIREITOS HUMANOS (TEDH)

Paulo de Sousa Mendes, jurista português, lecionando sobre o tema, pontificou, inicialmente, que "segundo o princípio *nemo tenetur se ipsum accusare*, ninguém deve ser obrigado a contribuir para a sua própria incriminação. Trata-se de uma verdadeira prerrogativa de não auto-incriminação que engloba, como seus corolários, o direito ao silêncio e o direito de não facultar meios de prova".[156]

De acordo com esse professor lusitano, é

> usual comparar a tendência da jurisprudência comunitária com a evolução da jurisprudência do Tribunal Europeu dos Direitos Humanos (doravante, TEDH), o que se justifica em função do art. 6º, nº 2, TUE, que dispõe que a União respeitará os direitos fundamentais tal como são garantidos na Convenção Europeia dos Direitos Humanos (doravante CEDH).[157]

[156] MENDES, Paulo de Sousa. As garantias de defesa no processo sancionatório especial por práticas restritivas da concorrência confrontadas com a jurisprudência do Tribunal Europeu dos Direitos do Homem. *Revista de Concorrência e Regulação*, Lisboa, ano I, n.1, p.121-144, 2010. p. 125.

[157] MENDES, Paulo de Sousa. As garantias de defesa no processo sancionatório especial por práticas restritivas da concorrência confrontadas com a jurisprudência do Tribunal Europeu dos Direitos do Homem. *Revista de Concorrência e Regulação*, Lisboa, ano I, n.1, p.121-144, 2010. p. 129.

Adverte Paulo de Sousa Mendes, porém, que "a jurisprudência do TEDH, baseada no art. 6º, n. 1, CEDH, tem vindo a densificar consideravelmente o *nemo tenetur*".[158]

Depois de analisar a jurisprudência do TEDH nos casos Funke *vs*. França (Acórdão do TEDH de 24.02.1993), John Murray *vs*. Reino Unido (Acórdão do TEDH de 8.02.1996), Saunders *vs*. Reino Unido (Acórdão do TEDH de 17.12.1996), Weh *vs*. Áustria (Acórdão do TEDH de 8.04.2004), Jalloh *vs*. Alemanha (Acórdão do TEDH de 11.07.2006), Heaney e McGuinness *vs*. Irlanda (Acórdão do TEDH de 21.03.2001), J.B. *vs*. Suíça (Acórdão de 3.08.2001) e Bykov *vs*. Rússia (Acórdão do TEDH de 21.01.2009), Paulo de Sousa Mendes chegou à seguinte conclusão:

> O direito de não contribuir para a sua própria incriminação não é um direito absoluto, mas admite ponderações e restrições no confronto com outros interesses juridicamente tutelados, desde que se garanta a preservação do núcleo essencial daquele direito.[159]

Desse mesmo docente português mereceram destaque os seguintes casos por ele elencados e analisados:

> a) Entrega de documentos:
>
> Antes de mais nada, refira-se o Acórdão do TEDH de 25.02.1993 (Funke *vs*. França). Neste caso, o TEDH foi instado a pronunciar-se sobre a legitimidade de uma condenação, no sistema judicial francês, em multa (*amende*) e sanção pecuniária compulsória (*astreinte*) de um cidadão alemão, o Sr. Jean-Gustave Funke, ora queixoso, que se tinha recusado, na sequência de uma busca ao seu domicílio em que foram descobertos livros de cheques de contas bancárias localizadas no estrangeiro, a fornecer à administração alfandegária francesa extractos dessas suas contas e que poderiam, eventualmente, ser usados contra ele como prova. Ora, o TEDH criticou a decisão em causa, ainda que tenha frisado que a administração alfandegária não exigira confissão, nem tão-pouco entrega de provas auto-incriminatórias, mas somente apresentação de alguns elementos de informação sobre as contas bancárias que tinham

[158] MENDES, Paulo de Sousa. As garantias de defesa no processo sancionatório especial por práticas restritivas da concorrência confrontadas com a jurisprudência do Tribunal Europeu dos Direitos do Homem. *Revista de Concorrência e Regulação*, Lisboa, ano I, n.1, p.121-144, 2010. p. 129.

[159] MENDES, Paulo de Sousa. As garantias de defesa no processo sancionatório especial por práticas restritivas da concorrência confrontadas com a jurisprudência do Tribunal Europeu dos Direitos do Homem. *Revista de Concorrência e Regulação*, Lisboa, ano I, n.1, p.121-144, 2010. p. 136.

sido referenciadas na busca. Só que, na verdade, não havia indícios da prática da infracção criminal, nem a administração alfandegária pôde ou quis utilizar os mecanismos da cooperação internacional para aceder aos elementos requeridos, preferindo antes exercer uma coerção ilegítima sobre o Sr. Funke para tentar obter dele as provas de uma infracção que não sabia se existira. O TEDH concluiu, portanto, que o direito de não fornecer provas contra si próprio fora lesado no seu núcleo essencial, pois não havia processo-crime instaurado e o investigado estava a ser usado como única fonte para a descoberta de possíveis indícios da prática de crime, o que constituía violação do direito a um processo equitativo (e, por conseqüencia, do art. 6º, n. 1, CEDH). O TEDH entendeu que essa conclusão, só por si, tornava desnecessário analisar se teria havido, ou não, também uma violação do princípio da presunção de inocência (art. 6º, n. 2, CEDH). O TEDH não aceitou o argumento do Governo francês segundo o qual o cidadão tinha o dever de facultar, a pedido, a documentação relativa ao seu patrimônio e aos seus rendimentos porque o regime legal de controlo aduaneiro impunha um tal dever de colaboração com a administração alfandegária. Na verdade, o TEDH considerou simplesmente que o dever de colaboração não pode significar que os abrangidos possam ser obrigados a auto-incriminar-se. Como nota final, cabe destacar que o TEDH caucionou a sua conclusão fazendo apelo à própria "jurisprudência Orkem" do TJCE, entre outras referências.[160]

b) Valoração em processo-crime do silêncio do argüido:

Importa considerar o Acórdão do TEDH de 8.02.1996 (John Murray *vs.* Reino Unido). Aqui, o TEDH foi chamado a aferir da legitimidade de uma condenação penal, no sistema judicial britânico, baseada na valoração do silêncio do acusado e agora queixoso, o Sr. Murray. Sucede que o Sr. Murray fora detido pela polícia quando descia as escadas de um prédio onde foram descobertos um seqüestrado e os respectivos seqüestradores, militantes do *Irish Republican Army* (IRA), mas recusou-se sempre, quer durante o inquérito policial quer durante a audiência de julgamento, a prestar quaisquer declarações, o que não impediu, porém, o juiz de julgamento de estabelecer fortes inferências, que levaram à condenação do acusado, com base na recusa deste de explicar a sua presença naquele local. Ora, o TEDH considerou, apesar de tudo, que nem o julgamento tinha sido injusto, nem o princípio da presunção de inocência tinha sido violado (não havendo, por conseguinte, violação do art. 6º, nºs 1 e 2, CEDH), já que a presença do acusado no prédio e a sua falta de explicações para o facto eram bastantes para a sua condenação

---

160 MENDES, Paulo de Sousa. As garantias de defesa no processo sancionatório especial por práticas restritivas da concorrência confrontadas com a jurisprudência do Tribunal Europeu dos Direitos do Homem. *Revista de Concorrência e Regulação*, Lisboa, ano I, n.1, p.121-144, 2010. p. 129-130.

com base no simples senso comum. Acresce que o TEDH considerou que a questão de saber se o direito ao silêncio é, ou não, absoluto deve ser respondida negativamente, pois não se pode pretender que a decisão de um acusado de ficar calado durante todo o processo-crime não traga necessariamente implicações quando juiz tiver de avaliar as provas que contra si existem.[161]

c) Valoração em processo-crime de declarações anteriormente prestadas sob coerção:

É imperioso destacar o Acórdão do TEDH de 17.12.1996 (Sanders *vs.* Reino Unido).O Sr. Ernest Saunders, administrador executivo da sociedade *Guiness PLC*, foi condenado, no sistema judicial britânico, em cinco anos de prisão por associação criminosa (*conspiracy*), falsificação de balanço (*false accounting*) e crimes patrimoniais comuns (*thefts*), todos eles relacionados com uma oferta pública de aquisição (*takeover*) lançada pela *Guinness PLC* sobre a *Distillers Company PLC*, como resposta à da *Argyll Group PLC*. O TEDH teve de decidir a queixa do Sr. Saunders fundada no facto de terem sido usadas como prova num processo-crime subseqüente as declarações que ele prestara sob coerção (*i.e.*, sob cominação de desobediência), em procedimento de investigação administrativo, aos inspetores do Ministério do Comércio e Indústria britânico, o que violaria o seu direito à não auto-incriminação, implicitamente consagrado, segundo a jurisprudência do TEDH, no art. 6º, nºs 1 e 2, CEDH e reconhecido, entre outros, também pelo TJCE (Orkem *vs.* Comissão). O Governo britânico contra-alegou que só os depoimentos auto-incriminatórios seriam abrangidos pela prerrogativa de não auto-incriminação, já não as respostas dadas com intuito exculpatório, pelo que o acusado poderia ser confrontado, como foi, em audiência de julgamento com a transcrição das suas declarações, todas feitas com esse intuito exculpatório, não sendo de estranhar que, por causa disso, ficasse com o ónus de rebater as provas que contrariassem as suas próprias declarações. Acrescentou o Governo britânico que a prerrogativa de não auto-incriminação não é absoluto ou imutável, nem implica que nunca seja permitido usar como prova declarações auto-incriminatórias, documentos ou outros meios de prova obtidos através do exercício de poderes compulsórios, dando como exemplo os mandados de busca ou a sujeição a exames de saliva, sangue e urina. Ademais, o Governo britânico enfatizou o interesse público na conduta honesta das sociedades comerciais e na perseguição efectiva dos responsáveis por complexos delitos societários (*corporate frauds*),

---

161 MENDES, Paulo de Sousa. As garantias de defesa no processo sancionatório especial por práticas restritivas da concorrência confrontadas com a jurisprudência do Tribunal Europeu dos Direitos do Homem. *Revista de Concorrência e Regulação*, Lisboa, ano I, n.1, p.121-144, 2010. p. 129-130.

Assinalando que os suspeitos, neste tocante, deveriam ser obrigados a responder às questões postas pelos inspectores e que as autoridades de perseguição penal deveriam poder usar essas respostas em processos-crime subsequentes. A diferença entre tais delitos societários e os tipos de crime comuns assentaria no facto de, frequentemente, a prova documental que lhes corresponde ser insuficiente para a perseguição penal ou então ser incompreensível se não forem dadas as devidas explicações por parte dos indivíduos envolvidos. Ainda segundo o Governo britânico, os envolvidos são geralmente homens de negócios que contam com o apoio jurídico de advogados especializados, o que significaria que dificilmente darão respostas ingênuas. Em contrapartida, a Comissão Européia de Direitos Humanos (doravante, ComEDH) defendeu que a prerrogativa de não auto-incriminação deveria abranger todos os tipos de acusados, incluindo aqueles que fossem indiciados pela prática de complexos delitos societários. No caso concreto, a ComEDH entendeu que os elementos que o argüido, ora queixoso, fora obrigado a fornecer antes do processo-crime constituíram uma parte não despicienda da prova usada contra ele em julgamento, o que violava o princípio do julgamento equitativo. O delegado da ComEDH destacou, na audiência perante o TEDH, que a própria negação firme das imputações baseadas em depoimentos anteriormente prestados podia ser altamente prejudicial para o argüido, pois ele podia dar assim impressão de ser uma pessoa desonesta. Ora, o TEDH começou por definir, com rigor, o objecto da queixa, que versava apenas sobre a questão da legitimidade de utilização em processo-crime das declarações anteriormente prestadas pelo argüido, agora queixoso, aos inspectores do Ministério do Comércio e Indústria britânico, mas já não sobre a questão de saber se os próprios procedimentos de investigação administrativos deviam, ou não, ser abrangidos pelo princípio do processo equitativo, o que, em tese geral, mereceria uma resposta negativa, a menos que fosse sacrificado o interesse público na regulação efectiva das actividades comerciais e financeiras complexas. Considerando, por conseguinte, o objecto da queixa, o TEDH lembrou que, embora o artigo 6º CEDH não mencione expressamente o direito ao silêncio e o direito de não contribuir para a sua própria incriminação, estes pertencem ao cerne da noção de processo equitativo consagrada no referido normativo. Tal decorre, entre outras razões, da necessidade de se proteger o acusado perante uma eventual coerção abusiva por parte das autoridades. Em particular, o direito de não contribuir para a sua própria incriminação pressupõe que, em qualquer processo-crime a acusação tenha de ser construída sem recurso a provas obtidas através de coacção ou pressões de qualquer espécie, com desrespeito da vontade do acusado. Neste sentido, este direito está estreitamente ligado ao princípio da presunção da inocência. O TEDH acrescentou – numa fórmula que se tornou clássica, pois perde-se a conta às vezes em que já tem sido citada – que: [o] direito à não auto-incriminação concerne, em primeiro lugar, ao respeito pela vontade de um acusado de manter o silêncio. Tal como é interpretado na generalidade dos sistemas jurídicos das Partes contratantes da Convenção, o mesmo não abrange a utilização, em quaisquer procedimentos penais, de dados que posam ser obtidos do acusado recorrendo a poderes coercitivos, contanto que tais dados existam independentemente da vontade do suspeito, tais como, inter alia, os documentos adquiridos com base em mandado, as recolhas de saliva, sangue e urina, bem como de tecidos corporais com vista a uma análise de ADN (tradução nossa). Quanto ao caso concreto, o TEDH considerou que o direito de não contribuir para a sua própria incriminação não pode ficar confinado às declarações de admissão da prática de ilícitos, nem a considerações directamente auto-incriminatórias, mas deve abarcar quaisquer depoimentos obtidos sob coerção, incluindo as respostas dadas em jeito de justificação ou desculpa, que pudessem depois ser usados, em sede de processo-crime, para pôr em causa outras declarações do acusado ou para minar a sua credibilidade, como sucedera, de resto, no caso em apreço. O TEDH decidiu, por conseguinte, que tinha havido violação do princípio do processo equitativo, tal como previsto no art. 6º, nº 1, CEDH. À conta do *obter dictum* sobre as provas existentes independentemente da vontade do acusado, o presente aresto do TEDH tornar-se-ia, porém, muito mais vezes citado a propósito do dever, em processo-crime, de entrega de documentos ou de sujeição a exames do que a propósito da valoração, em processo-crime, de declarações anteriormente prestadas sob coerção.[162]

d) Informação inadequada:

O Acórdão do TEDH de 8.04.2004 (Weh *vs.* Áustria) teve por objecto uma situação de prestação de informação inadequada. O Sr. Ludwig Weh, ora queixoso, fora punido, no sistema judicial austríaco, com multa por falta de indicação completa da identidade e morada da pessoa que conduzira o seu veículo automóvel na altura em que este foi referenciado em excesso de velocidade. De facto, a Lei dos Veículos Motorizados (*Kraftfahrgesetz*) previa como infracção criminal a violação do dever de fornecer às autoridades competentes, a pedido, a informação sobre quem conduz um determinado veículo automóvel identificado pela chapa de matrícula. O queixoso argumentava que fora punido por não ter fornecido informação que poderia incriminá-lo no contexto de um processo-crime por condução em excesso de velocidade. Só que o TEDH considerou que o queixoso não estava a ser substancialmente afectado por uma acusação relacionada com a condução em excesso de velocidade, nem no contexto de procedimentos

---

[162] MENDES, Paulo de Sousa. As garantias de defesa no processo sancionatório especial por práticas restritivas da concorrência confrontadas com a jurisprudência do Tribunal Europeu dos Direitos do Homem. *Revista de Concorrência e Regulação*, Lisboa, ano I, n.1, p.121-144, 2010. p. 131-133.

penais subseqüentes. Acresce que o TEDH considerou que tinha sido solicitado ao queixoso um esclarecimento meramente factual – ou seja, a indicação da identidade e morada do condutor do carro registrado em nome dele –, o que não era directamente incriminatório, além de que essa informação não poderia ser obtida de outro modo. Não houve, concluiu o TEDH, violação do direito ao silêncio, nem a prerrogativa de não auto-incriminação.[163]

e) Valoração em processo-crime de provas materiais extraídas à força do organismo do suspeito:

O Acórdão do TEDH de 11.07.2006 (Jalloh *vs.* Alemanha) analisou uma queixa relativa à obtenção da prova material de um crime de tráfico de drogas através da administração forçada de substâncias indutoras de vómito (designação clínica: eméticos), graças à qual se operou a recuperação por regurgitação da cápsula (*"bubble"*) de cocaína que o suspeito engolira quando foi detido em flagrante por agentes da polícia. O Sr. Abu Bakah Jalloh, cidadão serro-leonês, ora queixoso, foi condenado, no sistema judicial alemão, em um ano de prisão, com execução suspensa por seis meses com regime de prova, pela prática de um crime de tráfico de estupefacientes. Nem no julgamento, nem nos sucessivos recursos foram atendidos os seus protestos de que o meio de obtenção de prova usado, se bem que ordenado pelo Ministério Público e conduzido por um médico, constituía uma ofensa à sua integridade física praticada por funcionários (*Körperveletzung um Amt*), a qual fora desproporcionada e, como tal, era proibida pelo CPP alemão, além de que violara a sua dignidade humana, garantida pela Constituição (*Grundgesetz*). Diante do TEDH, o Sr. Jalloh acabaria por apresentar queixa contra a Alemanha por ter sido sujeito a tratamento desumano e degradante, proibido pelo art. 3º CEDH, além de ter visto desrespeitado o seu direito a um processo equitativo, garantido pelo art. 6º, nº 1, CEDH. Num acórdão muito disputado, o TEDH daria razão ao Sr. Jalloh, considerando (por 11 votos contra 6, com declarações de voto concordantes e discordantes) ter havido violação do art. 6º, nº 1, CEDH. O presente aresto é especialmente relevante pelo facto de o TEDH nele indicar, pela primeira vez, os critérios gerais que contam para a decisão da questão da violação do *nemo tenetur* no caso concreto. A propósito, cabe aqui destacar o trecho a seguir reproduzido: [p]ara determinar se o direito à não auto-incriminação do queixoso foi violado, o Tribunal, por sua vez, terá de considerar os seguintes factores: a natureza e o grau de coerção empregado para obter a prova, a importância do interesse público na investigação e punição da infracção em apreço, a existência

163 MENDES, Paulo de Sousa. As garantias de defesa no processo sancionatório especial por práticas restritivas da concorrência confrontadas com a jurisprudência do Tribunal Europeu dos Direitos do Homem. *Revista de Concorrência e Regulação*, Lisboa, ano I, n.1, p.121-144, 2010. p. 133-134.

> de garantias relevantes no processo e a utilização prevista dos meios de prova obtidos dessa forma (tradução nossa). No caso concreto, o TEDH considerou que: [...] a medida impugnada visava um traficante de rua que venda drogas à sua pequena escala e que foi, a final, condenado numa pena de prisão com suspensão de execução por seis meses e regime de prova. Nas circunstâncias do caso vertente, o interesse público em assegurar a condenação do queixoso não podia justificar o recurso e tão graves interferências na sua integridade física e mental.[164]

Em síntese, repita-se, pontificou Paulo de Sousa Mendes que, da análise da jurisprudência do TEDH, pode-se concluir, pelo menos

> que o direito de não contribuir para a sua própria incriminação não é um direito absoluto, mas admite ponderações e restrições no confronto com outros interesses juridicamente tutelados, desde que se garanta a preservação do núcleo essencial daquele direito.[165]

Em seu relatório do Seminário de Direito Processual Penal, quando do Mestrado Científico em Ciências Jurídico-Criminais pela Faculdade de Direito da Universidade de Lisboa (2009/2010), intitulado *O princípio* nemo tenetur *na jurisprudência do Tribunal Europeu dos Direitos do Homem*, Joana Costa, antes de discorrer e comentar sobre a farta jurisprudência do Tribunal Europeu dos Direitos do Homem (TEDH), com maestria, deu início ao seu trabalho acadêmico com a seguinte introdução:

> Segundo o TEDH, apesar de não expressamente mencionados no art.6º da Convenção, o direito ao silêncio e o e o direito e o direito à não auto-incriminação constituem *standards* internacionais que se situam no coração da noção de "processo equitativo" (*fair procedure*). A razão de ser tais direitos é a de proteger o acusado contra o exercício impróprio de poderes coercitivos pelas autoridades, o que é essencial ao acautelamento do perigo de adulteração da justiça e, neste sentido, à própria realização plena do espírito do art.6º da Convenção. Ainda segundo o Tribunal, o direito à não auto-incriminação relaciona-se, em

---

[164] MENDES, Paulo de Sousa. As garantias de defesa no processo sancionatório especial por práticas restritivas da concorrência confrontadas com a jurisprudência do Tribunal Europeu dos Direitos do Homem. *Revista de Concorrência e Regulação*, Lisboa, ano I, n.1, p.121-144, 2010. p. 134-135.

[165] MENDES, Paulo de Sousa. As garantias de defesa no processo sancionatório especial por práticas restritivas da concorrência confrontadas com a jurisprudência do Tribunal Europeu dos Direitos do Homem. *Revista de Concorrência e Regulação*, Lisboa, ano I, n.1, p.121-144, 2010. p. 133-134.

primeira linha, com o respeito pela vontade da pessoa do acusado em permanecer em silêncio e constitui uma decorrência do pressuposto segundo o qual a acusação, num processo criminal, deverá provar a sua tese contra o acusado sem o recurso a elementos de prova obtidos através de métodos coercitivos ou opressivos com desrespeito pela vontade deste. Neste sentido, o direito à não auto-incriminação encontra-se intimamente relacionado com a *presunção de inocência* no nº2 do art.6º da Convenção. O direito à não auto-incriminação – e o princípio do processo equitativo do qual decorre – aplicam-se aos procedimentos criminais independentemente do tipo de crime que esteja em causa, sem distinção entre os ilícitos mais simples e os mais complexos. Por isso, razões de ordem pública, mesmo que relacionadas com a segurança do Estado, não podem legitimar o emprego de um nível de coerção que extinga a *essência* do direito à não auto-incriminação.

Embora no conjunto destas afirmações possam reconhecer-se já certos postulados normativos de alcance geral que veremos constantes na jurisprudência do TEDH, a compreensão do princípio *nemo tenetur*, em especial a determinação de seu conteúdo, alcance e extensão, acabará por subordinar-se aí à ideia segundo a qual no processo equitativo – e consequentemente, os vários elementos que expressa ou implicitamente a integram – não pode definir-se em abstrato, antes devendo ser verificada segundo as circunstâncias particulares do caso concreto, tomando em consideração o processo no seu conjunto.

A recorrente indexação do discurso que delimita o âmbito do princípio *nemo tenetur* às múltiplas variáveis do caso concreto, para além de tornar controversos, quando entre si confrontados, certos dos pronunciamentos do Tribunal, acaba por conduzir a que a *ratio decidendi* de cada juízo decisório surja frequentemente integrada por um somatório de elementos procedentes de planos diversos, o que, associado à não rara brevidade dos argumentos desenvolvidos, dificulta quer o isolamento, quer a exata percepção do critério normativo contido nos fundamentos da decisão.[166]

6.1 O direito ao silêncio de pessoa jurídica e a jurisprudência da corte europeia de justiça

No caso Orkem *vs.* Comissão das Comunidades Europeias (Caso 374/84), julgado em 18 de outubro de 1989, a Corte Europeia de Justiça decidiu que não há como reconhecer o direito ao silêncio de uma pessoa jurídica.

---

166 COSTA, Joana. O Princípio *nemo tenetur* na Jurisprudência do Tribunal Europeu dos Direitos do Homem. *In*: SEMINÁRIO DE DIREITO PROCESSUAL PENAL, 2010, Lisboa. *Relatório* [...]. Lisboa: Faculdade de Direito da Universidade de Lisboa, 2010. p. 03-04.

> I - Orkem, anteriormente denominada CdF Chimie, sociedade anônima com sede em Paris, interpôs recurso para anulação da Comissão das Comunidades Europeias relativa a uma investigação sobre a existência de acordos ou práticas contrárias ao Estado internacional no setor de termoplásticos. A empresa alega que a Comissão a obrigou a se incriminar, confessando a infringência de regras da concorrência e a denunciar outras empresas
>
> II - A *Corte Europeia de Justiça* reconheceu que as informações solicitadas pela Comissão não excederam o que se possa considerar necessário para o objetivo da investigação. Quanto ao direito de defesa, assentou que, de modo geral, os ordenamentos jurídicos dos Estados-membros só admitem o direito de uma pessoa de não testemunhar contra si própria, quando acusada de uma infração no âmbito de um processo penal, não sendo cabível concluir pela existência desse princípio em proveito das pessoas jurídicas e em relação às infrações de natureza econômica, nomeadamente em matéria de direito de concorrência. No entanto, admitiu que a Comissão, ao obrigar a empresa a confessar uma infração ao tratado internacional, atentou contra os direitos de defesa da recorrente. Desse modo, anulou a decisão em relação às iniciativas em matéria de preços à venda de quotas societárias.[167]

No caso Mannesmannöhren AG *vs.* Comissão da Comunidade Europeia (Caso T 112/98), julgado em 20 de fevereiro de 2001, a Corte Europeia de Justiça reconheceu que o direito ao silêncio absoluto para preservar o direito de defesa de pessoa jurídica constituiria obstáculo injustificado ao dever da Comissão das Comunidades de assegurar as regras de concorrência no mercado comum.

> I - A Comissão da Comunidade Europeia, diante da recusa reiteradas das empresas em atender o pedido de informações sobre eventuais infrações às regras da concorrência, decidiu pela obrigatoriedade de resposta, no prazo de trinta dias, sob pena de multa diária de 1000 *ecus168* por cada dia de atraso.
>
> II - A *Corte Europeia de Justiça* entendeu que a Corte de Justiça e a Corte de Primeira Instância não têm jurisdição para examinar a legalidade de uma investigação sobre o direito da concorrência, por referência às disposições da Convenção Europeia dos Direitos Humanos, porque

---

[167] SUPREMO TRIBUNAL FEDERAL. *Boletim de jurisprudência internacional e estrangeira*: direito ao silêncio. 8. ed. Brasília, DF: STF, 2023. p. 6.

[168] "European Currency Unit (ECU): unidade monetária europeia criada com a instauração do Sistema Monetário Europeu. Era utilizada, inicialmente, apenas em transações comerciais e financeiras e foi substituída pelo euro em janeiro de 1999" (essa nota de rodapé, com numeração 1, é do original).

a convenção não é parte do direito comunitário. Todavia, os direitos fundamentais formam parte integral dos princípios gerais, cuja observância é assegurada pela Justiça comunitária. A propósito, a Corte de Justiça e a Corte de Primeira Instância inspiraram-se nas tradições constitucionais comuns aos Estados-Membros e nas orientações fornecidas pelos tratados internacionais de direitos humanos dos quais são signatários. A Convenção Europeia de Direitos Humanos tem especial significado a esse respeito. Uma empresa que recebe o pedido de informações só pode ter reconhecido o direito ao silêncio se obrigada a fornecer respostas que possam implicar uma confissão da existência de uma infringência que é incumbência da Comissão das Comunidades Europeias provar. Reconhecer a existência de um direito ao silêncio absoluto seria além do necessário para preservar o direito de defesa das empresas e constituiria um obstáculo injustificado ao dever que incumbe à Comissão de assegurar as regras de concorrência no mercado comum. Além disso, nada impede que o destinatário demonstre, em procedimentos administrativos ou em processo perante os tribunais comunitários, no exercício de seu direito de defesa, que os fatos do que lhes é atribuído pela Comissão. Questões pelas quais a Comissão solicita que uma empresa descreva o objetivo das reuniões que participou e as decisões nela tomadas, embora seja claro que a Comissão suspeita que o objeto das reuniões era a de chegar a um acordo sobre os preços de venda, a ponto de impedir ou restringir a concorrência, são suscetíveis de obrigar a empresa a admitir uma participação num acordo ilícito, contrário às regras comunitárias da concorrência e, assim, violar os direitos de defesa.[169]

[169] SUPREMO TRIBUNAL FEDERAL. *Boletim de jurisprudência internacional e estrangeira*: direito ao silêncio. 8. ed. Brasília, DF: STF, 2023. p. 5-6.

O PRINCÍPIO *NEMO TENETUR SE DETEGERE* E AS JURISPRUDÊNCIAS DO SUPREMO TRIBUNAL FEDERAL (STF) E DO SUPERIOR TRIBUNAL DE JUSTIÇA (STJ)

Nos Tribunais Superiores brasileiros encontram-se diversos casos que definem os limites e a extensão do exercício do direito ao silêncio e da garantia contra a autoincriminação, corolários do princípio *nemo tenetur se detegere*, revelando suas essência e consequências efetivas.

Enumeramos, pois, a seguir, alguns desses casos.

7.1 Falta de advertência sobre o direito de não produzir prova contra si.

A Constituição Federal brasileira e a jurisprudência do Supremo Tribunal Federal, erigiram o direito ao silêncio como garantia fundamental do acusado, cumprindo às autoridades encarregadas de colher o seu interrogatório fazer, previamente, a advertência do privilégio contra a não autoincriminação, sob pena de ilicitude da prova produzida contra o interrogado, na esteira do princípio *nemo tenetur se detegere*.

De fato, tanto em Juízo quanto na Polícia, o preso[170] deverá será informado de seus direitos, entre os quais o de permanecer calado (art. 5º, LXIII, da CF e art. 186, do CPP).

---

170 Relembre-se, aqui, o que já esclarecido anteriormente (v. Capítulo 4, item 4.2), ou seja, a expressão "preso" não é empregada em seu sentido técnico, pelo que o titular do direito ao silêncio não é só o preso, mas também qualquer acusado ou denunciado no processo penal (Cf. MENDES, Gilmar Ferreira; COELHO, Inocêncio Mártires; BRANCO, Paulo Gustavo Gonet. *Curso de Direito Constitucional*. São Paulo: Saraiva, 2007. p. 636; MORAES,

A falta de advertência, seja da autoridade policial, seja da autoridade judiciária, ao acusado da prática de um delito de seu direito ao silêncio acarreta a ilicitude da prova que contra si venha a fornecer o agente no respectivo interrogatório.

> *Habeas corpus*: cabimento: prova ilícita.
>
> [...]
>
> 4. O privilégio contra a auto-incriminação – *nemo tenetur se detegere* –, erigido em garantia fundamental pela Constituição – [...] – importou compelir o inquiridor, na polícia ou em juízo, ao dever de advertir o interrogado do seu direito ao silêncio: a falta de advertência – e da sua documentação formal – faz ilícita a prova que, contra si mesmo, forneça o indiciado ou acusado no interrogatório formal e, com mais razão, em "*conversa informal*" gravada, clandestinamente ou não.[171]

Do voto do Ministro Gilmar Mendes, relator da decisão acima transcrita, consta que:

> A Constituição – na linha de construção da jurisprudência americana, a partir dos famosos casos Escoberdo *vs.* Illinois (378 U.S. 478 (1964) e Miranda *vs.* Arizona (384 U.S. 436 (1969) –, impõe ao inquiridor, na polícia ou em juízo, o dever de advertência ao interrogado de seu privilégio contra a auto-incriminação, e que a falta dessa advertência, faz ilícita a prova que, contra si mesmo, forneça o acusado, ainda quando observadas as formalidades procedimentais do interrogatório.

Aliás, já decidiu o Supremo Tribunal Federal, ressalte-se, que "A Constituição Federal impõe ao Estado a obrigação de informar ao preso seu direito ao silêncio não apenas no interrogatório formal, mas logo no momento da abordagem, quando recebe voz de prisão por policial, em situação de flagrante delito".[172] A propósito, visualize-se o inteiro teor da Ementa do respectivo Acórdão, *in verbis*:

Alexandre de. *Direitos Humanos Fundamentais*. 3. ed. São Paulo: Atlas, 2000. p. 286; TUCCI, Rogério Lauria. *Direitos e garantias individuais no Processo Penal brasileiro*. 3. ed. São Paulo: Revista dos Tribunais, 2009. p. 303; GRINOVER, Ada Pellegrini. A Polícia Civil e as garantias constitucionais de liberdade. *In*: MORAES, Bismael B. (coord.). *A Polícia à Luz do Direito*. São Paulo: Revista dos Tribunais, 1991. p. 17; NUCCI, Guilherme de Souza. *Curso de Direito Processual Penal*. 21. ed. Rio de Janeiro: Forense, 2024b. p. 132-133).

171 STF – 1ª T., HC nº 80.949-9/RJ, Rel. Min. Sepúlveda Pertence, j. em 30.10.2001, DJ 14.12.2001.

172 STF – 2ª T., no ROHC nº 207.459/SP, Rel. Min. Gilmar Mendes, j. na Sessão Virtual de 14 a 24 de abril de 2023; STF – 2ª T., AG.REG. no ROHC nº 192.798/SP, Rel. Min. Gilmar Mendes, j. na sessão virtual de 12 a 23.02.2021; STF – 2ª T., no AG.REG. no ROHC nº 170.843-SP, Rel. Min. Gilmar Mendes, j. em 4.05.2021.

> Recurso ordinário em *habeas corpus*. 2. A jurisprudência do Supremo Tribunal Federal é firme no sentido de que denúncia anônima não pode embasar, por si só, medidas invasivas como interceptações telefônicas e buscas e apreensões, devendo, para tanto, ser complementada por diligências investigativas posteriores. 3. A Constituição impõe ao Estado a obrigação de informar ao preso seu direito ao silêncio não apenas no interrogatório formal, mas logo no momento da abordagem, quando recebe voz de prisão por policial, em situação de flagrante delito. 4. Recurso ordinário provido para declarar ilícita a prova por violação ao direito ao silêncio e todas as demais derivadas e, com isso, determinar a absolvição do recorrente.[173]

Não obstante essa decisão do Supremo Tribunal Federal, antes o Superior Tribunal de Justiça, em sentido diverso, deliberou:

> AGRAVO REGIMENTAL EM *HABEAS CORPUS*. TRÁFICO DE DROGAS. PRISÃO EM FLAGRANTE. NULIDADE. INOCORRÊNCIA. ENTREVISTA INFORMAL. DILIGÊNCIA POLICIAL. PRESCINDE DE INFORMAÇÕES FORNECIDAS PELO FLAGRANTEADO. DISPENSA EM INFORMAR AO PRESO SOBRE O DIREITO AO SILÊNCIO. PRISÃO PREVENTIVA. REVOGAÇÃO. IMPOSSIBILIDADE. PREENCHIMENTO DOS REQUISITOS LEGAIS. AUSÊNCIA DE CONSTRANGIMENTO ILEGAL. RECURSO DESPROVIDO. 1. Ocorrendo suspeita de que o agravante estava praticando o delito de tráfico de drogas, os policiais militares poderiam, mesmo sem qualquer informação por ele fornecida, averiguar o local, e diante da localização de grande quantidade de drogas, apreender a substância entorpecente e prendê-lo em flagrante, sem que seja necessário informá-lo previamente sobre o seu direito ao silêncio, razão pela qual não há falar em confissão informal ilícita. Precedentes [...].[174]

Destarte, sobre esse ponto, o Plenário do Supremo Tribunal Federal, por unanimidade, reconheceu, em data de 2 de dezembro de 2021, a Repercussão Geral do Tema 1.185, no Recurso Extraordinário nº 1.177.984/SP, Relator Ministro Edson Fachin, versando sobre "a obrigatoriedade de informação do direito ao silêncio ao preso, no momento da abordagem policial, sob pena de ilicitude da prova, tendo em vista os princípios da não autoincriminação e do devido processo legal".[175]

---

173 STF – 2ª T., Rel. Min. Gilmar Mendes, no Recurso Ordinário em *habeas corpus* nº 207.459/SP, j. em Sessão Virtual de 14 a 24 de abril de 2023.

174 STJ – 5ª T., no AgRg no HC 674.893/SP, Rel. Min. João Otávio de Noronha, j. em 14.09.2021, DJe 20.09.2021.

175 CONSTITUCIONAL. PROCESSO PENAL. ART. 5º, INCISOS LXIII E LV, DA CONSTITUIÇÃO FEDERAL. PRESO. DIREITO AO SILÊNCIO. INTERROGATÓRIO INFORMAL.

Outrossim, para o Supremo Tribunal Federal, o princípio *nemo tenetur se detegere* se aplica, inclusive, à pessoa que, não obstante ouvida como testemunha, tenha produzido prova contra si, sem que tenha sido advertida de que não era obrigada a se autoincriminar. Nesse sentido, pois, a 2ª Turma do STF anulou o processo de um soldado do Exército que, ao ser ouvido como testemunha em procedimento que apurava a prática de um crime de furto (art. 240, do Código Penal Militar), não foi advertido de seu direito de permanecer em silêncio e, repita-se, mesmo ouvido como testemunha, produziu prova contra si ao depor.[176] De acordo com essa decisão, a denúncia apresentada se baseou apenas na confissão daquele militar e, portanto, não tendo sido a ele feita a advertência de seu direito ao silêncio e de que o mesmo não estava obrigado a produzir prova contra si, a confissão foi considerada uma prova ilícita. Nesse caso, ocorrido no interior de um batalhão do Exército na cidade do Rio de Janeiro, o soldado confessou, por ocasião do respectivo inquérito policial, haver furtado um aparelho de telefone celular de um colega. O Ministério Público Militar, de posse dos respectivos autos do procedimento inquisitorial, ofereceu denúncia contra o soldado com base no artigo 240 do Código Militar. A Justiça Militar recebeu a denúncia e, em seguida, a defesa tentou anular o processo sob o argumento de que o soldado foi ouvido na condição de testemunha, tendo confessado o crime sem ser advertido do seu direito de permanecer calado. O Superior Tribunal Militar negou o pedido e, por essa razão, a defesa recorreu ao Supremo Tribunal Federal. Em seu voto, o Relator, Ministro Gilmar Mendes, destacou que está estabelecido na Constituição Federal de 1988 o direito do acusado de permanecer em silêncio para não produzir prova contra si mesmo (artigo 5º, inciso LXIII). Citando diversos precedentes do STF, disse o Ministro Gilmar Mendes que "*do direito ao silêncio constitucionalmente reconhecido decorre a prerrogativa processual de o acusado negar, ainda que falsamente, a prática da infração*". Ainda de acordo com o Ministro Gilmar Mendes, "*o direito à informação oportuna da faculdade de permanecer calado tem por escopo*

QUESTÃO RELEVANTE DO PONTO DE VISTA SOCIAL E JURÍDICO. REPERCUSSÃO GERAL RECONHECIDA. A controvérsia acerca da obrigatoriedade de o Estado informar ao preso do direito ao silêncio no momento da abordagem policial, e não somente no interrogatório formal, é tema constitucional digno de submissão à sistemática da repercussão geral (STF – Pleno – Repercussão Geral do Recurso Extraordinário nº 1.177.984/SP, Rel. Min. Edson Fachin).

[176] STF – 2ª T., RHC nº 122279/RJ, Rel. Min. Gilmar Mendes, j. em 12.08.2014.

assegurar ao acusado a escolha entre permanecer em silêncio e a intervenção ativa". Afirmou, outrossim, o Ministro Gilmar Mendes, que o acusado deve ser alertado sobre seu direito de permanecer em silêncio. Ressaltou, ainda, o Ministro Gilmar Mendes: "*Não há dúvida, porém, de que a falta de advertência quanto ao direito do silêncio, como já acentuou o Supremo, torna ilícita a prova que, contra si mesmo, forneça o indiciado ou acusado no interrogatório formal e, com mais razão, em conversa informal gravada, clandestinamente ou não*". Destacando que a denúncia ofertada em desfavor do soldado havia se apoiado unicamente em sua confissão, o Ministro Gilmar Mendes enfatizou: "*Essa confissão é inválida, pois o soldado foi ouvido na condição de testemunha e, portanto, tal declaração não tem valor por não ter sido precedida da advertência quanto ao direito de permanecer calado*". Nesse mesmo julgamento, disse o Ministro Celso de Mello: "*esse é um caso de magna importância, na medida em que se reafirmam determinadas prerrogativas básicas que assistem a qualquer pessoa sujeita ou não à custódia do Estado*". Segundo o Ministro Celso de Mello, "*a Constituição é muito clara nesse sentido e, embora se refira a pessoa presa, a doutrina se estende também a pessoas que estão soltas*". Afirmou o Ministro Celso de Mello, que o acusado "*tem o direito de permanecer em silêncio e não está obrigado a responder qualquer pergunta que lhe seja formulada*". O Ministro Celso de Mello citou como exemplo a Constituição do Japão. Promulgada em 1946, a Carta japonesa estabelece que "*nenhuma pessoa será condenada ou punida em casos onde a única prova contra si seja sua própria confissão*". Essa medida, segundo o Ministro Celso de Mello, "*inibe práticas ilícitas que, lamentavelmente, são cometidas em determinados locais com o objetivo de constranger alguém a confessar*".

7.2 Falta de advertência, por Comissão de Processo Administrativo Disciplinar, sobre o direito ao silêncio.

Conforme já assinalado, nos termos da jurisprudência do Superior Tribunal de Justiça, o direito ao silêncio é igualmente assegurado às pessoas objeto de investigação em processo administrativo disciplinar. No âmbito administrativo, pois, quando se apura responsabilidades para aplicação de sanções, o servidor público também é protegido pelas garantias constitucionais de permanecer em silêncio e contra a autoincriminação.

Consequentemente, a inobservância desses direitos pela Comissão Processante, quando do interrogatório do servidor, não o advertindo dessas suas prerrogativas constitucionais, macula o respectivo ato, dele não se podendo aproveitar qualquer efeito.

Foi assim que decidiu o STJ, ao julgar o Recurso em Mandado de Segurança nº 14.901/TO, que teve como Relatora a Ministra Maria Thereza de Assis Moura. Nesse julgamento, o STJ anulou a pena de demissão imposta à servidora investigada, posto que, entre outras razões, quando do interrogatório da mesma, em duas ocasiões, ela se comprometeu "a dizer a verdade das perguntas formuladas".

Para a Ministra Relatora, cujo voto foi acompanhado pela unanimidade dos demais Ministros que compõem a 6ª Turma do STJ, ao assim proceder, "a comissão feriu de morte a regra do art. 5º, LXIII, da CF/88".

Nesse caso, sentenciou a Ministra Relatora que: "Os interrogatórios da servidora investigada, destarte, são nulos e, por isso, não podem subsidiar a aplicação da pena de demissão, pois deles não pode advir qualquer efeito".

Confira-se a Ementa do respectivo Acórdão:

> RECURSO ORDINÁRIO EM MANDADO DE SEGURANÇA. SERVIDORA PÚBLICA ESTADUAL. DEMISSÃO. PROCESSO ADMINISTRATIVO DISCIPLINAR. CITAÇÃO. AUSÊNCIA DE INDICAÇÃO DAS ACUSAÇÕES FEITAS. NULIDADE. INTERROGATÓRIO DA INVESTIGADA. COMPROMISSO DE DIZER A VERDADE. PRERROGATIVA CONTRA AUTO-INCRIMINAÇÃO. ART. 5º, LXIII, DA CF/88. INFRINGÊNCIA. ANULAÇÃO DO PROCESSO QUE SE IMPÕE DESDE O ATO CITATÓRIO. RECURSO ORDINÁRIO PROVIDO. SEGURANÇA CONCEDIDA.
>
> 1. Por ocasião da citação inicial no processo administrativo disciplinar, não foram explicitadas as condutas ilícitas imputada à servidora, tampouco indicados os preceitos legais eventualmente violados. A investigada, portanto, no momento em que foi cientificada da instauração do processo administrativo disciplinar, desconhecia as razões pelas quais estava sendo investigada, o que lhe impossibilitou o pleno exercício do contraditório e da ampla defesa. Impõe-se, assim, a anulação do processo administrativo disciplinar a partir da citação.
>
> 2. De outra parte, no caso em comento, a servidora foi interrogada por duas vezes durante o processo administrativo disciplinar, e, em ambas as oportunidades, ela se comprometeu "a dizer a verdade das perguntas formuladas".
>
> 3. Ao assim proceder, a comissão processante feriu de morte a regra do art. 5º, LXIII, da CF/88, que confere aos acusados o privilégio contra a

> auto-incriminação, bem como as garantias do devido processo legal e da ampla defesa. Com efeito, em vez de constranger a servidora a falar a verdade, deveria ter-lhe avisado do direito de ficar em silêncio.
>
> 4. Os interrogatórios da servidora investigada, destarte, são nulos e, por isso, não poderiam embasar a aplicação da pena de demissão, pois deles não pode advir qualquer efeito. Como, na hipótese em comento, o relatório final da comissão processante que sugeriu a demissão e a manifestação da autoridade coatora que decidiu pela imposição dessa reprimenda se valeram das evidências contidas nos interrogatórios, restaram contaminados de nulidades, motivo pelo qual também não podem subsistir.
>
> 5. Recurso ordinário provido. Segurança concedida, em ordem a anular o processo administrativo-disciplinar desde a citação.[177]

7.3 Falsa identidade no exercício da autodefesa – Posição do Superior Tribunal de Justiça

Por muito tempo, o Superior Tribunal de Justiça manteve o entendimento de que o acusado que, ao ser preso, quando de seu interrogatório à autoridade policial, atribuísse a si falsa identidade, para encobrir seus maus antecedentes criminais, agia no exercício de autodefesa, pelo que não cometeria, na hipótese, o crime de falsa identidade previsto no art. 307 do Código Penal,[178] pois amparado no seu direito constitucional ao silêncio.

Firmou-se, repita-se, por muitos anos, o entendimento no STJ, no sentido de que, se alguém, ao ser preso, nomeadamente em flagrante delito, se identificasse, quando de seu interrogatório perante a autoridade policial, com nome falso, não responderia por nenhum delito, notadamente pelo crime de falsa identidade, previsto no art. 307 do Código Penal, já que, em assim agindo, estaria no exercício de sua autodefesa.

> PENAL. PROCESSUAL PENAL. *HABEAS CORPUS*. 1. FALSA IDENTIDADE ATRIBUÍDA PERANTE A AUTORIDADE POLICIAL. ARTIGO 307 DO CP. EXERCÍCIO DE AUTODEFESA. OCORRÊNCIA. 2. ORDEM CONCEDIDA, COM RESSALVA DA RELATORA.

---

177 STJ – 6ª T., no RMS nº 14.901/TO, Rel. Min. Maria Thereza de Assis Moura, j. em 21.10.2008, DJ 10.11.2008.

178 "Art. 307. Atribuir-se ou atribuir a terceiro, falsa identidade para obter vantagem, em proveito próprio ou alheio, ou para causar dano a outrem. Pena – detenção, de 3 (três) meses a 1 (um) ano, ou multa, se o fato não constitui elemento de crime mais grave."

1. A conduta do acusado que, em interrogatório policial, atribui-se falsa identidade visa impedir o cerceamento da liberdade, e não ofender a fé pública, consistindo, assim, em exercício da autodefesa, ante ao princípio *nemo tenetur se detegere*, o qual consagra o direito do acusado de permanecer silente, não sendo compelido a produzir prova contra si mesmo.

2. Ordem concedida, com ressalva de entendimento da relatora.[179]

PENAL – *HABEAS CORPUS* – CORRUPÇÃO DE MENOR – APRESENTAÇÃO DE FALSA IDENTIDADE NA FASE POLICIAL – ATIPICIDADE – ROUBO MAJORADO POR DUAS CIRCUNSTÂNCIAS ESPECIAIS – AUMENTO COM BASE TÃO SÓ NO QUANTITATIVO DAS CAUSAS DE AUMENTO – AUSÊNCIA DE OUTROS FUNDAMENTOS – IMPOSSIBILIDADE. ORDEM CONCEDIDA PARA ABSOLVER O PACIENTE PELO CRIME DE FALSA IDENTIDADE E FAZER AS PENAS PARA OS DEMAIS CRIMES RETORNAREM AO QUANTITATIVO DETERMINADO NA SENTENÇA.

1. A declaração de falsa identidade, na fase policial, para evitar o conhecimento dos antecedentes constitui figura atípica, porque amparado pela garantia constitucional de permanecer calado, *ex vi* do art. 5º, LXIII, da CF/88

2. [...]

3. [...]

4. Ordem parcialmente concedida para absolver o paciente pelo crime de falsa identidade e fazer as penas para os demais crimes retornarem ao quantitativo fixado na sentença.[180]

PENAL. *HABEAS CORPUS*. FALSA IDENTIDADE PERANTE AUTORIDADE POLICIAL. ATIPICIDADE DA CONDUTA. ORDEM CONCEDIDA.

1. Segundo a jurisprudência do Superior Tribunal de Justiça, não comete o delito previsto no art. 307 do Código Penal o réu que, diante da autoridade policial, atribui-se falsa identidade, em atitude de autodefesa, porque amparado pela garantia constitucional de permanecer calado, *ex vi* do art. 5º, LXIII da CF/88.

2. Ordem concedida para anular a condenação pelo crime de falsa identidade, em conformidade com o parecer ministerial.[181]

---

[179] STJ – 6ª T., no HC nº 130.309/MS, Rel. Min. Maria Thereza de Assis Moura, j. em 4.06.2009, DJ29.06.2009).

[180] STJ – 6ª T., no HC nº 101.391/MS, Rel. Min. Janes Silva (Desembargadora convocada do TJ/MG), j. em 4.11.2008, DJ de 1º.12.2008.

[181] STJ – 5ª T., no HC nº 88.998/RS, Rel. Min. Napoleão Nunes Maia Filho, j. em 18.12.2007, DJ 25.02.2008.

CRIMINAL. HC. FALSA IDENTIDADE. REVELIA. PRODUÇÃO ANTECIPADA DE PROVA TESTEMUNHAL. NÃO CONFIGURAÇÃO DO DELITO. AUTODEFESA. AUSÊNCIA DE JUSTA CAUSA. TRANCAMENTO DA AÇÃO PENAL. PLEITO DE ANULAÇÃO DO ACÓRDÃO RECORRIDO PREJUDICADO. *HABEAS CORPUS* CONCEDIDO DE OFÍCIO.

I. [...]

II. Conduta imputada ao acusado que consiste no fato de o mesmo ter, supostamente, mentido perante a autoridade policial, ao se atribuir falsa identidade em atitude de autodefesa, o que encontra amparo na garantia constitucional de permanecer calado, *ex vi* do art. 5º, LXIII, da CF/88.

III. Inexiste justa causa para a persecução penal, eis que o fato típico atribuído ao paciente não se subsume no delito previsto no art. 307 do Código Penal.

IV. Evidenciada a atipicidade da conduta imputada ao réu, sem a necessidade de exame valorativo do conjunto fático-probatório, deve ser determinado o trancamento da ação penal contra ele instaurada.

V. [...]

VI. Pedido julgado prejudicado. *Habeas corpus* concedido de ofício, nos termos do voto do Relator.[182]

PENAL. *HABEAS CORPUS*. ART. 307 DO CÓDIGO PENAL. FALSA IDENTIDADE ATRIBUÍDA PERANTE POLICIAL. ATIPICIDADE.

Na linha de precedentes desta Corte, não comete o delito previsto no art. 307 do Código Penal o réu que, diante da autoridade policial, se atribui falsa identidade para evitar sua prisão (Precedentes).

Ordem concedida.[183]

HABEAS CORPUS ORIGINÁRIO. FALSA IDENTIDADE PERANTE AUTORIDADE POLICIAL. PRISÃO EM FLAGRANTE POR CRIME DE ROUBO. ATIPICIDADE DA CONDUTA.

Segundo a Jurisprudência do Superior Tribunal de Justiça, não comete o crime previsto no art. 307, do Código Penal, o autuado em flagrante que, para evitar as buscas de seus antecedentes, se atribui falsa identidade perante a autoridade policial, em obséquio ao direito de autodefesa.

Ordem concedida para anular a condenação pelo crime de falsa identidade, estendendo-se os efeitos desta decisão ao co-réu Alex Santos Ferreira, compreendido na mesma situação.[184]

---

182 STJ – 5ª T., no HC nº 64.188/SP, Rel. Min. Gilson Dipp, j. em 6.02.2007, DJ 12.03.2007.

183 STJ – 5ª T., no HC nº 46.747/MS, Rel. Min. Felix Fischer, j. em 17.11.2005, DJ 20.02.2006.

184 STJ – 5ª T., no HC nº 42.663/MG, Rel. Min. José Arnaldo da Fonseca, j. em 17.05.2005, DJ 20.06.2005.

> RECURSO ESPECIAL. PENAL E PROCESSUAL PENAL. RECURSO EXCLUSIVO DA ACUSAÇÃO. OCORRÊNCIA DA *REFORMATIO IN MELLIUS*. POSSIBILIDADE. INEXISTÊNCIA DE VEDAÇÃO LEGAL. FALSA IDENTIDADE. EXERCÍCIO DE AUTODEFESA. ART. 307 DO CP. NÃO APLICAÇÃO.
>
> 1. [...]
>
> 2. Esta Corte firmou entendimento de que a conduta praticada pelo Réu, de se atribuir falsa identidade perante autoridade policial, não configura o crime descrito no art. 307 do Código Penal, tratando-se de hipótese de autodefesa consagrada no art. 5º, inciso LXIII, da Carta Magna.
>
> 3. Recurso especial não conhecido.[185]
>
> PENAL. FALSA IDENTIDADE. DIREITO AO SILÊNCIO
>
> - Não comete o crime previsto no art. 307 do Código Penal aquele que se atribui falsa identidade perante a autoridade policial como recurso de autodefesa para encobrir maus antecedentes, pois tal postura encontra-se ao abrigo da garantia constitucional que lhe assegura o direito ao silêncio quando inquirido pela autoridade pública.
>
> - Recurso especial conhecido, mas desprovido.[186]

Posteriormente, porém, alinhando-se, inclusive, à jurisprudência do Supremo Tribunal Federal, o STJ mudou de entendimento e, a partir de então, de tanto decidir contrariamente ao que antes vinha preconizando, editou a Súmula nº 522, com o seguinte enunciado:

> A conduta de atribuir-se falsa identidade perante autoridade policial é típica, ainda que em situação de alegada autodefesa.

O Superior Tribunal de Justiça, portanto, nesse ponto, como já dito, ao se harmonizar com as decisões do STF, passou a decidir que o agente, ao atribuir-se falsa identidade, perante a autoridade policial, quando de seu interrogatório, ainda que para frustrar sua eventual responsabilização penal, não estará amparado pelo princípio da autodefesa, podendo, destarte, ser processado pelo crime de falsa identidade, previsto no art. 307, do Código Penal.[187]

---

185 STJ – 5ª T., no REsp nº 689011/SP, Rel. Min. Laurita Vaz, j. em 22.03.2005, DJ 2.05.2005.

186 STJ – 6ª T., no REsp nº 204218/MG, Rel. Min. Vicente Leal, j. em 12.09.2000, DJ 25.09.2000.

187 "Art. 307. Atribuir-se ou atribuir a terceiro, falsa identidade para obter vantagem, em proveito próprio ou alheio, ou para causar dano a outrem. Pena – detenção, de 3 (três) meses a 1 (um) ano, ou multa, se o fato não constitui elemento de crime mais grave."

Nesse sentido, veja-se:

> CRIME DE FALSA IDENTIDADE. ART. 307 DO CÓDIGO PENAL. CONDUTA PRATICADA PERANTE A AUTORIDADE POLICIAL. AUTODEFESA. INEXISTÊNCIA. SÚMULA 522/STJ. TIPICIDADE CONFIGURADA.
>
> 1. A orientação atual do STJ, sedimentada pela Terceira Seção nos autos de recurso especial representativo de controvérsia, é a de considerar típica a conduta de atribuir-se falsa identidade, perante a autoridade policial, ainda que para frustrar a eventual responsabilização penal, não estando abrigo do princípio da autodefesa.
>
> 2. Ademais, dispõe a Súmula 522 desta Corte Superior: "A conduta de atribuir-se falsa identidade perante a autoridade policial é típica ainda que em situação de alegada autodefesa."
>
> 3. *Habeas corpus* não conhecido.[188]

7.4 Falsa identidade no exercício de autodefesa – Posição do Supremo Tribunal Federal

O acusado que, ao ser preso, quando de seu interrogatório à autoridade policial, atribui-se falsa identidade, para encobrir seus maus antecedentes criminais, não acha-se amparado pelo exercício de autodefesa, pelo que comete o crime de falsa identidade previsto no art. 307 do Código Penal.[189]

> PENAL. PROCESSUAL PENAL. '*HABEAS CORPUS*'. CRIME DE ROUBO: COINSUMAÇÃO. FALSA IDENTIDADE. SEQUESTRO. I - Crime de roubo: consuma-se quando o agente, mediante violência ou grave ameaça, consegue retirar a coisa da esfera de vigilância da vítima. II - Tipifica o crime de falsa identidade o fato de o agente, ao ser preso, identificar-se com nome falso, com o objetivo de esconder seus maus antecedentes. III - Crime de seqüestro não caracterizado. IV - Extensão ao co-réu dos efeitos do julgamento, no que toca ao crime de seqüestro. V - HC. Deferido em parte.[190]
>
> CONSTITUCIONAL. PENAL. CRIME DE FALSA IDENTIDADE. ARTIGO 307 DO CÓDIGO PENAL. ATRIBUIÇÃO DE FALSA IDENTIDADE

---

[188] STJ – 5ª T., no HC nº 368.478-RJ, Rel. Min. Jorge Mussi, j. em 17.11.2016, DJ 23.11.2016.

[189] "Art. 307. Atribuir-se ou atribuir a terceiro, falsa identidade para obter vantagem, em proveito próprio ou alheio, ou para causar dano a outrem. Pena – detenção, de 3 (três) meses a 1 (um) ano, ou multa, se o fato não constitui elemento de crime mais grave."

[190] STF – 2ª T., HC nº 72.377/SP, Rel. Min. Carlos Velloso, DJ 30.06.1995.

> PERANTE AUTORIDADE POLICIAL. ALEGAÇÃO DE AUTODEFESA. ARTIGO 5º, INCISO LXIII, DA CONSTITUIÇÃO. MATÉRIA COM REPERCUSSÃO GERAL. CONFIRMAÇÃO DA JURISPRUDÊNCIA DA CORTE NO SENTIDO DA IMPOSSIBILIDADE. TIPICIDADE DA CONDUTA CONFIGURADA.
>
> O princípio constitucional da autodefesa (art. 5º, inciso LXIII, da CF/88) não alcança aquele que atribui falsa identidade perante autoridade policial com o intento de ocultar maus antecedentes, sendo, portanto, típica a conduta praticada pelo agente (art. 307 do CP). O tema possui densidade constitucional e extrapola os limites subjetivos das partes.[191]

É abundante a jurisprudência do STF no sentido de ser fato típico o ato de o agente, ao ser preso, com o intento de ocultar seus maus antecedentes, identificar-se com nome falso.

Para o STF, a apresentação pelo agente de identidade falsa perante autoridade policial com o objetivo de ocultar seus maus antecedentes[192] é conduta criminosa tipificada no art. 307 do Código Penal. Esse comportamento, nos termos da jurisprudência do Pretório Excelso, não está protegido pelo princípio constitucional da autodefesa (art. 5º, inciso LXIII, da CF).

---

[191] STF – RE nº 640139-DF, Rel. Min. Dias Toffoli, DJe nº 198, Divulgação 13.10.2011; Publicação 14.10.2011 (Ementário nº 2.607 – 5). No mesmo sentido: RE nº 561.704/SP – AgR, 1ª T., Rel. Min. Ricardo Lewandowski, DJe de 3.04.2009; HC nº 92.763/MS, 2ª T., Rel. Min. Eros Grau, DJe de 25.04.2008; HC nº 73.161/SP, 1ª T., Rel. Min. Sydney Sanches, DJ de 22.11.1996, e, ainda, as seguintes decisões monocráticas: RE nº 640.133/DF, Rel. Min. Luiz Fux. DJe de 13.06.2011; e RE nº 630.11/DF, Rel. Min. Cármen Lúcia, DJe de 1º10.2010.

[192] Relembre-se, aqui, ainda que a título ilustrativo, nossa nota de rodapé de nº 4, no início deste trabalho: "Na Itália, o direito ao silêncio também se estende a perguntas sobre a qualificação pessoal do acusado. "I - M. G. foi acusado de ter declarado falsamente à Polícia de Pisa que não tinha condenações penais na Itália. O Tribunal de Florença entendeu que a pessoa investigada tem a obrigação de responder com verdade apenas as questões relativas aos seus dados pessoais e as restritamente destinadas à identificação. Quanto aos antecedentes criminais e outras circunstâncias processuais, o sujeito poderia se recusar a responder sem incorrer em responsabilidade criminal. No entanto, se ele decidir responder e prestar declarações falsas, ele responderá pelo crime. II - A *Corte Constitucional Italiana* declarou a inconstitucionalidade de dispositivo do Código de Processo Penal na parte em que não prevê que a advertência quanto ao direito ao silêncio seja dirigida ao investigado ou ao acusado antes das informações pessoais a serem por ele prestadas; e também, declarou a inconstitucionalidade de dispositivos do Código Penal, na parte em que não exclui a punição do investigado ou do réu que, solicitado a prestar as informações sem antes lhe terem dado as advertências, fizeram declarações falsas" (Sentença 111/2023, julgado em 5.06.2003 (SUPREMO TRIBUNAL FEDERAL. *Boletim de jurisprudência internacional e estrangeira*: direito ao silêncio. 8. ed. Brasília, DF: STF, 2023. p. 23).

7.5 Falsa identidade no exercício de autodefesa – Posição doutrinária.

Segundo Ada Pellegrini Grinover, Antônio Scarance Fernandes e Antônio Magalhães Gomes Filho, "as perguntas sobre a qualificação do acusado não estão acobertadas pelo direito ao silêncio, porquanto em sua resposta não se caracteriza qualquer atividade defensiva".[193]

Esclarecendo, inicialmente, que "quanto ao interrogatório de qualificação, não tem o réu o direito ao silêncio",[194] Guilherme de Souza Nucci leciona:

> Autodefesa: não é infração penal a conduta do agente que se atribui falsa identidade *para escapar da ação policial, evitando sua prisão*. Está, em verdade, buscando fugir ao cerceamento da sua liberdade. Ora, se a lei permite que a pessoa já presa possa fugir, sem emprego de violência, considerando isso fato atípico, é natural que a atribuição de falsa identidade para atingir o mesmo fim também não possa ser assim considerado. Não *abrange, no entanto, o momento de qualificação*, seja na polícia, seja em juízo, pois o direito de silenciar ou mentir que possui o acusado não envolve essa fase do interrogatório.[195]

Didática, aliás, noutra obra de sua autoria, a lição de Guilherme de Sousa Nucci quanto à classificação do interrogatório. Segundo Nucci, existem "três partes do interrogatório que merecem destaque: a) interrogatório de qualificação; b) interrogatório de individualização; c) interrogatório de mérito".[196]

Em apertada síntese, quanto ao interrogatório de qualificação, como a própria classificação está a dizer, cabe ao acusado ou indiciado fornecer seus dados de identificação, como seu nome, sua naturalidade, seu estado civil, sua idade, sua filiação, seu endereço residencial, sua atividade profissional ou seu meio de vida e o lugar em que às exerce e se sabe ler e escrever. Quanto ao interrogatório de individualização,

---

193 GRINOVER, Ada Pellegrini; FERNANDES, Antônio Scarance; GOMES FILHO, Antônio Magalhães. *As Nulidades no Processo Penal*. 6. ed. São Paulo: Revista dos Tribunais, 1997. p. 80.

194 NUCCI, Guilherme de Souza. *Código de Processo Penal comentado*. 9. ed. São Paulo: Revista dos Tribunais, 2009. p. 564.

195 NUCCI, Guilherme de Souza. *Código Penal comentado*. 20. ed. Rio de Janeiro: Forense, 2020b. p. 1162.

196 NUCCI, Guilherme de Souza. *Curso de Direito Processual Penal*. 17. ed. Rio de Janeiro: Forense, 2020b. p. 479.

este se destina à obtenção de dados sobre a pessoa do acusado, seus antecedentes criminais, sua conduta social etc., inclusive para fins, se for o caso, de dosimetria na fixação da pena, nos termos do que dispõe o art. 59, do Código Penal. E, quanto ao interrogatório de mérito, este se refere ao fato delituoso propriamente dito e que é imputado ao acusado e demais detalhes constantes do §2º, do art. 187, do Código de Processo Penal.[197]

Assim, pois, pontifica Guilherme de Souza Nucci:

> Em relação à qualificação, não cabe direito ao silêncio, nem o fornecimento de dados falsos, sem que haja consequência jurídica, impondo sanção. O direito ao silêncio não é ilimitado, nem pode ser exercido abusivamente. As implicações, nessa situação, podem ser graves, mormente quando o réu fornece, maldosamente, dados de terceiros, podendo responder pelo seu ato.[198]

Depois de assim esclarecer, sustenta Nucci "ter o réu o *direito* de mentir em seus interrogatórios de individualização e de mérito. Em primeiro lugar, porque ninguém é obrigado a se autoacusar. Se assim é, para evitar a admissão de culpa, há de afirmar o réu logo que sabe ser contrário à verdade. Em segundo lugar, o direito constitucional à ampla defesa não poderia excluir a possibilidade de narrar inverdades, no intuito cristalino de fugir à incriminação ou à indicação de uma personalidade desajustada, fornecendo imagem pessoal negativa ao julgador".[199]

Maria Thereza Rocha de Assis Moura e Maurício Zanoide de Moraes, igualmente entendem que:

> O direito ao silêncio não pode ser invocado pelo interrogado como motivo para deixar de responder às perguntas referentes à sua qualificação (art. 188 do CPP), ou, ainda, para mentir sobre elas, por três motivos: primeiro, porque tais respostas não trazem em si qualquer atividade defensiva; segundo, porque a exata qualificação do interrogado evita confusões acerca de sua identidade; e, terceiro, porque

---

[197] NUCCI, Guilherme de Souza. *Curso de Direito Processual Penal*. 17. ed. Rio de Janeiro: Forense, 2020b. p. 479-481.

[198] NUCCI, Guilherme de Souza. *Curso de Direito Processual Penal*. 17. ed. Rio de Janeiro: Forense, 2020b. p. 479-480.

[199] NUCCI, Guilherme de Souza. *Curso de Direito Processual Penal*. 17. ed. Rio de Janeiro: Forense, 2020b. p. 482-483.

a mentira que se permite é aquela de que se vale o interrogado para defender-se quanto aos fatos que lhe são imputados.[200]

Também, nesse particular, colhe-se de Marta Saad a seguinte lição:

> Assim, sendo o interrogatório constituído de duas partes – sobre a pessoa do acusado e sobre os fatos –, segundo dispõe o art. 187, *caput*, do CPP, com redação que lhe foi dada pela Lei nº 10.792/2003, tem-se que o acusado pode silenciar quanto ao fato perquirido (perguntas constantes do §2º do art. 187 do CPP), mas não quanto à sua identidade (art. 187, §1º, do CPP), sob pena de prática de infração penal.[201]

Renato Brasileiro de Lima, em substanciosas análises e comentários às Súmulas Criminais do STF e do STJ, registrou:

> tem prevalecido o entendimento de que o direito ao silêncio não abrange o direito de falsear a verdade quanto à identidade pessoal (súmula n. 522 do STJ). Tipifica, pois, o crime de falsa identidade o fato de o agente, ao ser preso, identificar-se com nome falso, com o objetivo de esconder seus maus antecedentes.[202]

Entendemos que a norma constitucional consagrando o direito ao silêncio (art. 5º, LXIII), não ampara o acusado que, quando de seu interrogatório, seja à autoridade policial ou à autoridade judicial, atribui-se falsa identidade, nomeadamente porque tal circunstância não traz em si qualquer atividade defensiva quanto à ilícita situação fática principal que eventualmente lhe estiver sendo atribuída.

Nesse sentido, o Superior Tribunal de Justiça, por exemplo, já decidiu:

---

200 MOURA, Maria Thereza Rocha de Assis. MORAES, Maurício Zanoide de. Direito ao Silêncio no Interrogatório. *Revista Brasileira de Ciências Criminais*, São Paulo, ano 2, n. 6, p. 1380-1390, 1994.

201 SAAD, Marta. *Direito ao silêncio na prisão em flagrante*. *In:* PRADO, Geraldo; MALAN, Diogo. *Processo Penal e Democracia*: estudos em homenagem aos 20 anos da Constituição da República de 1988. Rio de Janeiro, Lumen Juris, 2009. p. 429.

202 LIMA, Renato Brasileiro de. *Súmulas Criminais do STF e do STJ Comentadas*. 3. ed. Salvador: Juspodivm, 2020. p. 474.

A primeira parte do interrogatório não se relaciona com o direito de não produzir prova contra si. O direito a não se autoincriminar diz respeito ao mérito da pretensão punitiva, não à identificação do investigado/acusado.[203]

Essa limitação ao direito ao silêncio e/ou à não autoincriminação, a nosso sentir, é perfeitamente admitida, posto que considerada típica pelo nosso ordenamento jurídico, consoante previsão expressa tanto no art. 68, do Decreto-Lei nº 3.688/41 (Lei das Contravenções Penais),[204] quanto no art. 307, do Código Penal.[205]

7.6 Princípio *nemo tenetur se detegere* perante Comissão Parlamentar de Inquérito (CPI)

Qualquer acusado ou testemunha dispõem, em nosso ordenamento jurídico, da prerrogativa contra a autoincriminação, consoante tem proclamado a jurisprudência do Supremo Tribunal Federal.

Conforme já visto, a jurisprudência do Supremo Tribunal Federal reconhece o direito ao silêncio aos investigados/convocados para deporem perante as Comissões Parlamentares de Inquérito. Nesse particular, relembre-se a doutrina de Gilmar Ferreira Mendes, Inocêncio Mártires Coelho e Paulo Gustavo Gonet Branco, a saber:

> Consolidou-se orientação no Supremo Tribunal Federal de que o direito ao silêncio em relação a fatos que possam constituir auto-incriminação tem aplicação à situação dos depoentes nas Comissões Parlamentares de Inquérito, entendendo-se que a sua invocação não pode dar ensejo a ameaça ou a decretação de prisão por parte da autoridade do Estado.[206]

---

[203] RHC nº 126.362/BA – 6ª T., Rel. Min. Rogerio Schietti Cruz, j. em 22.09.2020, DJe 29.09.2020.

[204] O art. 68 do Decreto-Lei nº 3.688/41 (Lei das Contravenções Penais), prevê como ilícito contravencional o fato de o agente se "recusar à autoridade, quando por esta justificadamente solicitados ou exigidos, dados ou indicações concernentes à própria identidade, estado, profissão, domicílio e residência", sob pena de multa.

[205] O art. 307 do CP, estabelece como criminosa a conduta de quem atribui a si ou a terceiro falsa identidade para a obtenção de vantagem, em proveito próprio ou alheio, ou para causar dano a outrem, impondo pena de detenção, de 3 (três) meses a 1 (um) ano, ou multa, se o fato não constitui elemento de crime mais grave.

[206] MENDES, Gilmar Ferreira; COELHO, Inocêncio Mártires; BRANCO, Paulo Gustavo Gonet. *Curso de Direito Constitucional*. São Paulo: Saraiva, 2007. p. 639.

Confira-se ainda:

É jurisprudência pacífica desta Corte assegurar-se ao convocado para depor perante CPI o privilégio contra a auto-incriminação, o direito ao silêncio e a comunicar-se com o seu advogado.[207]

COMISSÃO PARLAMENTAR DE INQUÉRITO – PRIVILÉGIO CONTRA A AUTO-INCRIMINAÇÃO – DIREITO QUE ASSISTE A QUALQUER INDICIADO OU TESTEMUNHA – IMPOSSIBILIDADE DE O PODER PÚBLICO IMPOR MEDIDAS RESTRITIVAS A QUEM EXERCE, REGULARMENTE, ESSA PRERROGATIVA – PEDIDO DE *HABEAS CORPUS* DEFERIDO.

- O privilégio contra a auto-incriminação – que é plenamente invocável perante as Comissões Parlamentares de Inquérito – traduz direito público subjetivo assegurado a qualquer pessoa que, na condição de testemunha, de indiciado ou de réu, deva prestar depoimento perante órgãos do Poder Legislativo, do Poder Executivo ou do Poder Judiciário.

- O exercício do direito de permanecer em silêncio não autoriza os órgãos estatais a dispensarem qualquer tratamento que implique restrição à esfera jurídica daquele que regularmente invocou essa prerrogativa fundamental. Precedentes.

- O direito ao silêncio – enquanto poder jurídico reconhecido a qualquer pessoa relativamente a perguntas cujas respostas possam incriminá-la (*nemo tenetur se detegere*) – impede, quando concretamente exercido, que aquele que o invocou venha, por tal específica razão, a ser preso, ou ameaçado de prisão, pelos agentes ou pelas autoridades do Estado.

- Ninguém pode ser tratado como culpado, qualquer que seja a natureza do ilícito penal cuja prática lhe tenha sido atribuída, sem que exista, a esse respeito, decisão judicial condenatória transitado em julgado.

O princípio constitucional da não-culpabilidade, em nosso sistema jurídico, consagra uma regra de tratamento que impede o Poder Público de agir e de se comportar, em relação ao suspeito, ao indiciado, ao denunciado ou ao réu, como se estes já houvessem sido condenados definitivamente por sentença do Poder Judiciário. Precedentes.[208]

I. CPI: *nemo tenetur se detegere*: direito ao silêncio.

Se, conforme o art. 58, §3º, da Constituição, as comissões parlamentares de inquérito, detêm o poder instrutório das autoridades judiciais – e não maior que o dessas – a elas se poderão opor os mesmos limites formais e substanciais oponíveis aos juízes, dentre os quais os derivados das garantias constitucionais contra a auto-incriminação, que tem sua manifestação mais eloqüente no direito ao silêncio dos acusados.

---

207 STF – HC nº 100341/AM, Rel. Min. Joaquim Barbosa, j. em 4.11.2010). No mesmo sentido: STF, HC nº 100200/DF, Rel. Min. Joaquim Barbosa, j. em 8.04.2010.

208 STF – Pleno – HC nº 79.812-8/SP, Rel. Min. Celso de Mello, j. em 8.11.2000, DJ 16.02.2001.

> Não importa que, na CPI – que tem poderes de instrução, mas nenhum poder de processar nem de julgar – a rigor não haja acusados: a garantia contra a auto-incriminação se estende a qualquer indagação por autoridade pública de cuja resposta possa advir à imputação ao declarante da prática de crime, ainda que em procedimento e foro diversos.
>
> Se o objeto da CPI é mais amplo do que os fatos em relação aos quais o cidadão intimado a depor tem sido objeto de suspeitas, do direito ao silêncio não decorre o de recusar-se de logo a depor, mas sim o de não responder às perguntas cujas respostas entenda possam vir a incriminá-lo: liminar deferida para que, comparecendo à CPI, nesses termos, possa o paciente exercê-lo, sem novamente ser preso ou ameaçado de prisão.
>
> II. *Habeas corpus* prejudicado, uma vez observada a liminar na volta do paciente à CPI e já encerrados os trabalhos dessa.[209]
>
> *HABEAS CORPUS*. CONSTITUCIONAL. COMISSÃO PARLAMENTAR DE INQUÉRITO – TRÁFICO DE PESSOAS NO BRASIL. REQUERIMENTO DE OITIVA DOS PACIENTES. DIREITO DE NÃO PRODUZIR PROVAS CONTRA SI MESMO (*NEMO TENETUR SE DETEGERE*) E DE ASSISTÊNCIA DE ADVOGADO. ORDEM PARCIALMENTE CONCEDIDA.
>
> 1. A jurisprudência deste Supremo Tribunal firmou-se no sentido de ser oponível às Comissões Parlamentares de Inquérito a garantia contra a autoincriminação e, consequentemente, do direito ao silêncio quanto a perguntas cujas respostas possam resultar em prejuízo dos depoentes, além do direito à assistência do advogado. Precedentes.
>
> 2. Ordem parcialmente concedida.[210]

Essa jurisprudência do STF restou consolidada quando, em 2021, por ocasião da denominada "CPI DA PANDEMIA DA COVID-19", instaurada pelo Senado da República Federativa do Brasil, reiteradas decisões foram proferidas monocraticamente[211] pelos Ministros e Ministras do Pretório Excelso, no sentido de assegurar às pessoas convocadas a prestarem depoimentos, sejam como testemunhas ou na qualidade

---

209 STF – Pleno – HC nº 79.244-8/DF, Rel. Min. Sepúlveda Pertence, j. em 23.02.2000, DJ 24.03.2000.

210 STF – 2ª T., HC nº 119.941/DF, Rel. Min. Cármen Lúcia, j. em 25.03.2014.

211 "No Regimento Interno do STF, a maior parte das atribuições do relator encontram-se no art. 21. Dentre elas, destacam-se uma série de decisões monocráticas que podem ser proferidas: em caso de urgência, determinar medidas cautelares necessárias à proteção de direito suscetível de grave dano de incerta reparação, ou ainda destinadas a garantir a eficácia da ulterior decisão da causa (inc. V); [...]" (PUGLIESE, William Soares. Agravo Interno, Colegialidade e Precedentes no Supremo Tribunal Federal. *In:* MARINONI, Luiz Guilherme; SARLET, Ingo Wolfgang (coord.). *Processo Constitucional.* 2. ed. São Paulo: Thomson Reuters Brasil, 2021. p. 896).

de investigadas, o direito constitucional ao silêncio, de não responderem perguntas sobre fatos que implicassem confissão não espontânea, e, também, que não fossem adotadas quaisquer medidas restritivas de direitos ou privativas de liberdade, como consequência do uso da titularidade do privilégio contra a autoincriminação, assegurando-se, outrossim, o direito de assistência por advogado e de, com esse, manterem os depoentes comunicação reservada durante os respectivos atos perante aquela Comissão Parlamentar de Inquérito, bem como o direito de serem inquiridos com dignidade, urbanidade e respeito, não podendo sofrerem quaisquer constrangimentos físicos ou morais, em especial ameaças de prisões ou de processos, caso estivessem no exercício regular dos direitos aqui mencionados.[212]

Não obstante a sólida jurisprudência do STF no sentido de serem oponíveis às Comissões Parlamentares de Inquérito a garantia constitucional contra a autoincriminação e, consequentemente, o direito ao silêncio em relação às perguntas cujas respostas possam resultar em confissão não espontânea do respectivo depoente ou produção de prova contra si, além de assegurar-se a assistência de advogado, e, com este, repita-se, manter o convocado comunicação reservada durante o seu depoimento à CPI, restou ressaltado que há de serem obedecidos os limites específicos deste direito constitucional, referentes a dados e informações que poderiam levar à autoincriminação. Alertou-se, pois, que não há de se ter por incluída nessa definição todo e qualquer questionamento e respectiva resposta sobre matéria que não indique nem possibilite autoincriminação, sob pena de cercear-se a atuação da Comissão Parlamentar de Inquérito. Outrossim, decidiu-se que o depoente não pode se eximir de responder questões sobre sua identificação, por exemplo, ou qualquer outra sem relação com o que possa incriminá-lo, negando respeito às atividades legítimas e necessárias de uma CPI, a qual, a rigor, presta relevante serviço necessário ao esclarecimento de questões de interesse público.

Expressamente nesse sentido, veja-se:

> A jurisprudência deste Supremo Tribunal consolidou-se no sentido de serem oponíveis às Comissões Parlamentares de Inquérito a garantia constitucional contra a autoincriminação e, consequentemente, o direito

---

[212] Entre outros decisões proferidas no período em que os trabalhos da CPI DA PANDEMIA se desenvolveram, confiram-se as decisões proferidas nas Medidas Cautelares em *habeas corpus* de nºs 201.912/DF, 201.970/DF, 203.387/DF, 204.422/DF, 204.443/DF, 204.485/DF, 204.492/DF, 204.495/DF, 205.009/DF, 206.092/DF, 207.338/DF, 206.773/DF.

> ao silêncio quanto a perguntas cujas respostas possam resultar em confissão não espontânea do depoente ou produção de prova contra si.
> [...]
> Há que serem obedecidos, contudo, os limites específicos deste direito constitucional, referentes a fatos e informações que poderiam levar à autoincriminação. Não há de ter por incluída nessa definição todo e qualquer questionamento e respectiva resposta sobre matéria que não indique nem possibilite autoincriminação, sob pena de cercear-se a atuação da Comissão Parlamentar de Inquérito. Não há fundamento constitucional válido para tal proceder. Assim, o convocado não pode se eximir de responder questões sobre sua identificação, por exemplo, ou qualquer outra sem relação com o que possa incriminá-lo, negando respeito às atividades legítimas e necessárias de uma Comissão Parlamentar de Inquérito, que presta serviço necessário ao esclarecimento de questões de interesse público.[213]

Também foi deliberado que o atendimento à convocação expedida pela Comissão Parlamentar de Inquérito, segundo os termos constitucionalmente estabelecidos, consubstancia um dever da pessoa convocada.[214] Disse-se, portanto, que o atendimento à convocação, em verdade, configura-se uma obrigação a todo cidadão e não uma mera faculdade jurídica,[215] pelo que a compulsoriedade de comparecimento à CPI, embora na qualidade de testemunha, a ele – cidadão – deve ser assegurado: "i) o direito ao silêncio, isto é, de não responder a perguntas

---

[213] Medida Cautelar no HC nº 206.092/DF, Rel. Min. Cármen Lúcia, decisão datada de 1º.09.2021.

[214] "Ressalto, inicialmente, que as comissões parlamentares de inquérito possuem poderes instrutórios próprios das autoridades judiciais, nos termos do §3º do art. 58 da Constituição Federal, e, por isso, aqueles que são convocados a depor *não podem escusar-se dessa obrigação*. Entretanto, esse poderes devem ser exercidos com obediência aos direitos constitucionalmente garantidos, tais como o direito ao silêncio (CF, art. 5º, inciso LXIII), à não autoincriminação e à comunicação com advogados" (Medida Cautelar no HC nº 207.338/DF, Rel. Min. Dias Toffoli, decisão datada de 4.10.2021.

[215] "Aqui, convém esclarecer que a obrigação de comparecimento do paciente para depor não pode ser afastada, pois, ao menos em um juízo de cognição sumária, o direito ao silêncio e o dever de atender à convocação da CPI, são institutos de conteúdo normativo distintos, em que pese haver uma tênue linha de separação entre eles, não se tratando, a meu ver, da mesma situação delimitada nos precedentes firmados nas ADPFs 395 e 444, ambas de relatoria do Ministro Gilmar Mendes, em que o Plenário desta Suprema Corte proibiu as conduções coercitivas impostas de forma arbitrária aos investigados. Tenho que o atendimento à convocação expedida pela Comissão Parlamentar de Inquérito, segundo os termos constitucionalmente estabelecidos, consubstancia um dever do paciente, especialmente porque comparecerá na condição de testemunha. O atendimento à convocação, configura uma obrigação imposta a todo cidadão, e não uma mera faculdade jurídica" (Medida Cautelar no HC nº 201.912/DF, Rel. Min. Ricardo Lewandowski, decisão datada de 14.05.2021).

que possam, por qualquer forma, incriminá-lo, sendo-lhe, contudo, vedado faltar com a verdade relativamente a todos os demais questionamentos não abrigados por esta cláusula; ii) o direito de ser assistido por advogado durante todo o depoimento; e iii) o direito de ser inquirido com dignidade, urbanidade e respeito, ao qual, de resto, fazem jus todos depoentes, não podendo sofrer quaisquer constrangimentos físicos ou morais, em especial ameaças de prisão ou de processo, caso esteja no exercício regular dos direitos acima especificados".[216]

Destacando a "dignidade da pessoa humana", o Ministro Gilmar Mendes, apreciando a Medida Cautelar no HC nº 205.009/DF, em data de 4.08.2021, assentou:

> Conforme salientei ao apreciar o HC 150.411 MC/DF, por mim relatado, DJe 27.11.2017, em ocasiões de deferimento de medidas liminares, cujos pedidos eram similares ao destes autos (cf., nesse particular, o HC 88.228/DF, decisão de 13.3.2006, DJ 28.3.2006 e HC 128.405/DF, decisão de 25.5.2015, DJe 26.5.2015), tenho asseverado que a Constituição confere às Comissões Parlamentares de Inquérito os poderes de investigação próprios das autoridades judiciais (CF, art. 58, §3º). O Supremo Tribunal Federal tem entendido que, tal como ocorre em depoimentos prestados perante órgãos de persecução estatal, é assegurado o direito de o investigado não se incriminar perante as Comissões Parlamentares de Inquérito.
>
> [...]
>
> A Constituição Federal de 1988 atribuiu significado ímpar aos direitos individuais. Já, a colocação do catálogo dos direitos fundamentais no início do texto constitucional denota a intenção do constituinte de emprestar-lhes significado especial. A amplitude conferida ao texto, que se desdobra em 78 incisos e 4 parágrafos (CF, art. 5º), reforça a impressão sobre a posição de destaque que o constituinte quis outorgar a esses direitos. A ideia de que os direitos individuais devem ter eficácia imediata ressalta, portanto, a vinculação direta dos órgãos estatais a esses direitos e o seu dever de guardar-lhes estrita observância.
>
> O constituinte reconheceu ainda que os direitos fundamentais são elementos integrantes da identidade e da continuidade da Constituição, considerando, por isso, ilegítima qualquer reforma constitucional tendente a suprimi-los (art. 60, §4º). A complexidade do sistema de direitos fundamentais recomenda, por conseguinte, que se envidem esforços no sentido de precisar os elementos essenciais dessa categoria

---

[216] Medida Cautelar no HC nº 201.912/DF, Rel. Min. Ricardo Lewandowski, decisão datada de 14.05.2021.

de direitos, em especial no que concerne à identificação dos âmbitos de proteção e à imposição de restrições ou limitações legais.

O direito *ao silêncio, que assegura a não produção de prova contra si mesmo, constitui pedra angular do sistema de proteção dos direitos individuais e materializa uma das expressões do princípio da dignidade da pessoa humana.*

Como se sabe, na sua acepção originária conferida por nossa prática institucional, este princípio proíbe a utilização ou a transformação do homem em objeto dos processos e ações estatais.

Como se sabe, na sua acepção originária conferida por nossa prática institucional, este princípio proíbe a utilização ou a transformação do homem em objeto dos processos e ações estatais. O Estado está vinculado ao dever de respeito e proteção do indivíduo contra exposição a ofensas ou humilhações.

O Estado está vinculado ao dever de respeito e proteção do indivíduo contra exposição a ofensas ou humilhações.

A propósito, em comentários ao art. 1º da Constituição alemã, Günther Dürig afirma que a submissão do homem a um processo judicial indefinido e sua degradação como objeto do processo estatal atenta contra o princípio da proteção judicial efetiva (rechtliches Gehör) e fere o princípio da dignidade humana [Eine Auslieferung des Menschen an ein staatliches Verfahren und eine Degradierung zum Objekt dieses Verfahrens wäre die Verweigerung des rechtlichen Gehörs.] (MAUNZ-DÜRIG, Grundgesetz Kommentar, Band I, München, Verlag C.H.Beck, 1990, 1/18).

Em tese, a premissa acima seria suficiente para fazer incidir, automaticamente, a essência dos direitos arguidos na impetração. E, se há justo receio de que eles venham a ser infringidos, deve-se deferir ao paciente o necessário salvo-conduto que evite possível constrangimento.

Como ressaltado pelo Min. Celso de Mello na decisão liminar do MS 25.617-DF, DJ 23.11.2005, seria o caso de se pressupor que o conhecimento e a consciência próprios à formação jurídica dos parlamentares que compõem a direção dos trabalhos da CPI "não permitiria(m) que se consumassem abusos e que se perpetrassem transgressões aos direitos dos depoentes".

O direito à não autoincriminação tem fundamento mais amplo do que o expressamente previsto no art. 5º, LXIII, da Constituição Federal. Em verdade, ele é derivado da união de diversos enunciados constitucionais, dentre os quais o do art. 1º, III (dignidade humana), o do art. 5º, LIV (devido processo legal), do art. 5º, LV (ampla defesa), e do art. 5º, LVII (presunção de inocência) (TROIS NETO, Paulo Mário C. Direito à não autoincriminação e direito ao silêncio. Livraria do Advogado, 2011, p. 104). Foi justamente nesse sentido que a jurisprudência se posicionou no período imediatamente posterior à Constituição (HC 68.929, Rel. Min. Celso de Mello, Primeira Turma, julgado em 22.10.1991).

Na doutrina, afirma-se que o princípio *nemo tenetur se detegere* passou a ser considerado direito do cidadão diante do poder estatal, limitando a atividade do Estado na busca da verdade no processo penal e, sobretudo, como medida de respeito à dignidade, consolidando-se como direito fundamental no Estado de Direito (QUEIJO, Maria Elizabeth. *O direito de não produzir prova contra si mesmo*. Saraiva, 2012. p. 478)

O direito ao silêncio foi consagrado em tratados internacionais de direitos humanos dos quais o Brasil é signatário, que enunciam o direito do acusado de não depor contra si mesmo (art. 14, 3, g, do Pacto Internacional sobre Direitos Civis e Políticos, em execução por força do Decreto 592/92, e art. 8.2, g, do Pacto de San José da Costa Rica, em execução por força do Decreto 678/92).

Assim, assentou-se que o *"nemo tenetur se detegere" determina que o sujeito passivo não pode sofrer nenhum prejuízo jurídico por omitir-se de colaborar em uma atividade probatória da acusação ou por exercer seu direito de silêncio quando do interrogatório"* (LOPES JR., Aury. Direito processual penal. Saraiva, 2017. p. 104).

Aliás, em caso semelhante, relacionado à "CPI de Brumadinho", menciono a decisão concessiva de liminar no HC 169.595/DF, Rel. Min. Rosa Weber, decisão de 1º.4.2019. Conforme assentado pela Ministra Rosa Weber na referida decisão: "Enfática a jurisprudência desta Suprema Corte a respeito. É o que denotam inúmeros precedentes em que resguardados os direitos dos investigados mesmo quanto às atividades das Comissões Parlamentares de Inquérito (v.g.: HC 100.341/AM, Pleno, Rel. Min. Joaquim Barbosa, un., j. 4.11.2010; HC 80.420/RJ, 1ª Turma, Rel. Min. Sepúlveda Pertence, por maioria, j. 28.6.2001; MS 23.652/DF, Pleno, Rel. Min. Celso de Mello, un., j. 22.11.2000). Na mesma linha, com foco específico no direito ao silêncio em hipóteses semelhantes, as decisões monocráticas no HC 127.538, da relatoria do Ministro Teori Zavascki, e no HC 128.390-MC/DF, da relatoria do Ministro Celso de Mello".

[...]

Ante o exposto, nos termos da iterativa jurisprudência do Supremo Tribunal Federal, com fundamento no art. 192, *caput*, do RI/STF, *concedo parcialmente a ordem de habeas corpus*, para que a Comissão Parlamentar de Inquérito da Pandemia assegure ao paciente Airton Antônio Soligo:

(i) o direito ao silêncio, isto é, de não responder a perguntas que possam, por qualquer forma, incriminá-lo, sendo-lhe, contudo, vedado faltar com a verdade relativamente a todos os demais questionamentos não abrigados nesta cláusula;

(ii) o direito a ser assistido por advogado ou advogada durante todo o depoimento; e

(iii) o direito a ser inquirido com dignidade, urbanidade e respeito, ao qual, de resto, fazem jus todos depoentes, não podendo sofrer quaisquer

> constrangimentos físicos ou morais, em especial ameaças de prisão ou de processo, caso esteja atuando no exercício regular dos direitos acima explicitados.

O Ministro Luiz Fux, na qualidade de Presidente do STF, instado a se manifestar em data de 14.07.2021, na Medida Cautelar no *habeas corpus* de nº 204.492/DF, impetrado por pessoa convocada para comparecer à referida "CPI DA PANDEMIA", embora tenha assegurado ao paciente o direito ao silêncio quanto a fatos que, em tese, o incriminassem, advertiu, contudo, que qualquer abuso no exercício do direito constitucional da não autoincriminação poderia ser repelido pelas autoridades da referida Comissão Parlamentar de Inquérito. Para além disso, indeferiu o pedido do paciente de não comparecimento ou de retirar-se da sessão, impondo-se, quanto aos demais fatos de que o paciente tenha conhecimento na qualidade de testemunha, o dever de depor e de dizer a verdade, nos termos da legislação processual penal. Parte dessa decisão, foi assim lavrada:

> CONSTITUCIONAL. *HABEAS CORPUS* PREVENTIVO. "CPI DA PANDEMIA". *NEMO TENETUR SE DETEGERE*. O DIREITO DE PERMANECER EM SILÊNCIO É CONSTITUCIONALMENTE GARANTIDO AO RÉU OU INDICIADO, NÃO À TESTEMUNHA. DEVER DE COMPARECER, DE DEPOR E DE DIZER A VERDADE QUANTO AOS FATOS EM TESE CRIMINOSOS QUE NÃO INCRIMINEM A PACIENTE. LIMINAR PARCIALMENTE DEFERIDA
>
> [...]
>
> Antes de concluir o presente *decisum*, esclareço que, nos termos da decisão proferida em sede de embargos de declaração no HC 204.422, o direito contra a autoincriminação tem assento constitucional, instaurando direito subjetivo, a ser exercido por qualquer cidadão, de não produzir prova contra si mesmo. Por óbvio, o primeiro juízo sobre o conteúdo desse direito compete ao seu próprio titular, a quem cabe a avaliação inicial sobre os impactos da produção de determinada informação sobre a sua própria esfera jurídica. Nesse sentido, é o titular do direito quem exterioriza a primeira manifestação de vontade em relação ao exercício da não autoincriminação. Por outro lado, nenhum direito fundamental é absoluto, muito menos pode ser exercido para além de suas finalidades constitucionais. Nesse ponto, às Comissões de Parlamentares de Inquérito, como autoridades investidas de poderes judiciais, recai o poder-dever de analisar, à luz de cada caso concreto, a ocorrência de alegado abuso do exercício do direito de não-incriminação. Se assim entender configurada a hipótese, dispõe a CPI de autoridade para a adoção fundamentada das providências legais

cabíveis. Nos estreitos limites da matéria posta no presente *habeas corpus*, ação constitucional que não comporta revolvimento de matéria fático probatória, não compete ao Supremo Tribunal Federal se imiscuir no conteúdo do depoimento a ser prestado, muito menos supervisionar previamente o exercício das atribuições jurisdicionais exclusivas da Comissão Parlamentar de Inquérito. Outrossim, compete à CPI fazer cumprir os regramentos legais e regimentais, estabelecendo, para tanto, as balizas necessárias para que investigados, vítimas e testemunhas possam exercer, nos limites próprios, seus direitos fundamentais, inclusive o direito da não autoincriminação

[...]

Ex positis, e firme nos precedentes desta Corte, concedo, em parte, a liminar pretendida, a fim de que, no seu depoimento perante a CPI da Pandemia, e exclusivamente em relação aos fatos que o incriminem, o paciente tenha o direito de: (i) fazer-se acompanhar de advogado; (ii) permanecer em silêncio; (iii) não sofrer ameaça ou constrangimento em razão do exercício do direito contra a autoincriminação, excluída possibilidade de ser submetido a qualquer medida privativa de liberdade ou restritiva de direitos em razão do exercício dessas prerrogativas constitucionais. Por fim, à luz dos fundamentos anteriormente lançados, indefiro o pedido de não comparecimento ou de retirar-se da sessão, impondo-se, quanto aos demais fatos de que o paciente tenha conhecimento na qualidade de testemunha, o dever de depor e de dizer a verdade, nos termos da legislação processual penal.

7.7 Falso testemunho

Testemunha que falseia a verdade, para evitar sua autoincriminação, não comete o crime de falso testemunho.[217]

Não comete o crime de falso testemunho a pessoa que, depondo como testemunha, ainda que compromissada, faz afirmação falsa, nega ou cala a verdade, para evitar autoincriminação.

---

217 O crime de falso testemunho, no Brasil, está tipificado no art. 342, do Código Penal: "Art. 342. Fazer afirmação falsa, ou negar ou calar a verdade, como testemunha, perito, contador, tradutor ou intérprete em processo judicial, ou administrativo, inquérito policial, ou em juízo arbitral. Pena – reclusão, de 1 (um) a 3 (três) anos, e multa. §1º As penas aumentam-se de 1/6 (um sexto) a 1/3 (um terço), se o crime é praticado mediante suborno ou se cometido com o fim de obter prova destinada a produzir efeito em processo penal, ou em processo civil em que for entidade da administração pública direta ou indireta. §2º O fato deixa de ser punível se, antes da sentença no processo em que ocorreu o ilícito, o agente se retrata ou declara a verdade."

PENAL. PROCESSUAL PENAL. *HABEAS CORPUS*. FALSO TESTEMUNHO. INOCORRÊNCIA. LEI 1.579/52, ART. 4º, II (CP, ART. 342). COMISSÃO PARLAMENTAR DE INQUÉRITO. TESTEMUNHA. PRISÃO EM FLAGRANTE. CPP, ART. 307.

I. – Não configura o crime de falso testemunho, quando a pessoa, depondo como testemunha, ainda que compromissada, deixa de revelar fatos que possam incriminá-la.

II. – Nulidade do auto de prisão em flagrante lavrado por determinação do Presidente da Comissão Parlamentar de Inquérito, dado que não se consignou qual a declaração falsa feita pelo depoente e a razão pela qual assim a considerou a Comissão.

III. – Auto de prisão em flagrante lavrado por quem não preenche as condições de autoridade (art. 307 do CPP).

IV. H.C. deferido.[218]

HABEAS CORPUS. DIREITO PENAL. FALSO TESTEMUNHO. ADVOGADO. PARTICIPAÇÃO. CABIMENTO. TESTEMUNHA. AUTO-INCRIMINAÇÃO. *NEMO TENETUR SE DETEGERE*. ATIPICIDADE. ORDEM CONCEDIDA.

1. O falso, que afasta a auto-incriminação, não caracteriza o delito tipificado no art. 342 do Código Penal.

2. Ordem concedida. *Habeas corpus* de ofício.[219]

RECURSO ESPECIAL. PENAL. FALSO TESTEMUNHO. COMISSÃO PARLAMENTAR DE INQUÉRITO. ATIPICIDADE DA CONDUTA. DIREITO DE NÃO PRODUZIR PROVAS CONTRA SI.

Deve ser reconhecida a atipicidade da conduta do indivíduo que ao depor busca eximir-se da auto-incriminação.

Recurso desprovido.[220]

RECURSO ESPECIAL. PENAL. *HABEAS CORPUS*. CONCESSÃO DA ORDEM. TRANCAMENTO DA AÇÃO PENAL. FALSO TESTEMUNHO. ATIPICIDADE DA CONDUTA. DEPOENTE DESOBRIGADO DE PRESTAR DECLARAÇÕES QUE POSSAM INCRIMINÁ-LO.

1. *In casu*, não há como reconhecer a prática do crime de falso testemunho, porquanto é atípica a conduta do depoente que em suas declarações se exime de auto-incriminar-se. Precedentes do STJ e do STF.

2. Recurso desprovido.[221]

---

218 STF – Pleno, no HC nº 73.035-3/DF, Rel. Min. Carlos Velloso, j. em 13.11.1996, DJ 19.12.1996.

219 STJ – 6ª T., no HC nº 47.125/SP, Rel. Min. Hamilton Carvalhido, j. em 2.05.2006.

220 STJ – 5ª T., no HC nº 47.124/SP, Rel. Min. José Arnaldo da Fonseca, j. em 17.03.2005.

221 STJ – 5ª T., no REsp nº402.470/AC, Rel. Min. Laurita Vaz, j. em 20.11.2003, DJ 15.12.2003.

No julgamento do *habeas corpus* de nº 47.124/SP, o Ministro Relator transcreveu o parecer do Ministério Público Federal, o qual também merece aqui ser reproduzido, até porque bem descreve a situação fática que deu origem ao pedido apreciado pela 5ª T. do STJ, qual seja, o paciente, na qualidade de advogado, foi quem orientou a testemunha a mentir em juízo para evitar sua autoincriminação, ao negar ser usuária de droga, o sendo.

Ambos, advogado e testemunha, foram denunciados: o advogado, porque concorreu para que a testemunha fizesse afirmação falsa em processo judicial, com o fim de obter prova a produzir efeito em processo penal, enfim, foi quem orientou a testemunha a mentir, para evitar sua autoincriminação, negando, assim, ser a mesma usuária de droga, sendo-a de fato; a testemunha por mentir sobre sua condição de, repita-se, usuária de droga. O STJ trancou a ação penal instaurada contra o advogado, deferindo, pois, seu pedido de *habeas corpus* e, de ofício, trancou a ação penal relativamente à testemunha.

Eis, a seguir, a Ementa do parecer ministerial, da lavra do Subprocurador-Geral da República Alcides Martins:

> *HABEAS CORPUS* SUBSTITUTIVO DE RECURSO ORDINÁRIO. FALSO TESTEMUNHO. ADVOGADO. PARTICIPAÇÃO. POSSIBILIDADE. ATIPICIDADE DA CONDUTA. TESTEMUNHA DESOBRIGADA DE DAR DECLARAÇÕES QUE POSSAM INCRIMINÁ-LA. PRECEDENTES DESSA EGRÉGIA CORTE. PELA CONCESSÃO DA ORDEM.
>
> 1. Está consignado no âmbito desse Colendo STJ, em julgados mais recentes, que os crimes de mão própria, como o falso testemunho, embora não admitam co-autoria, admitem a participação por induzimento ou instigação (RESP nº 287.151/SP, RESP nº 123.440/SP, HC nº 14.717/SP).
>
> 2. Todavia, esse Egrégio STJ considera atípica a conduta da testemunha que mente em juízo para eximir-se da auto-incriminação (RESP nº 673.688/RJ e RESP nº 402.470/RJ). Logo, conforme esse entendimento, como se trata de testemunha que negou ser usuária de drogas, por orientação do paciente, temendo que, de alguma maneira, essa declaração pudesse ensejar a instauração de inquérito ou ação penal contra aquela, verifica-se a atipicidade da conduta da testemunha e, por conseguinte, do ora paciente.
>
> 3. Pela concessão da ordem.

7.8 Princípio *nemo tenetur se detegere* para falso testemunho que produziu prova contra terceiro

O princípio *nemo tenetur se detegere* não tem aplicabilidade à testemunha que, atestando em Juízo, como verdadeiro, documento por si confeccionado, que o sabe falso, para produzir prova contra terceiro, mesmo que, de suas declarações, possam lhe acarretar autoincriminação.

> PENAL. *HABEAS CORPUS*. FALSO TESTEMUNHO. PROCESSO JUDICIAL. APONTADA ATIPICIDADE DA CONDUTA. PRERROGATIVA DA NÃO AUTO-INCRIMINAÇÃO. *NEMO TENETUR SE DETEGERE*. INAPLICABILIDADE. TESTEMUNHA QUE COMPARECE EM JUÍZO EM CONLUIO COM O AUTOR DA AÇÃO PARA PRODUZIR PROVA CONTRA TERCEIRO.
>
> I - O princípio constitucional *nemo tenetur se detegere*, insculpido no art. 5º, LXII, da *Lex Fundamentalis*, não alcança aqueles que comparecem em juízo com o propósito deliberado de produzir, falsamente, prova contra terceiros, ainda que, neste propósito, possam, acidentalmente, auto-incriminar-se.
>
> II - Assim, é típica a conduta de testemunha que, com intuito deliberado de produzir prova contra terceiro, agindo em conluio com o autor da ação, comparece em juízo, arrolado como testemunha pelo próprio comparsa, e faz afirmação falsa em processo judicial, ainda que tais afirmações possam, acidentalmente, lhe acarretar eventual auto-incriminação.
>
> III - Na espécie, o paciente, atuando em conluio com o autor de ação cível, com o propósito de produzir contra os réus naquele procedimento, foi arrolado como testemunha pelo próprio comparsa, tendo afirmado em juízo a idoneidade de documento particular por ele produzido, cujo conteúdo era sabidamente falso.
>
> Ordem denegada.[222]

Embora sejam pacíficas as jurisprudências tanto do STJ quanto do STF no sentido de ser atípica a conduta de testemunha que, para evitar autoincriminação cala, nega ou faz afirmação falsa, importa esclarecer que, no caso aqui sob comento, ressaltou o Ministro Relator, no seu voto, que:

---

[222] STJ - 5ª T., no REsp nº 402.470/AC, Rel. Min. Laurita Vaz, j. em 20.11.2003, DJ 15.12.2003.

> O retrospecto fático, então, evidencia que o paciente não agiu para evitar a auto-incriminação, mas sim compareceu em juízo com a intenção deliberada de produzir prova em desfavor de terceiro, agindo, na ocasião, em conluio com o autor da ação cível, que acabou, na mesma ação penal, também condenado pelo crime de uso de documento falso.
>
> Não se trata, assim, de testemunha que faz a declaração mendaz para afastar a auto-incriminação, pois diante de situação que não lhe possibilite outra alternativa, hipótese em que a atipicidade da conduta é manifesta e reconhecida, mas sim, de agente que, agindo em conluio com o autor da ação cível, com o propósito deliberado de produzir prova contra os réus naquele procedimento, comparece em juízo, arrolado como testemunha pelo próprio comparsa, para corroborar a veracidade de documento particular ideologicamente falso, do qual era autor e, com isso, robustecer o acervo probatório existente em desfavor dos réus, em franco desacato à boa administração da justiça.
>
> [...]
>
> Ainda que se diga que o paciente ao declarar a verdade, no caso, estaria de imediato assumindo a autoria de crime de falso, o fato é que não se pode desconsiderar, conforme dito, e vale aqui repisar, que o paciente, na hipótese em comento, atuava em conluio com o autor da ação ordinária, tendo sido arrolado como testemunha pelo próprio comparsa para que atestasse em juízo a idoneidade de documento particular por ele produzido, cujo conteúdo era, por ambos, sabidamente falso.
>
> [...]
>
> Percebe-se, portanto, que [...] na espécie, o paciente engendrou seu comparecimento em juízo, na condição de testemunha, para, dolosamente, conferir solidez à pretensão de seu comparsa, deduzida em ação cível.
>
> Assim, tenho que o princípio constitucional *nemo tenetur se detegere*, insculpido no art. 5º, LXIII, da *Lex Fundamentalis*, não alcança aqueles que comparecem em juízo com o propósito deliberado de produzir, falsamente, prova contra terceiros, ainda que, neste propósito, possam, acidentalmente, auto-incriminarem-se, razão pela qual é típica a conduta de testemunha que, com intuito deliberado de produzir prova contra terceiro, agindo em conluio com o autor de ação, comparece em juízo, arrolado como testemunha pelo próprio comparsa, e faz afirmação falsa em processo judicial, ainda que tais afirmações possam, acidentalmente, lhe acarretar eventual auto-incriminação.

De fato, uma coisa é a testemunha falsear a verdade para não se auto-incriminar, assim o fazendo apenas com esse propósito. Nessa hipótese, o princípio *nemo tenetur se detegere* tem inteira aplicabilidade.

Outra bem diferente é agir, dolosamente e de forma deliberada, com a única finalidade de produzir prova em desfavor de terceiro. Nessa situação, há de se flexibilizar o princípio *nemo tenetur se detegere*.

7.9 Princípio *nemo tenetur se detegere* a terceiro objeto de delação por parte de corréu

Na ordem constitucional brasileira, inspirada, segundo o Ministro Sepúlveda Pertence,[223] no ponto, pelo art. 32, 6, da Constituição portuguesa, a opção pelo repúdio à prova ilícita é inequívoco, a teor do que dispõe o seu art. 5º, inciso LVI, que assim dispõe: "São inadmissíveis no processo as provas obtidas por meios ilícitos".

Assim, a confissão, por exemplo, obtida a partir de uma prisão realizada ilegalmente, é prova ilícita e, como tal, invalida a condenação nela fundada. Nesse sentido, o STF já decidiu:

> Prova: obtenção ilícita, mediante prisão ilegal do indiciado – sem flagrante nem ordem judicial – e em razão dela; falta de justa causa para a condenação que se alicerçou na prova ilicitamente colhida.[224]

A referência a essa questão tem cunho meramente ilustrativo, para, a partir de então, dar início ao tema em epígrafe.

O STF tem enfrentado, em diversos casos submetidos à sua apreciação, o problema da prova obtida ilegalmente por meio de interceptação telefônica, cujo conteúdo normativo encontra-se editado pela Lei nº 9.296, de 24.07.1996. Em meio à miríade de julgamentos proferidos por essa Suprema Corte, entre muitas outras que comportariam aqui transcrições, uma delas, a qual se apresenta satisfatória ao nosso estudo temático, já que diz respeito, especificamente, sobre a não incidência do princípio do *nemo tenetur se detegere* no caso que indica, teve sua Ementa assim redigida:

> *Prova obtida por meios ilícitos: invocação do art. 5º, LVI da Constituição: improcedência: precedentes inaplicáveis.*
>
> 1. À espécie – gravação de conversa pessoal entre indiciados presos e autoridades policiais, que os primeiros desconheciam – não se poderia

[223] Afirmação contida no voto proferido no HC nº 80.949-9/RJ.

[224] STF – 1ª T., no HC nº 70.277-5/MG, Rel. Min. Sepúlveda Pertence, j. em 14.12.1993, DJ 18.03.1994.

> opor o princípio do sigilo das comunicações telefônicas – base dos precedentes recordados – mas, em tese, o direito ao silêncio (CF, artigo 5º, LXIII), corolário do princípio *nemo tenetur se detegere*, o qual, entretanto, não aproveita a terceiros, objeto da delação de co-réus; acresce que, no caso, à luz da prova, a sentença concluiu a hipótese que os indiciados estavam cientes da gravação e afastou a hipótese de coação psicológica.[225]

À luz da jurisprudência do STF, portanto, o princípio *nemo tenetur se detegere* não pode ser invocado pelo acusado, mesmo quando caracterizada a ilicitude da gravação ambiental de conversação entre indiciados presos e policiais.

7.10 Fraude processual: inovação do estado de lugar, de coisa ou de pessoa[226]

Alexandre Alves Nardoni e sua mulher Anna Carolina Trotta Peixoto Jatobá, foram denunciados pelo Ministério Público do Estado de São Paulo, através do Promotor de Justiça Francisco Cembranelli, como incursos nas sanções dos arts. 121, §2º, incisos III, IV e V e 347, parágrafo único, ambos do Código Penal (homicídio triplamente qualificado e fraude processual).

Segundo a denúncia, os acusados, no dia 29.03.2008, no interior do apartamento onde moravam, no Edifício London, localizado à Rua Santa Leocádia, na zona norte, na cidade de São Paulo, usando de recurso que impossibilitou a defesa da vítima e para assegurar a ocultação ou impunidade de outro crime, mataram Isabella Oliveira Nardoni (filha do denunciado e enteada da denunciada), à época com apenas cinco anos de idade, e, em ato contínuo, alteraram o estado do lugar do crime, com o fim de induzir em erro aqueles que deveriam investigar os fatos.

Noticiam ainda os autos do processo, que os acusados, depois de haverem asfixiado a vítima por meio de esganadura, a jogaram do 6º andar do edifício de onde foi projetada. Depois de regular instrução

---

225 STF – 1ª T., no HC nº 69.818-2/SP, Rel. Min. Sepúlveda Pertence, j. em 3.11.1992, DJ 27.11.1992.

226 Código Penal - "Art. 347. Inovar artificiosamente, na pendência de processo civil ou administrativo, o estado de lugar, de coisa ou de pessoa, com o fim de induzir a erro o juiz ou o perito. Pena – detenção, de 3 (três) meses a 2 (dois) anos, e multa. Parágrafo único. Se a inovação se destina a produzir efeito em processo penal, ainda que não iniciado, as penas aplicam-se em dobro."

criminal, o Juízo singular, admitindo a denúncia, pronunciou[227] os denunciados, a fim de serem os mesmos submetidos a julgamento pelo Tribunal do Júri. Na sentença de pronúncia, o Juiz Maurício Fossen, quanto ao crime de fraude processual, assim se manifestou:

> Por fim, quanto ao crime conexo de fraude processual previsto no art. 347, parágrafo único do Código Penal, por existirem indícios de sua prática e também de que os réus seriam seus autores, deve ser submetido também à apreciação do Tribunal do Júri.
>
> Isto porque o laudo pericial realizado no local do crime, poucas horas após este ter ocorrido, tendo permanecido preservado pela Polícia Militar, conforme os padrões normativos para tanto, até a chegada da perícia técnica, revelou que várias manchas de sangue detectadas no chão do apartamento de onde a vítima foi defenestrada, além de apresentarem aspecto recente, teriam sido parcialmente removidos por limpeza e que somente com a utilização de reagente policial (*bluestar*) puderam ser visualizadas, com especial destaque para uma área na sala do apartamento, próximo ao braço direito do sofá em L ali disposto, junto à parede lateral esquerda, onde foi constatada a presença de manchas de sangue em maior profusão, o que teria inclusive levado os peritos a concluírem que a vítima teria sido colocada naquele local, sentada, com as pernas fletidas sobre o piso, o que se justificaria pela maior quantidade de sangue naquele local.
>
> Esta mesma perícia técnica também constatou a existência de uma fralda de algodão, a qual foi encontrada na área de serviço do apartamento, no interior de um balde, em processo de lavagem, sendo que, quando submetida a exames específicos, apresentou resultado que indica a possibilidade das amostras analisadas conterem a suposta ocorrência do crime de fraude processual.
>
> Portanto, como se vê, estas provas técnicas indicam que pode, sim, ter ocorrido uma tentativa de alteração da cena do crime com o objetivo de tentar induzir os peritos e o Juízo a erro, já que aquelas manchas de sangue seriam extremamente relevantes para revelar algumas características do crime que viria a ser apurado.
>
> Outrossim, como os réus não foram capazes de demonstrar, de forma absolutamente segura e estreme de dúvidas, a tese sustentada por eles de que uma terceira pessoa teria entrado no apartamento e praticado o crime de homicídio contra a vítima Isabella e, a reboque, imputar a ele a prática deste delito conexo de fraude processual, o que ainda deverá ser objeto de debate entre as partes em Plenário, conclui-se que há, também,

[227] Código de Processo Penal brasileiro: "Art. 413. O juiz, fundamentadamente, pronunciará o acusado, se convencido da materialidade do fato e da existência de indícios suficientes de autoria ou de participação" (Redação dada pela Lei nº 11.689, de 9.06.2008).

> indícios de autoria em relação aos réus, mesmo porque nenhum vestígio de arrombamento foi constatado no local.
>
> Cabe, dessa forma, ao Tribunal do Júri se debruçar sobre estas provas e as demais que compõem o conjunto probatório produzido nestes autos, com o auxílio dos debates que serão promovidos em Plenário pelas partes, e assim, ao final, emitir um juízo de valor sobre a ocorrência ou não daquele crime conexo de fraude processual e, em caso positivo, se os réus foram ou não seus autores.
>
> O certo é que, por ora, tais elementos de prova se mostram mais do que suficientes a demonstrar a presença dos requisitos necessários para que a acusação seja admitida em relação a este delito conexo de fraude processual que também foi atribuído aos réus, remetendo assim seu julgamento, juntamente com o crime principal de homicídio, ao conhecimento do Tribunal do Júri.

Irresignados com a decisão de pronúncia, os acusados interpuseram Recurso em Sentido Estrito[228] perante o Tribunal de Justiça de São Paulo, o qual, julgando improcedente a insurgência, negou provimento ao recurso. Contra essa decisão do TJ/SP, os acusados impetraram *habeas corpus* junto ao Superior Tribunal de Justiça,[229] objetivando o trancamento da ação penal em relação ao crime de fraude processual, alegando, em síntese, entre outras fundamentações, naquilo, repita-se, que nos interessa mais de perto aqui apreciar, que não pode ser autor do crime de fraude processual aquele a quem é imputado o delito que se tenta encobrir, porquanto ninguém é obrigado a produzir prova contra si mesmo. O STJ, em data de 1º.12.2009, denegou a ordem, cuja Ementa do Acórdão restou assim vazada:

> *HABEAS CORPUS* PREVENTIVO. IMPUTAÇÃO DE HOMICÍDIO TRIPLAMENTE QUALIFICADO E FRAUDE PROCESSUAL. TRANCAMENTO DA AÇÃO QUANTO AO SEGUNDO DELITO. PROVA DA MATERIALIDADE E INDÍCIOS SUFICIENTES DE AUTORIA. CRIME CONEXO. COMPETÊNCIA DO TRIBUNAL DO JÚRI POPULAR. DIVERSIDADE DOS BENS JURIDICAMENTE PROTEGIDOS. PARECER DO MPF PELO NÃO CONHECIMENTO DO HC OU CONCESSÃO DA ORDEM. ORDEM DENEGADA, NO ENTANTO.
>
> 1. A pretensão de excluir da decisão de pronúncia o crime de fraude processual (art. 347 do CPB) não foi submetida às instâncias ordinárias;

[228] Código de Processo Penal brasileiro: "Art. 581. Caberá recurso, no sentido estrito, da decisão, despacho ou sentença: IV - que pronunciar o réu" (Redação dada pela Lei nº 11.689, de 9.06.2008).

[229] HC nº 137.206/SP – 5ª Turma, Rel. Min. Napoleão Nunes Maia Filho.

> contudo, pronunciados os acusados de homicídio (art. 121 do CPB) também por esse crime, em conexão com aquele, pode esta Corte apreciar o pedido, inclusive para evitar novos e reiterados questionamentos.
>
> 2. O parágrafo único do art. 347 do CPB é autônomo em relação ao seu *caput*. Embora reflita uma causa de aumento de pena, o faz especificamente para o caso de a inovação artificiosa ocorrer em processo penal, sendo desnecessária a instauração de qualquer procedimento civil ou administrativo, para a sua caracterização.
>
> 3. O delito de fraude processual não se confunde com o outro crime que esteja em apuração (neste caso, o de homicídio qualificado); é diverso o bem jurídico cogitado nesse tipo penal (a administração da Justiça), resguardando-se a atuação dos agentes judiciários contra fatores estranhos, capazes de comprometer a lisura da prova ou a correção do pronunciamento judicial futuro, estorvando ou iludindo o seu trâmite.
>
> 4. A fraude processual é crime comum e formal, não se exigindo para a sua consumação, que o Juiz ou o perito tenham sido *efetivamente induzidos a erro*, bastando que a inovação seja apta, num primeiro momento, a produzir tal resultado, podendo o crime ser cometido por qualquer pessoa que tenha, ou não, interesse no processo.
>
> 5. O direito à não auto-incriminação não abrange a possibilidade de os acusados alterarem a cena do crime, inovando o estado de lugar, de coisa ou de pessoa, para, criando artificiosamente outra realidade, levar peritos ou o próprio Juiz a erro de avaliação relevante.
>
> 6. Embora se postule neste HC a irresponsabilidade penal quanto à fraude processual, a coerência jurídica aponta que a pretensão final é relativa ao crime de homicídio; assim, acaso vinguem os prognósticos da defesa (e nesse estágio não há de se desiludi-la), nenhum empecilho sobrará à investigação da fraude processual e de seus autores.
>
> 7. Somente se poderia afastar o crime de fraude processual imputado aos réus, se a sua conduta fosse manifestamente atípica ou se inexistente qualquer indícios de prova de autoria; na decisão de pronúncia (art. 314 do CPP), o Juiz expressou a sua fundada e justa convicção quanto à necessidade de submeter os acusados ao Tribunal do Júri Popular, competente para julgar os crimes dolosos contra a vida e os que lhes estejam eventualmente conexos. Precedentes.
>
> 8. Ordem denegada, não obstante o parecer ministerial em sentido contrário.

Do voto do Ministro Relator, Napoleão Nunes Maia Filho, colhe-se:

> 11. Uma coisa é o direito à não auto-incriminação. O agente de um crime não é obrigado a permanecer no local do delito, a dizer onde está a arma utilizada ou a confessar. Outra, bem diferente, todavia,

é alterar a *cena do crime, inovando o estado de lugar, de coisa ou de pessoa, para, criando artificiosamente outra realidade ocultar, induzir peritos ou o Juiz a erro* (grifo nosso).

Vê-se que o STJ, nesse caso, afirmou que a garantia constitucional contra a autoincriminação não abrange a possibilidade de o acusado alterar o cenário do ambiente onde ocorreu o delito, em qualquer hipótese, sob pena de ser responsabilizado pela prática do crime de fraude processual previsto no art. 347, do Código Penal brasileiro.

Ao emitir parecer naquele *habeas corpus*, o Ministério Público Federal, em data de 2.07.2009, pela pena do Subprocurador-Geral da República Eugênio José Guilherme de Aragão, divergiu do STJ e assim o fez nos seguintes termos:

> Têm razão os impetrantes quando apontam para a inviabilidade jurídica de se atribuir a prática do crime a agente que altera provas no local do crime que ainda estão sob o seu domínio, eis que, enquanto a autoridade policial não chega ao local do crime para tomar notas e assegurar a cena do delito, as supostas provas estão sob disponibilidade do agente e lhe pertencem. Incide na espécie a garantia constitucional contra a auto-incriminação, decorrente do direito à presunção de inocência insculpida no tratado internacional denominado Pacto de São José da Costa Rica, também conhecido como Convenção Americana de Direitos Humanos, da qual o Brasil é signatário, em seu art. 8º, item 1, alínea "g".
>
> Portanto, se as provas ainda estavam sob o domínio do imputado, sem que o Estado tenha tomado as providências previstas no Código de Processo Penal (artigo 169 do CPP)[230] para assegurar o local do crime, não se pode exigir do imputado que se mantenha inerte, deixando intacta a cena do crime, ainda que sob o risco de se auto-incriminar. Da mesma forma, apenas para exemplificar, seria o caso de um acusado de homicídio ser obrigado a permanecer com a arma utilizada para o crime e a entregá-la à autoridade policial, sob pena de responder, também, pelo crime de fraude processual.
>
> Por óbvio que diversa seria a situação se as provas já estivessem sob o poder do Estado, quando, então, o agente não poderia se socorrer da discriminante extralegal. Se, por exemplo, o imputado ou seu defensor tiverem acesso à prova já coletada em autos ou apartado e aproveitarem esse acesso para inová-la, podem sim, incidir no tipo em questão, pois já não mais detêm o domínio da prova.

[230] "Art. 169. Para o efeito de exame do local onde houver sido praticada a infração, a autoridade providenciará imediatamente para que não se altere o estado das coisas até a chegada dos peritos, que poderão instruir seus laudos com fotografias, desenhos ou esquemas elucidativos."

Parte da doutrina brasileira concorda com aquela jurisprudência do STJ. É o caso, por exemplo, de Renato Brasileiro de Lima, o qual, ao comentá-la, transcrevendo-a, em parte, registrou:

> O direito à não auto-incriminação não abrange a possibilidade de os acusados alterarem a cena do crime, inovando o estado de lugar, de coisa ou de pessoa, para, criando artificiosamente outra realidade, levar peritos ou o próprio Juiz a erro de avaliação relevante.[231]

Outra parte da doutrina brasileira, porém, não comunga com aquele entendimento jurisprudencial do STJ, acorde, assim, com a manifestação ministerial aqui transcrita. A propósito, entende Rogério Greco, que se o réu,

> com a finalidade de se defender, vier a inovar artificiosamente o estado de lugar, de coisa ou de pessoa com o fim de induzir a erro o juiz ou o perito [...] deverá ser entendido como fazendo parte do seu direito à autodefesa", não podendo, pois, ser responsabilizado pelo crime de fraude processual.[232]

De igual modo, pontua Guilherme de Souza Nucci,

> cremos fazer parte do direito de autodefesa do réu a inovação de certas coisas (como a modificação das características da arma utilizada para o homicídio, por exemplo, para não ser apreendida), de determinado lugares (a arrumação da casa, lavando-se manchas de sangue, após o cometimento do delito) ou de pessoas (buscar alterar a própria feição para não ser reconhecido. O crime destina-se, portanto, àquele que não é réu, diretamente envolvido no processo, mas busca alterar o estado de coisa, lugar ou pessoa para levar a erro o magistrado ou o perito. [233]

Ressalta Nucci, porém, que "há limite para a utilização da autodefesa, quando a inovação de lugar implica, por exemplo, o cometimento de delito mais grave, como a ocultação de cadáver. Este último tem objeto jurídico diverso, que é o respeito à memória do morto, a merecer

---

231 LIMA, Renato Brasileiro de. *Código de Processo Penal comentado*. 5. ed. Salvador: Juspodivm, 2020. p. 576.

232 GRECO, Rogério. *Código Penal Comentado*. Niterói: Impetus, 2008. p. 1400.

233 NUCCI, Guilherme de Souza. *Código Penal comentado*. 20. ed. Rio de Janeiro: Forense, 2020b. p. 1302.

sepultamento digno, além de possuir pena mais grave (reclusão, de um a três anos, e multa)".[234]

A nosso sentir, faz parte do instinto natural de defesa o comportamento do agente que inova o estado de lugar, de coisa ou de pessoa, logo após a prática do delito, antes, pois, da chegada da polícia ou dos peritos ao local, especialmente quando o cenário do ambiente delituoso ainda está sob o seu domínio, mesmo que assim o faça com o propósito de fazer desaparecer os vestígios do crime, a fim de produzir efeito em processo penal.

Esse comportamento está amparado no direito à autodefesa. Não nos parece crível exigir-se que alguém, após a prática de um crime, mantenha incólume o local, não alterando o estado de lugar ou de coisa no ambiente. Pensamos que a conduta do agente inovando o estado de lugar, de coisa ou de pessoa, criando artificiosamente outra realidade, para induzir a erro o juiz e/ou o perito, está amparada pelo direito de autodefesa e, nessa hipótese, o princípio *nemo tenetur se detegere* tem incidência.

Nesse contexto, nos filiamos à manifestação ministerial alhures transcrita, ressalvada, porém, a lúcida observação feita por Guilherme de Souza Nucci, segundo a qual, repita-se, "há limite para a utilização da autodefesa, quando a inovação de lugar implica, por exemplo [...] a ocultação de cadáver [...], porquanto possui 'objeto jurídico diverso'".[235]

7.11 Ocultação de substância entorpecente

A circunstância de o agente ocultar substância entorpecente por si conduzida, para não ser a droga localizada pelas autoridades policiais, não pode ter a pena agravada quando da lavratura da sentença penal condenatória, por força do princípio *nemo tenetur se detegere*.

> *HABEAS CORPUS*. TRÁFICO DE DROGAS. DOSIMETRIA. PENA-BASE. FIXAÇÃO ACIMA DO MÍNIMO LEGAL. AUSÊNCIA DE FUNDAMENTAÇÃO CONCRETA. UTILIZAÇÃO DE ELEMENTARES DO TIPO. CONSTRANGIMENTO ILEGAL EVIDENCIADO. REPRIMENDA REDUZIDA.

---

[234] NUCCI, Guilherme de Souza. *Código Penal comentado*. 20. ed. Rio de Janeiro: Forense, 2020b.

[235] NUCCI, Guilherme de Souza. *Código Penal comentado*. 20. ed. Rio de Janeiro: Forense, 2020b.

> 1. [...]
> 2. A alegação de que as circunstâncias do delito foram desfavoráveis, visto que a agente tentou ocultar a droga, dificultando o trabalho da polícia, não é de molde a autorizar o aumento procedido na primeira etapa da dosimetria, sob pena de malferir princípio da não auto-incriminação – *Nemo tenetur se detegere* –, segundo o qual ninguém é obrigado a produzir prova contra si mesmo.[236]

Com esse entendimento, o STJ, julgando *habeas corpus* impetrado pela Defensoria Pública do Estado do Mato Grosso do Sul, em favor de pessoa condenada pela prática do crime de tráfico de substância entorpecente, tipificado no art. 33, *caput*, e §4º, c/c art. 40, inciso V, ambos da Lei nº 11.343/2006, diminuiu a pena imposta à paciente, seguindo o voto do Ministro Relator, Jorge Mussi, o qual, em passagem que nos interessa aqui abordar, destacou:

> No que se refere às circunstâncias do delito, afirmou o juiz sentenciante que estas seriam desfavoráveis à paciente, *"vez que tentou ocultar a droga, seja em vestes ou embaixo do banco do ônibus que viajava, dificultando o trabalho de elucidação da polícia"* (fl. 73), argumento que, igualmente, não é de molde a autorizar o aumento procedido na primeira etapa da dosimetria, sob pena de malferir princípio da não auto-incriminação – *Nemo tenetur se detegere* –, segundo o qual ninguém é obrigado a produzir prova contra si mesmo, garantido pelo art. 8º da Convenção Americana de Direitos Humanos, mais conhecido como *Pacto de San Jose da Costa Rica*, internalizado em nosso país através do decreto n. 678/92, a qual o Supremo Tribunal Federal atribuiu o caráter de supralegalidade (grifo nosso).

7.12 Exames periciais

7.12.1 Padrões gráficos

O art. 174, inciso IV, do Código de Processo Penal brasileiro, estabelece:

> Art. 174. No exame para o reconhecimento de escritos, por comparação de letra, observar-se-á o seguinte:
>
> [...]

[236] STJ – 5ª T., no HC nº 139.535/MS, Rel. Min. Jorge Mussi, j. em 18.05.2010, DJ 7.06.2010.

> IV - quando não houver escritos para a comparação ou forem insuficientes os exibidos, a autoridade mandará que a pessoa escreva o que lhe for ditado. Se estiver ausente a pessoa, mas em lugar certo, esta última diligência poderá ser feita por precatória, em que se consignarão as palavras que a pessoa será intimada a escrever.

O STF, porém, por força do princípio *nemo tenetur se detegere*, decidiu ser

> fora de dúvida que o dispositivo do inciso IV do art. 174 do Código de Processo Penal há de ser interpretado no sentido de não poder ser o indiciado compelido a fornecer padrões gráficos do próprio punho, para os exames periciais, cabendo apenas ser intimado para fazê-lo a seu alvedrio.[237]

Do respectivo Acórdão, extrai-se a seguinte Ementa:

> *HABEAS CORPUS*. CRIME DE DESOBEDIÊNCIA. RECUSA A FORNECER PADRÕES GRÁFICOS DO PRÓPRIO PUNHO, PARA EXAMES PERICIAIS, VISANDO A INSTRUIR PROCEDIMENTO INVESTIGATÓRIO DO CRIME DE FALSIFICAÇÃO DE DOCUMENTO. *NEMO TENETUR SE DETEGERE*.
>
> Diante do princípio *nemo tenetur se detegere*, que informa o nosso direito de punir, é fora de dúvida que o dispositivo do inciso IV do art. 174 do Código de Processo Penal há de ser interpretado no sentido de não poder ser o indiciado compelido a fornecer padrões gráficos do próprio punho, para os exames periciais, cabendo apenas ser intimado para fazê-lo a seu alvedrio.
>
> É que a comparação gráfica configura ato de caráter essencialmente probatório, não se podendo, em face do privilégio de que desfruta o indiciado contra a auto-incriminação, obrigar o suposto autor do delito a fornecer prova capaz de levar à caracterização de sua culpa.
>
> Assim, pode a autoridade não só fazer requisição a arquivos ou estabelecimentos públicos, onde se encontrem documentos da pessoa a qual é atribuída a letra, ou proceder a exame no próprio lugar onde se encontrar o documento em questão, ou ainda, é certo, proceder à colheita de material, para o que intimará a pessoa, a quem se atribui ou pode ser atribuído o escrito, a escrever o que lhe for ditado, não lhe cabendo, entretanto, ordenar que o faça, sob pena de desobediência, como deixa transparecer, a um apressado exame, o CPP, no inciso IV do art. 174" (STF – 1ª T., no HC nº 77.135-8/SP, Rel. Min. Ilmar Galvão, j. em 8.09.1998, DJ06.11.1998).

---

237 STF – 1ª T., no HC nº 77.135-8/SP, Rel. Min. Ilmar Galvão, j. em 8.09.1998, DJ 6.11.1998.

Parte da doutrina brasileira concorda com a interpretação feita pelo STF.

Guilherme de Souza Nucci, a propósito, assentou:

> Ninguém é obrigado, segundo emana do sistema constitucional e é reconhecido pelo Supremo Tribunal Federal, a produzir prova contra si mesmo. Portanto, se o investigado é o suspeito ou indiciado, conforme orientação de sua defesa, pode preferir não fornecer o material para o exame ser realizado. Tal conduta jamais poderá ser considerada crime de desobediência, do contrário estar-se-ia subvertendo a ordem jurídica, obrigando o indivíduo a produzir prova contra seu interesse.[238]

Ainda a esse respeito, Nucci confirmou:

> Não está o réu obrigado a fornecer material de próprio punho para a realização de exame grafotécnico caso entenda que tal prova lhe é prejudicial.[239]

Associada àquela corrente, Cristina Di Gesu endossou:

> Conforme Lopes Jr., o "direito de silêncio é apenas uma manifestação de uma garantia muito maior, esculpida no princípio *nemo tenetur se detegere*, segundo a qual o sujeito passivo não pode sofrer nenhum prejuízo jurídico por omitir-se de colaborar em uma atividade probatória da acusação ou por exercer seu direito de silêncio quando interrogado" e acrescenta que "do exercício do direito ao silêncio não pode nascer nenhuma presunção de culpabilidade ou qualquer tipo de prejuízo jurídico ao imputado, na medida em que no processo penal só há presunção de inocência." Por conseqüência, qualquer tipo de recusa não autoriza presumir-se a culpabilidade, muito menos pode configurar delito de desobediência.
>
> Portanto, o princípio da não auto-incriminação decorre não só de poder calar no interrogatório, como também do fato de o imputado não poder ser compelido a participar de acareações, de reconhecimentos, de reconstituições, de fornecer material para exames periciais, tais como exame de sangue, de DNA ou de escrita, incumbindo a acusação desincumbir-se do ônus ou carga probatória de outra forma.[240]

[238] NUCCI, Guilherme de Souza. *Código de Processo Penal comentado*. 9. ed. São Paulo: Revista dos Tribunais, 2009. p. 395.

[239] NUCCI, Guilherme de Souza. *Curso de Direito Processual Penal*. 21. ed. Rio de Janeiro: Forense, 2024b. p. 411 e 430-431.

[240] GESU, Cristina di. *Prova penal e falsas memórias*. Rio de Janeiro: Lumen Juris, 2010. p. 50.

Sobre essa questão, Norberto Avena pontuou:

> A garantia do *nemo tenetur se detegere* também conduz à inconstitucionalidade a previsão do art. 174, IV, do CPP, ao dispor que, se a autoridade policial ou judiciária necessitar de material escrito contendo a grafia do acusado, poderá *"mandar"* que este escreva o que lhe for ditado. Em verdade, poderá apenas *"solicitar"* ao investigado ou ao acusado a produção desse tipo de prova, mas não constrangê-lo a tanto.[241]

Outra parte da doutrina nacional, no entanto, fez contundente crítica à aludida decisão do STF. Foi o caso de Eugênio Pacelli de Oliveira, o qual assim objetou:

> A decisão da Suprema Corte, *data venia*, é absolutamente inconsistente. Não há razão alguma para o não fornecimento de padrões gráficos para a realização de um exame pericial grafotécnico. Em primeiro lugar, porque a diligência, em nenhum momento, poderia atingir qualquer direito fundamental do acusado; no particular, não se pode argumentar que ele estaria sendo tratado como culpado, pois, fosse assim, sequer poderia haver a instauração de ação penal. Essa, por si só, já atinge o estado de dignidade da pessoa. Não obstante, a persecução penal é perfeitamente justificada e por diversos fundamentos.
>
> Em segundo lugar, é de se notar que o material fornecido, além de não causar qualquer dano ao acusado, deverá se submeter ainda à prova judiciária, podendo o acusado sobre ela exercer o direito ao contraditório e da ampla defesa. Numa palavra: a prova pericial seria ainda objeto de confrontação dialética, podendo ser impugnada sob todos os seus vários aspectos, incluindo sua eficiência em relação aos demais elementos probatórios acaso existentes, e sobretudo, no que se refere à idoneidade técnica de uma perícia dessa natureza.[242]

Convencido do acerto de seu pensamento, Eugênio Pacelli de Oliveira, criticando as vedações impostas à realização de alguns exames ou perícias, sob o argumento da prevalência do privilégio contra a autoincriminação, assim se expressou:

> Por isso, não nos parece justificadas as vedações de exigência de fornecimento de padrões gráficos, conforme art. 174, CPP; do teste do bafômetro, conforme art. 277, da Lei n. 9.503; da submissão ao

---

241 AVENA, Norberto. *Processo Penal*. 12. ed. Rio de Janeiro: Método, 2020. p. 120.

242 OLIVEIRA, Eugênio Pacelli de. *Processo e Hermenêutica na Tutela Penal dos Direitos Fundamentais*. Belo Horizonte: Del Rey, 2004. p. 213.

> reconhecimento pessoal (art. 226, CPP) e a coleta de impressões digitais e de fotografia, nos termos do art. 1º e 3º, da Lei n. 10.054/00. Em todas essas hipóteses, admitidas em praticamente todas as legislações do mundo ocidental, além de haver expressa previsão legal, não haverá, à evidência, afetação à dignidade ou da personalidade do acusado, e nem à sua integridade física, que vem a ser justamente o objeto de tutela constitucional.[243]

É do mesmo Eugênio Pacelli de Oliveira a observação, em manifesta divergência, que a doutrina processual penal brasileira atribui

> ao *nemo tenetur se detegere* uma verdadeira *imunidade corporal*, não reduzida ao direito *de não ser obrigado a depor contra si mesmo, nem a confessar-se culpado*, como expressamente se contém no art. 8º, 2, g, da Convenção Americana sobre Direitos Humanos, ou ao direito *de não ser obrigado a testemunhar contra si mesma ou confessar-se culpada*, consoante se tem no art. 14, 3, g, do Pacto Internacional sobre os Direitos Civis, mas, como dito, uma verdadeira imunidade corporal.[244]

Apoiando essa dissidência, Marcelo Schirmer Albuquerque reforça o entendimento segundo o qual doutrina e jurisprudência brasileiras

> não conseguem (re)visitar velhas certezas que, entretanto, jamais restaram cientificamente justificadas, seja histórica, seja teleologicamente. Assim agindo, dão ao *nemo tenetur se detegere* [...] uma conotação de verdadeira imunidade em face da atividade probatória, que não encontra respaldo nos documentos internacionais sobre direitos humanos, que se limitam a afirmar que "ninguém será submetido a tortura, nem a tratamento ou castigo cruel, desumano ou degradante" (art. 5º, DUDH), a afiançar a toda pessoa acusada um "julgamento público no qual lhe tenham sido asseguradas todas as garantias necessárias à sua defesa" (art. 11, DUDH) ou, no máximo, a reconhecer seu direito "de não ser obrigada a depor contra si mesma, nem a confessar-se culpada" (art. 8º, 2, *g*, CADH).[245]

Para nós, à luz do privilégio contra a autoincriminação, consagrado pela Constituição Federal como Direito Fundamental, a razão

---

[243] OLIVEIRA, Eugênio Pacelli de. *Processo e Hermenêutica na Tutela Penal dos Direitos Fundamentais*. Belo Horizonte: Del Rey, 2004. p. 221-222.

[244] OLIVEIRA, Eugênio Pacelli de. *Processo e Hermenêutica na Tutela Penal dos Direitos Fundamentais*. Belo Horizonte: Del Rey, 2004. p. 210-211.

[245] ALBUQUERQUE, Marcelo Schirmer. *A garantia de não auto-incriminação*: extensão e limites. Belo Horizonte: Del Rey, 2008. p. 58-59.

está com o STF e com os doutrinadores que com o Pretório Excelso se filiam. De fato, responsabilizar alguém por crime de desobediência em razão de sua recusa no fornecimento, de próprio punho, de sua grafia, para fins de exame pericial, fere o princípio *nemo tenetur se detegere*.

7.12.2 Padrões vocais

De acordo com o STF, por força da garantia constitucional que confere ao agente o direito de não produzir prova contra sua pessoa, não se lhe pode obrigar a fornecer padrões vocais para subsidiar prova pericial que eventualmente possa vir a ser aproveitada em seu desfavor.

> *HABEAS CORPUS*. DENÚNCIA. ART. 14 DA LEI Nº 6.368/76. REQUERIMENTO, PELA DEFESA, DE PERÍCIA DE CONFRONTO DE VOZ EM GRAVAÇÃO DE ESCUTA TELEFÔNICA. DEFERIMENTO PELO JUIZ. FATO SUPERVENIENTE. PEDIDO DE DESISTÊNCIA PELA PRODUÇÃO DA PROVA INDEFERIDO. 1. O privilégio contra a auto-incriminação, garantia constitucional, permite ao paciente o exercício do direito de silêncio, não estando, por essa razão, obrigado a fornecer os padrões vocais necessários a subsidiar prova pericial que entende lhe ser desfavorável. 2. Ordem deferida, em parte, apenas para, confirmando a medida liminar, assegurar ao paciente o exercício do direito de silêncio, do qual deverá ser formalmente advertido e documentado pela autoridade designada para a realização da perícia".[246]

Contrapondo-se a esse entendimento jurisprudencial, Eugênio Pacelli de Oliveira, para quem, ressalte-se, "a previsão constitucional instituída como garantia fundamental não vai além da afirmação do direito de permanecer calado, conforme art. 5º, LXIII, da Constituição Federal",[247] já que "a radicalização ou a absolutização de tal direito o colocaria em posição superior a qualquer outro interesse ou direito, individual, coletivo ou público, o que, para além de equívoco hermenêutico, não se justifica enquanto direito",[248] registra:

> Não existe uma garantia processual de *não participação*, a não ser quando puder ser justificada pelo risco de lesão a direitos fundamentais. Mas,

246 STF, 2ª T., no HC nº 83.096/RJ, Rel. Min. Ellen Gracie, j. em 18.11.2003, DJ 12.12.2003, p. 89.

247 OLIVEIRA, Eugênio Pacelli de. *Processo e Hermenêutica na Tutela Penal dos Direitos Fundamentais*. Belo Horizonte: Del Rey, 2004. p. 207

248 OLIVEIRA, Eugênio Pacelli de. *Processo e Hermenêutica na Tutela Penal dos Direitos Fundamentais*. Belo Horizonte: Del Rey, 2004. p. 215.

> nesse caso, não se tratará mais do direito ao silêncio, mas de outro, de natureza material, em risco de ser atingido. A prevalecer essa tese, poderíamos nos defrontar com situações bastante curiosas, a saber: colhida uma prova por meio de escuta ambiental – gravação sonora – de um encontro envolvendo vários membros de determinada organização, tendo como pauta da reunião a realização, futura e passada, de diversos delitos, prova essa *autorizada judicialmente*, a identificação dos participantes da quadrilha, no caso de impossibilidade de prisão em flagrante, poderia ser validamente inviabilizada pela recusa posterior de fornecimento de padrão de voz para testes periciais.
>
> É dizer: o direito à privacidade e à intimidade já teria sido franqueado pela escuta e gravação das conversas, mas a demonstração da autoria poderia ser dificultada por uma proteção genérica do direito ao silêncio. Mais. Se o direito ao silêncio permite a recusa de qualquer atitude *ativa* por parte do acusado, não se pode também conduzi-lo coercitivamente ao Judiciário para que seja feito o reconhecimento judicial por testemunha, como prevê o art. 260 do CPP.
>
> Afinal, quem pode se recusar a fornecer padrões gráficos, a fornecer padrões sonoros (de voz), pode também se recusar a dirigir voluntariamente ao juízo. E se a autorização para a adoção de uma atitude passiva chega a tal ponto, não se pode permitir a violação pela condução coercitiva, para fins de reconhecimento.
>
> Ou seja, a radicalização ou absolutização de tal direito o colocaria em posição superior a qualquer outro interesse ou direito, individual, coletivo ou público, o que, para além do equívoco hermenêutico, não se justifica enquanto Direito.[249]

Em sentido semelhante, Carlos Henrique Borlindo Haddad defende que o princípio *nemo tenetur se deterge* somente pode ser invocado quando for exigido do acusado uma colaboração ativa, sendo este direito afastado quando lhe for requerido apenas uma sujeição passiva, onde não será necessário que o mesmo adote nenhuma atitude, mas apenas tolere a ação de agentes estatais.[250]

Desse modo, para nós, em situação, por exemplo, na qual se pretende uma perícia para comparar a voz do acusado, quando já expressa em seu interrogatório, ainda que seja somente quando de sua qualificação,[251] ou noutra fase processual em que o mesmo tenha sido

---

[249] OLIVEIRA, Eugênio Pacelli de. *Processo e Hermenêutica na Tutela Penal dos Direitos Fundamentais*. Belo Horizonte: Del Rey, 2004. p. 214-215.

[250] HADDAD, Carlos Henrique Borlindo. *Conteúdos e contornos do princípio contra a autoincriminação*. Campinas: Bookseller, 2005. p. 75-84.

[251] O art. 186, do CPP, prevê que "depois de devidamente qualificado e cientificado do inteiro teor da acusação, o acusado será informado pelo juiz, antes de iniciar o interrogatório, do

auscultado, com padrões sonoros constantes de outro instrumento (áudio ou vídeo sem imagens), a fim de comprovar tratar-se da mesma pessoa, não há de prevalecer a invocação do princípio *nemo tenetur se detegere*.

Assim, nos filiamos, nesse ponto específico, ao posicionamento de Eugênio Pacelli de Oliveira, quando o mesmo afirma que não se compreende como a exigência de fornecimento de padrões gráficos, ou, no exemplo dado, de padrões de voz, poderiam causar dano à integridade corporal ou à dignidade do acusado.[252]

Relembre-se, nesse contexto, que a estrutura de "princípio", como preconizam as doutrinas nacionais e estrangeiras, contém "*mandamentos de otimização*"[253] e uma razão para as decisões, mas comporta restrições que surgem em situações concretas de colisão com outros princípios, especialmente aqueles correlatos à proteção dos direitos coletivos, já que princípios, ao contrário das regras, conforme leciona Robert Alexy em sua clássica "Teoria dos Direitos Fundamentais", nunca são razões definitivas.

Outrossim, é verdade que a condução coercitiva para fins de interrogatório, como bem assinalado por Roberto Delmanto Júnior, "de nada adianta o acusado ser apresentado sob vara e, depois de todo esse desgaste, silenciar. Se ele não atende ao chamamento judicial, é porque deseja, ao menos no início do processo, calar".[254]

Sobre a determinação judicial de condução coercitiva do acusado para fins de interrogatório, relembre-se a posição de Guilherme de Souza Nucci, a saber:

> É viável a determinação judicial de condução coercitiva para o momento do interrogatório, mas única e tão somente quando o magistrado deseje realizar o interrogatório de qualificação, pois tem dúvida quanto à identidade do réu. No mais, não tem o menor sentido determinar a

---

seu direito de permanecer calado e de não responder perguntas que lhe forem formuladas", ou seja, a qualificação se transfigura como ato anterior ao início do interrogatório, não podendo, em relação a ela, especificamente, optar o réu por permanecer em silêncio, de modo que, ao menos o trecho da qualificação, poderá ser utilizado para fins de uma eventual pretensão de comparação de padrões vocais.

252 OLIVEIRA, Eugênio Pacelli de. *Processo e Hermenêutica na Tutela Penal dos Direitos Fundamentais*. Belo Horizonte: Del Rey, 2004. p. 215.

253 ALEXY, Robert. *Teoria dos Direitos Fundamentais*. Tradução de Virgílio Afonso da Silva. São Paulo: Malheiros, 2008. p. 90, 92-94 e 117.

254 DELMANTO JUNIOR, Roberto. *Inatividade no Processo Penal Brasileiro*. São Paulo: Revista dos Tribunais, 2004. v. 7. (Coleção Estudos de Processo Penal Prof. Joaquim Canuto Mendes de Almeida). p. 192-193.

> condução coercitiva (ato violento por natureza) para que o acusado, conhecido e perfeitamente identificado, invoque o direito ao silêncio.[255]

Porém, no tocante aos demais atos do processo que, sem ele (acusado), não possa ser realizado, incluindo-se, por óbvio, sua presença para fins de reconhecimento por terceiro, explica Guilherme de Souza Nucci que o direito ao silêncio

> foi consagrado na Constituição Federal brasileira, expressamente, sem qualquer tipo de condição: "o preso será informado de seus direitos, entre os quais o *de permanecer calado*, sendo-lhe assegurada a assistência da família e de advogado" (art. 5º, LXII, CF – grifamos). Não se inseriu no texto constitucional qualquer ressalva, como, por exemplo, "o de permanecer calado, na forma da lei".
>
> Diante disso, é garantia individual sem restrições. Quanto às demais provas, para as quais for convocado a auxiliar na produção, certamente não é obrigado a colaborar, pois ninguém é obrigado a se auto-incriminar, o que decorre da garantia constitucional da ampla defesa. Entretanto, não impede que o juiz leve em consideração a recusa, considerando-a um indício. Não será definitiva a negativa do réu em participar do reconhecimento. Tal gesto não poderá ser prova direta de culpa, embora sirva para formar elemento de auxílio ao convencimento do magistrado, não fosse, como já dissemos, a expressa garantia constitucional, que não pode ser contrariada.
>
> Enfim, excetuando-se o direito de permanecer calado, que é absoluto, de não se auto-incriminar, implícito que está na Constituição, deve ser igualmente respeitado, mas não de maneira absoluta, impedindo-se o juiz de levar em conta a omissão do réu em colaborar na formação da prova, no momento de sentenciar.
>
> Note-se que a negativa do acusado, por exemplo, em participar do reconhecimento, não sendo definitiva, mantém o dever do Estado-acusação de provar o alegado na denúncia, que é o respeito do réu a não produzir prova contra si, embora termine por fortalecer outras provas indiciárias apresentadas pelo órgão acusatório.[256]

Entendemos que, recusando-se o acusado a comparecer ao ato judicial para fins de fornecimento de padrões de voz, nada impede sua condução coercitiva, muito embora deva ser-lhe assegurado o direito

---

[255] NUCCI, Guilherme de Souza. *Curso de Direito Processual Penal*. 21. ed. Rio de Janeiro: Forense, 2024b. p. 470-471.

[256] NUCCI, Guilherme de Souza. *Código de Processo Penal comentado*. 9. ed. São Paulo: Revista dos Tribunais, 2009. p. 565.

de se recusar a fornecer os padrões vocais necessários a subsidiar prova pericial que entende lhe seja desfavorável.

7.12.3 Padrões gráficos e padrões vocais. Provas ilícitas quando o agente não é previamente advertido de que o material fornecido, ou que venha a fornecer, será ou poderá vir a ser objeto de perícia.

Em data de 12.10.2020, o Ministro Celso de Mello, em sua última participação como integrante do Supremo Tribunal Federal,[257] produziu, na condição de Relator do HC nº 186797/RJ, uma decisão que, por sua inteira pertinência com o tema objeto deste livro, merece especial registro.

Em seu voto, registrou o referido Ministro "que exames periciais realizados *sem prévia e necessária informação* ao investigado de que este tem o direito de recusar-se a colaborar com a autoridade policial (ou judiciária), considerada, sob tal aspecto, *a sua prerrogativa contra* a *autoincriminação*, qualificam-se, *quanto à sua eficácia probante*, como provas ilícitas, que, *repudiadas pela própria ordem constitucional*, reputam-se inadmissíveis em juízo (CF, art. 5º LVI)".

No caso concreto julgado pelo Min. Celso de Mello no aludido HC nº 186797/RJ, disse ele "que a análise dos presentes autos evidencia que realmente não houve, na coleta dos padrões gráficos do ora paciente para realização de perícia, a prévia advertência – a que ele tinha indubitavelmente direito – sobre a sua inafastável prerrogativa constitucional de não produzir provas contra si próprio (CF, art. 5º, LXIII). Nesse ponto, houve clara falha do Estado provocada pela ausência, por parte da autoridade policial, dessa necessária e essencial cientificação de que o investigado, ora paciente, não estava obrigado nem podia ser juridicamente compelido a fornecer de próprio punho, padrões gráficos para a realização da perícia grafotécnica".

Citando precedentes, reproduziu o Min. Celso de Mello, no seu voto naquele HC, decisão do STF, proferida no HC nº 80.949/RJ, da Relatoria do Min. Sepúlveda Pertence – 1ª Turma – DJ de 14.12.2001 –, segundo a qual o "fornecimento de material grafotécnico pela paciente

---

[257] O Ministro Celso de Mello passou a integrar o STF em 1989, tendo se notabilizado por sua atuação perante o Pretório Excelso por mais de três décadas, vindo a se aposentar no dia 13.10.2020.

sem o conhecimento de que tal fato poderia, eventualmente, vir a ser usado para fundamentar futura condenação", fere o princípio *nemo tenetur se detegere*.

Pontificou, outrossim, o Min. Celso de Mello "que o processo penal condenatório não constitui nem pode converter-se em instrumento de arbítrio do Estado. Ao contrário, ele representada poderoso meio de contenção e de delimitação dos poderes de que dispõem os órgão incumbidos da persecução penal. Não exagero ao ressaltar a decisiva importância do processo penal no contexto das liberdades fundamentais, pois – insista-se – o Estado, ao delinear um círculo de proteção em torno da pessoa do réu, faz do processo penal um instrumento destinado a inibir a opressão judicial e a neutralizar o abuso de poder eventualmente perpetrado por agentes e autoridades estatais". Afirmou, pois, que "o processo penal qualifica-se como instrumento de salvaguarda dos direitos e garantias fundamentais daquele que é submetido, por iniciativa do Estado, a atos de persecução penal cuja prática somente se legitima dentro de um círculo intransponível e predeterminado pelas restrições fixadas pela própria Constituição da República, tal como entendido a jurisprudência do Supremo Tribunal Federal".

Eis o inteiro teor da Ementa da decisão aqui mencionada:

> "*Habeas corpus*". Impetração deduzida com base em fundamentos sequer apreciados pelo Tribunal apontado como coator. Indevida supressão de instância. Hipótese de incognoscibilidade do remédio constitucional. Precedentes. Possibilidade de concessão, em situações excepcionais, da ordem de "*habeas corpus*" de ofício. Precedentes do Supremo Tribunal Federal. Condenação penal que se apoia em prova ilícita, obtida através da colheita de padrões gráficos do ora paciente sem a prévia advertência de seu direito de não produzir provas contra si próprio (CF art. 5º, LVIII). Abrangência da cláusula constitucional do "*due processo of law*", que compreende, dentre diversas prerrogativas de ordem jurídica, o direito contra a autoincriminação. Postulado segundo o qual "*nemo tenetur se detegere*". Alcance e conteúdo dessa prerrogativa constitucional. Direito do indiciado/réu ao silêncio. Direito, que também lhe assiste, de não ser constrangido a produzir provas contra si próprio, de não colaborar com as autoridades processantes ou investigantes, bem assim de recusar-se a participar, ativa ou passivamente, de procedimentos probatórios que lhe possam afetar a esfera jurídica. Necessidade de respeito e observância, por parte dos órgãos de persecução penal, magistrados e Tribunais, das garantias fundamentais asseguradas a qualquer investigado, indiciado ou réu. Diretriz fundamental proclamada desde 1791, pela quinta emenda à Constituição dos Estados Unidos da América, que compõe o "Bill of Rights" daquele país. Expressão concreta do direito de

defesa, consagrado em importante *"landmark ruling"* da Suprema Corte norte-americana ("Miranda v. Arizona", 1966). Franquia constitucional que também encontra suporte legitimador em diversas convenções internacionais, como o Pacto de São José da Costa Rica (Artigo 8º, §2º, "g") e o Pacto Internacional sobre Direitos Civis e Políticos (Artigo 14, n. 2). A questão da ilicitude da prova: tema impregnado de alto relevo constitucional. Direito fundamental de qualquer pessoa de não ser investigada, acusada, processada ou condenada com base em provas ilícitas (HC 93.050/RJ, Rel. Min. CELSO DE MELLO – RHC 90.376/RJ, Rel. Min. CELSO DE MELLO, v.g.). Inadmissibilidade da sua produção em juízo ou perante qualquer instância de poder. A vocação protetiva do processo penal como instrumento de proteção à liberdade jurídica que sofre persecução penal instaurada pelo Poder Público. Doutrina. Precedentes. *"Habeas corpus"* concedido de ofício.

- Ninguém pode ser constrangido a produzir contra si próprio (RTJ141/512, Rel. Min. CELSO DE MELLO – RTJ 176/805-806, v.g.) nem compelido a cooperar com as autoridades incumbidas da persecução penal (HC 83.943/MG, Min. MARCO AURÉLIO – HC 99.289/RS, Rel. Min. CELSO DE MELLO, v.g.), em juízo ou fora dele, pois o postulado constitucional contra a auto incriminação reveste-se de caráter abrangente e compreende diversas prerrogativas de ordem jurídica, como o direito de permanecer em silêncio (HC79.812-MC/SP, Rel. Min. CELSO DE MELLO, v.g.), o direito de não ser obrigado a apresentar provas que lhe comprometam a defesa, nem forçado a participar, ativa ou passivamente, de procedimentos probatórios que lhe possam afetar, *"in pejus"*, a esfera jurídica, tal como o fornecimento, de próprio punho, de padrões gráficos necessários à realização de exame pericial grafotécnico (HC 77.135/SP, Rel. Min. ILMAR GALVÃO, v.g.). Precedentes.

- A pessoa submetida a atos de persecução penal não pode sofrer condução coercitiva, seja para efeito de interrogatório (ADPF 395/DF, Rel. Min. GILMAR MENDES – ADPF 444/DF, Rel. Min. GILMAR MENDES), seja com o objetivo de induzi-la a produzir provas contra si própria (HC 96.219-MC/SP, Rel. Min. CELSO DE MELLO, v.g.), em razão de o postulado contra a autoincriminação, que se reveste de perfil constitucional (HC 80.949/RJ, Rel. Min. SEPÚLVEDA PERTENCE – HC 94.082-MC/RS, Rel. Min. CELSO DE MELLO, v.g.), impossibilitar a autoridade investigante ou judiciária de obrigar o indiciado ou o réu a cooperar notadamente em detrimento de sua própria defesa, na apuração de fatos delituosos a ele atribuídos.

- Aquele que sofrer persecução estatal em razão de suposta prática delituosa deve ser prévia e formalmente cientificado pela autoridade competente, quando for o caso, de que não está obrigado a fornecer padrões gráficos de seu próprio punho, para fins de perícia grafotécnica e, também, de que a recusa em fornecê-los não poderá resultar em efeitos prejudiciais à sua defesa, sob pena de, omitidas tais advertências,

> instaurar-se situação de ilicitude que a ordem constitucional repudia como absolutamente inválida, a significar que a prova pericial assim obtida mostrar-se-á imprestável e insuscetível de conferir suporte probatório legitimador de eventual condenação criminal (RHC 90.376/RJ, Rel. Min. CELSO DE MELLO, v.g.).
>
> - Ninguém pode ser investigado, denunciado ou condenado com base, unicamente, em provas ilícitas (HC 129.646-AgR/SP, Rel. Min. CELSO DE MELLO, v.g.), quer se trate de ilicitude originária, quer se cuide de ilicitude por derivação.
>
> - A exclusão da prova originariamente ilícita – ou daquela afetada pelo vício da ilicitude por derivação – representa um dos meios mais expressivos destinados a conferir efetividade à garantia do "*due processo of law*" e a tornar mais intensa, pelo banimento da prova ilicitamente obtida, a tutela constitucional que preserva os direitos e prerrogativas que assistem a qualquer indiciado ou acusado em sede processual penal. Repulsa à fórmula autoritária, incompatível com os princípios que regem o processo penal democrático, do "*male captum bene retentor*". Doutrina. Precedentes.[258]

Não obstante as substanciosas lições consignadas nesse voto do Ministro Celso de Mello, ousamos reafirmar, conforme já assinalamos, que em situação na qual se pretende uma perícia para comparar a voz do acusado, quando já expressa e registrada em seu interrogatório, ainda que seja somente quando de sua qualificação ou noutra fase processual em que o mesmo tenha sido auscultado, com padrões sonoros constantes de outro instrumento (áudio ou vídeo sem imagens), a fim de comprovar tratar-se ser a voz da mesma pessoa, não há de invocar-se a incidência do princípio *nemo tenetur se detegere*, posto que, em hipótese que tal, não se está exigindo do incriminado nenhuma colaboração ativa e nem passiva, mas tão somente apurando-se o que já produzido pelo inculpado voluntariamente.

7.12.4 Ácido Desoxirribonucleico (DNA)

O Supremo Tribunal Federal, em 1994, no julgamento do *habeas corpus* nº 71.373-4/RS, embora de natureza cível, enfrentou questão que merece, aqui, à vista dos questionamentos suscitados, apreciação.

A propósito, o paciente daquele *habeas corpus*, parte demandada em ação de investigação de paternidade, recusou-se, voluntariamente,

---

[258] HC nº 186797/RJ, Rel. Min. Celso de Mello, j. em 12.10.2020.

a se submeter ao exame de paternidade pelo método do ácido desoxirribonucleico (DNA) que lhe fora judicialmente ordenado. Face à recusa, determinou, primeiramente o Juiz singular, e depois o Tribunal de Justiça do Rio Grande do Sul no exercício do crivo revisional, fosse o paciente conduzido "debaixo de vara", ao laboratório, para o fornecimento, do próprio corpo, do material necessário (sangue) à realização do referido exame. Insurgindo-se contra essa determinação, o paciente impetrou, junto ao STF, um pedido de *habeas corpus*, o qual, por força da maioria dos votos de seus Ministros, foi concedido.

A Ementa do respectivo Acórdão restou assim redigida:

> INVESTIGAÇÃO DE PATERNIDADE – EXAME DNA – CONDUÇÃO DO RÉU "DEBAIXO DE VARA". Discrepa, a mais não poder, de garantias constitucionais da dignidade humana, da intimidade, da intangibilidade do corpo humano, do império da lei e da inexecução específica e direta de obrigação de fazer – provimento judicial que, em ação civil de investigação de paternidade, implique determinação no sentido de réu ser conduzido a laboratório, "debaixo de vara", para coleta do material indispensável à feitura do exame DNA. A recusa resolve-se no plano jurídico-instrumental, consideradas a dogmática e a jurisprudência, no que voltadas ao deslinde das questões ligadas à prova dos fatos.[259]

Oficiando nesse feito, o Ministério Público Federal, por seu então Subprocurador-Geral da República, Cláudio Fonteles, assim se manifestou:

> Nem se queira argumentar, em paralelo com o Direito Processual Penal que, neste, o direito de calar tem previsão constitucional (artigo 5º, LXIII), porque é repudiada a auto-incriminação cogente.
>
> Certo, mas as perspectivas são inconciliáveis.
>
> O processo persegue a verdade, qualquer que seja sua natureza: penal; civil; etc.
>
> Mas, a tal *decideratum*, e quando o conflito põe-se entre a Sociedade e o Indivíduo para o privar ou preservar a liberdade – perspectiva típica do processo penal – ninguém pode ser obrigado a auto incriminar-se.
>
> Se, todavia, o conflito põe-se entre o filho investigante e o pai investigado a que se estabeleça, ou não, o Vínculo Familiar – perspectiva típica do processo civil – ninguém pode furtar-se à colaboração na definição deste vínculo.

[259] STF – Pleno – HC nº 71.373-4/RS, Rel. p/o Ac. Min. Marco Aurélio, j. em 10.11.1994.

Acolhendo o parecer ministerial, o Ministro Francisco Rezek, Relator originário, consignou o seguinte:

> No caso em exame, cuida-se de saber se o investigado, na ação de verificação de paternidade, pode ser forçado, à vista de sua recusa, a se submeter a certa prova pericial, o exame hematológico. O tema ganha relevo seja por causa do advento, no campo da medicina legal, do exame de determinação de paternidade pelo método do DNA (ácido desoxirribonucléico), seja à conta da crescente preocupação do legislador e dos tribunais com os direitos da criança e do adolescente.
>
> [...]
>
> O peso desse novo instrumento pericial revela-se em sua insignificante margem de erro, o que leva alguns especialistas a afirmar que os testes de paternidade pelo exame direto do DNA – geralmente feito no sangue, embora possa dar-se em qualquer outro tecido do corpo que o contenha, ostenta confiabilidade superior a 99,99%. A certeza científica proporcionada pela nova técnica oferece ao julgador um elemento sólido para a construção da verdade.
>
> De outro lado, observa-se uma superlativa atenção do legislador, a partir da Carta de 1998, para com os direitos da criança e do adolescente. As inovações constitucionais no capítulo da família, da criança, do adolescente e do idoso deram nova conformação ao direito da criança, de que é exemplo o artigo 227 da Carta Política. A legislação infraconstitucional tem acompanhado, por igual, os avanços verificados neste exato domínio. Assim, a Lei 8.069/90, que dispõe sobre o Estatuto da Criança e do Adolescente; a Lei 8.560/92, que regula a investigação de paternidade dos filhos havidos fora do casamento, entre outras.
>
> O que temos agora em mesa é a questão de saber qual o direito que deve preponderar nas demandas de verificação de paternidade: o da criança à sua real (e não apenas presumida) identidade, ou o do indigitado pai à sua intangibilidade física.
>
> No julgamento do RE 99.915 (RTJ 110/1133), sob minha relatoria, ponderei que me parecia "ainda presente na justiça brasileira – como, de resto, na sociedade brasileira – uma tendência majoritária a enfrentar estes casos centrando atenções na pessoa do investigado, e sempre empregando uma ótica essencialmente penal". É alentador observar, na hora atual, que a visão individuocêntrica, preocupada com as prerrogativas do direito do investigado, vai cedendo espaço ao direito elementar que tem a pessoa de conhecer sua origem genética. A verdade jurídica, geralmente fundada em presunção, passa a poder identificar-se com a verdade científica.
>
> [...]
>
> No campo pericial, o desenvolvimento científico facilita a busca da verdade, mas obstáculos como a recusa à submissão do exame podem

> ocorrer. Deve o julgador saber valorar, com os demais elementos de prova, a insubordinação. A recusa mesmo induz à presunção de paternidade, facilitando o desfecho da demanda, mas resolvendo de modo insatisfatório o tema da identidade do investigante.
>
> [...]
>
> Lembra o impetrante que não existe lei que o obrigue a realizar o exame. Haveria, assim, afronta ao artigo 5º-II da CF. Chega a afirmar que sua recusa pode ser interpretada, conforme dispõe o artigo 343-§2º do CPC, como uma confissão. Mas não me parece, ante a ordem jurídica da república neste final de século, que isso frustre a legítima vontade do juízo de apurar a verdade real. A Lei 8.069/90 veda qualquer restrição ao reconhecimento do estado de filiação, e é certo que a recusa significará uma restrição a tal reconhecimento. O sacrifício imposto à integridade física do paciente é risível quando confrontado com o interesse do investigado, bem assim que a certeza que a prova pericial pode proporcionar à decisão do magistrado.
>
> Um último dispositivo constitucional pertinente que o investigado diz ter sido objeto de afronta é o que tutela a intimidade, no inciso X do art. 5º. A propósito, observou o parecer do Ministério Público: "a afirmação, ou não, do vínculo familiar não se pode opor ao direito ao próprio recato. Assim, a dita intimidade de um não pode escudá-lo à pretensão do outro tê-lo como gerado pelo primeiro", e mais a Constituição impõe como dever da família, da sociedade e do Estado assegurar à criança o direito à dignidade, ao respeito, além de colocá-la a salvo de toda forma de negligência.

Antes desse desfecho, o Ministro Francisco Rezek registrou que:

> O direito ao próprio corpo não é absoluto ou ilimitado. Por vezes a incolumidade corporal deve ceder espaço a um interesse preponderante, como no caso da vacinação, em nome da saúde pública. Na disciplina civil da família o corpo é, por vezes, objeto de direitos. Estou em que o princípio da intangibilidade do corpo humano, que protege um interesse privado, deve dar lugar ao direito à identidade, que salvaguarda, em última análise, um interesse também público.

O Ministro Marco Aurélio, ao iniciar a divergência, cujo voto restou acompanhado pela maioria dos Ministros do STF, à época, assim asseverou:[260]

---

[260] Acompanharam o voto do Min. Marco Aurélio (Relator para o Acórdão), pela concessão da ordem, os Ministros Sydney Sanches, Celso de Mello, Néri da Silveira, Moreira Alves e Otávio Gallotti; foram votos vencidos, pela denegação da ordem, os Ministros Francisco Rezek (Relator originário), Ilmar Galvão, Carlos Velloso e Sepúlveda Pertence.

Senhor Presidente, para mim a violência é ímpar e discrepa, sobremaneira, não só da ordem constitucional em vigor, como também das normas instrumentais comuns aplicáveis à espécie. É certo que inexiste, no Código de Processo Civil, dispositivo que discipline, de forma expressa, o tema. Todavia, há outros dos quais, uma vez interpretados, emanam luz suficiente à definição das conseqüências da recusa. Refiro-me ao teor do §2º do artigo 343 do Código de Processo Civil, quanto ao depoimento pessoal, à intimação para prestá-lo, mostrando-se o destinatário silente e deixando de comparecer em Juízo. Qual é a conseqüência prevista, expressamente, no Código de Processo Civil? A execução específica da ordem judicial? Não. O legislador encontrou outra solução: a admissibilidade – ficta, é certo – dos fatos. Distingam-se as posições – de réu e de testemunha. Dou mais um exemplo: o do artigo 359, que cuida da exibição de documento, quando a parte é intimada para tanto, mas não o faz. A repercussão jurídica não é, em si, a prisão ou a ameaça à mesma, para que apresente o documento.

No caso concreto, o Juízo competente, que é o da investigação de paternidade, saberá dar à recusa do Réu, ora Paciente, o efeito jurídico-processual mais consentâneo, isto no âmbito da prova e da distribuição respectiva, afastada a execução específica e direta da obrigação de fazer.

Senhor Presidente, quando o nobre Relator começou a relatar este *habeas-corpus*, a matéria pareceu-me de simplicidade franciscana, mas vejo que não é, e que os enfoques – e já temos dois votos no sentido da denegação da ordem – são diversos.

Peço vênia para subscrever o voto vencido proferido perante a Corte de origem pelo ilustre Desembargador José Carlos Teixeira Giorgis e que tem o seguinte teor:

Tenho entendido que o Poder Judiciário não pode impor exame a ninguém sob pena de desgastar-se, tendo em vista que o paciente pode não permiti-lo, eis que a inspeção no corpo humano é só moralmente legítima com o consentimento do interessado.

Bem entendo o caso concreto, onde não há mais outras provas, e as partes não conseguirão lográ-las. Mas se, por um lado, entendo que a inspeção corporal não pode ser feita coativamente, acho – e já o tenho decidido em outras ocasiões – que a recusa do agravante, além de inverter o ônus da prova, faz com que leve a uma presunção de paternidade porque essa negação ao exame constitui uma renúncia tácita à tese da negatória da paternidade.

Ninguém está compelido, pela ordem jurídica, a adentrar a Justiça para questionar a respectiva paternidade, da mesma forma que há conseqüências para o fato de vir aquele que é apontado como pai a recusar-se ao exame que objetive o esclarecimento da situação. É certo que compete aos cidadãos em geral colaborar com o Judiciário, ao menos na busca da prevalência dos respectivos interesses e que o sacrifício – na espécie, uma simples espetadela – não é tão grande assim.

Todavia, princípios constitucionais obstaculizam a solução dada à recusa. Refiro-me, em primeiro lugar, ao da legalidade, no que ninguém é obrigado a fazer ou deixar de fazer alguma coisa senão em virtude de lei. Inexiste lei reveladora de amparo à ordem judicial atacada neste *habeas-corpus* – no sentido de o Paciente, Réu na ação de investigação de paternidade, ser conduzido ao laboratório para a coleta do material indispensável ao exame. Ainda que houvesse, estaria maculada, considerados os interesses em questão – eminentemente pessoais e a inegável carga patrimonial – pela inconstitucionalidade.

Digo isto porquanto a Carta Política – que o Dr. Ulisses Guimarães, em perfeita síntese, apontou como a "Carta Cidadã" – consigna que são invioláveis a intimidade, a vida privada, a honra e a imagem das pessoas – inciso X do rol das garantias constitucionais (artigo 5º). Onde ficam a intangibilidade do corpo humano, a dignidade da pessoa, uma vez agasalhada a esdrúxula forma de proporcionar a uma das partes, em demanda civil, a feitura de uma certa prova? O quadro é extravagante e em boa hora deu-se a impetração deste *habeas-corpus*.

É irrecusável o direito do Paciente de não ser conduzido, mediante coerção física, ao laboratório. É irrecusável o direito do Paciente de não permitir que se lhe retire, das próprias veias, porção de sangue, por menor que seja, para a realização de exame. A recusa do Paciente há de ser resolvida não no campo da violência física, da ofensa à dignidade humana, mas no plano instrumental, reservado ao Juízo competente – ou seja, o da investigação de paternidade – a análise cabível e a definição, sopesadas a prova coligida e a recusa do réu.

Assim o é porque a hipótese não é daquelas em que o interesse público sobrepõe-se ao individual, como a das vacinações obrigatórias em época de epidemia, ou mesmo o da busca da preservação da vida humana, naqueles conhecidos casos em que convicções religiosas arraigadas acabam por conduzir à perda da racionalidade.

Por tudo, peço vênia ao nobre Relator para conhecer a ordem e cassar a determinação no sentido de o Paciente ser conduzido, "debaixo de vara", para coleta do sangue viabilizador do exame, ao laboratório.

7.12.5 Fornecimento de Perfil Genético (DNA) – Lei de Execução Penal

Nos termos do at. 9º-A, da Lei de Execução Penal (Lei nº 7.210, de 11.07.1984), com a nova redação que lhe deu a Lei nº 13.964, de 24.12.2019 ("Pacote Anticrime"), dispõe que "O condenado por crime doloso praticado com violência grave contra a pessoa, bem como por crime contra a vida, contra a liberdade sexual ou por crime sexual contra vulnerável, será submetido, obrigatoriamente, à identificação do perfil genético, mediante extração de DNA (ácido desoxirribonucléico) por técnica adequada e indolor, por ocasião do ingresso do estabelecimento prisional".

À luz do art. 5º, incisos II, X, LVII e LVIII, da Constituição Federal, de logo surgiram vozes sustentando a inconstitucional aquele dispositivo da LEP, sob o argumento de que a submissão compulsória do condenado por crime violento ou hediondo à coleta de material biológico viola não só a dignidade da pessoa humana, mas, sobretudo, os princípios da autonomia da vontade, inviolabilidade da intimidade, presunção de inocência, bem como ao princípio *nemo tenetur se detegere*, posto que vedada, como de todos sabido, à autoincriminação.

Argumentaram alguns, ainda, ser direito do condenado dispor de sua autonomia da vontade para decidir se permite ou não a coleta de seu DNA para armazenamento no banco genético de perfis criminais, sob o argumento de que isso resulta em ofensa direta ao art. 5º, inciso II e X, da Carta Magna.

Provocado, o Superior Tribunal de Justiça decidiu que aquela norma não viola o texto constitucional vigente e, igualmente, não fere ao princípio *nemo tenetur se detegere.*

Assim, pois, em Sessão Virtual de 20.02.2024 a 26.02.2024, decidiu o STJ:

> AGRAVO REGIMENTAL NO *HABEAS CORPUS*. EXTRAÇÃO DE MATERIAL GENÉTICO. CONDENAÇÃO POR ESTUPRO, LESÃO CORPORAL E CÁRCERE PRIVADO. DETERMINAÇÃO DO ART. 9º-A DA LEP. AUSÊNCIA DE ILEGALIDADE.
>
> 1. "Segundo o art. 9º-A da Lei de Execução Penal, os condenados por crime praticado, dolosamente, com violência de natureza grave contra pessoa, ou por qualquer dos crimes previstos no art. 1º da Lei nº 8.072, de 25 de julho de 1990, serão submetidos, obrigatoriamente, à identificação do perfil genético, mediante extração de DNA – ácido desoxirribonucléico, por técnica adequada e indolor" (HC n. 536.114/MG, relator Ministro Nefi Cordeiro, Sexta Turma, julgado em 4.02.2020, DJe de 10.02.2020.) de instância seu conhecimento direito neste Tribunal Superior. Precedentes.
>
> 2. Verifica-se ausência de flagrante ilegalidade na extração de material genético do paciente, em obediência à determinação legal presente na Lei de Execução Penal, com preenchimento dos requisitos legais.
>
> 3. Agravo regimental desprovido.[261]

[261] STJ – 6ª T., no Ag.Rg. no HC nº 851296/PR, Rel. Min. Jesuíno Rissato (Desembargador convocado do TJDFT), j. em Sessão Virtual de 20.02.2024 a 26.02.2024.

Posteriormente, noutra oportunidade, o STJ voltou a decidir:

> *HABEAS CORPUS*. EXECUÇÃO PENAL. FORNECIMENTO DE PERFIL GENÉTICO. ART. 9º-A DA LEI DE EXECUÇÃO PENAL (INSERIDO PELA LEI N. 12.654/2012 COM REDAÇÃO DADA PELA LEI N. 13.964/2019). VIOLAÇÃO DOS DIREITOS FUNDAMENTAIS DA LEGALIDADE, PRIVACIDADE E CULPABILIDADE. SUPRESSÃO DE INSTÂNCIA. VIOLAÇÃO DO PRINCÍPIO DA VEDAÇÃO À AUTOINCRIMINAÇÃO COMPULSÓRIA (*NEMO TENETUR SE DETEGERE*). NÃO OCORRÊNCIA. TEMA 905 DO STF AINDA NÃO JULGADO.
>
> 1. As supostas violações dos direitos fundamentais da legalidade, da privacidade, da presunção de culpabilidade, incisos II, X e LVII, do art. 5º da Constituição Federal não foram objeto de deliberação no ato apontado como coator, constituindo supressão de instância seu conhecimento direito neste Tribunal Superior. Precedentes.
>
> 2. Ninguém será obrigado a produzir elementos de prova contra si mesmo. Decorrente do direito ao silêncio, previsto no art. 5º, LXVIII, o referido direito também tem sede convencional, especialmente no art. 8º, 2, g, da Convenção Americana Sobre Direitos Humanos (Pacto de São José da Costa Rica), incorporado ao direito brasileiro pelo Decreto n. 678, de 6 de novembro de 1969.
>
> 3. Se a conduta determinada pela Lei impele alguém a, em razão de investigação, produzir elemento contrário ao seu interesse pela liberdade, há violação da vedação à autoincriminação compulsória; mas, ausente investigação sobre suposto crime, não há falar em violação do princípio da autoincriminação.
>
> 4. Não havendo fato definido como crime em apuração, o fornecimento do perfil genético não configura exigência de produção de prova contra o apenado. Tal exigência recrudesce o caráter de prevenção especial negativo da pena.
>
> 5. A determinação do art. 9º-A da Lei de Execução Penal não constitui violação do princípio da vedação à autoincriminação compulsória (*nemo tenetur se detegere*). Trata-se de procedimento de individualização e identificação possível graças ao avanço da técnica e que pode ser utilizado como elemento de prova para elucidação de crimes futuros.
>
> 6. Não vislumbro flagrante ilegalidade na determinação de fornecimento do perfil genético do paciente, condenado por delito descrito no art. 217-A do Código Penal, nos termos do art. 9º-A da Lei de Execução Penal, constituindo falta grave a recusa, nos termos dos arts. 9-A, §8º, e 50, VIII, do referido marco legal. Precedentes.
>
> 7. Writ parcialmente conhecido e, nessa extensão, denegada a ordem.[262]

[262] STJ – 6ª T., no HC nº 879757-GO, Rel. Min. Sebastião Reis Júnior, j. em 20.08.2024.

Nesse mais recente julgamento, no seu voto, registrou o Relator, Ministro Sebastião Reis Júnior, que "a referida obrigatoriedade constitui procedimento de classificação, individualização e identificação", pelo que "a identificação do perfil genético é uma ampliação da qualificação do apenado possível graças ao avanço da técnica, podendo ser utilizado como elemento de prova para crimes futuros". E concluiu o referido Ministro:

> Desse modo, não vislumbro flagrante ilegalidade na determinação de fornecimento do perfil genético do paciente, condenado por delito descrito no art. 217-A do Código Penal, nos termos do art. 9º-A da Lei de Execução Penal, constituindo falta grave a recusa, nos termos dos arts. 9-A, §8º, e 50, VIII, do referido marco legal.
>
> A Sexta Turma desta Corte, inclusive, já enfrentou essa questão anteriormente (HC n. 563.114/MG, Ministro Nefi Cordeiro, DJe 10.02.2020; e AgReg no HC n. 851.296/PR, Ministro Jesuíno Rissato, DJe 1º.03.2024) chegando, em ambas oportunidades, à mesma conclusão.

Essa questão, importa destacar, encontra-se pendente de julgamento no Supremo Tribunal Federal, no RE nº 973.837/MG (Tema 905), em que se discute a constitucionalidade da exigência de fornecimento do perfil genético previsto no art.9º-A, da Lei de Execução Penal, com redação dada pela Lei nº 12.654, de 28.05.2012.

7.12.6 Raio X e realização de procedimento para expulsão de droga encontrada em organismo do agente

Já decidiu o Superior Tribunal de Justiça que a submissão do agente a exame de Raio X, a fim de se comprovar a ingestão de cápsulas de entorpecente, e a consequente realização de procedimento apto a expulsar a droga detectada no seu estômago, não implicam violação ao princípio *nemo tenetur se detegere.*

Segundo o STJ, se, uma vez constatada, em organismo do agente, pelo exame de Raio X, a presença de cápsulas de cocaína, a realização de procedimento apto para a expulsão da droga não implica ofensa aos direitos constitucionalmente previstos, mas antes visa à preservação da integridade física do acusado, ameaçado com o risco de rompimento das respectivas cápsulas contento gramas de cocaína em pó.

Assentou o STJ, pois

> que a ingestão de cápsulas de cocaína causa risco de morte, motivo pelo qual a constatação do transporte da droga no organismo humano, com o posterior procedimento apto a expeli-la, traduz em verdadeira intervenção estatal em favor da integridade física e, mais ainda, da vida, bens jurídicos estes largamente tutelados pelo ordenamento.[263]

Esclareceu, nesse caso, o Ministro Relator da decisão imediata e anteriormente aqui transcrita que não restou comprovada a existência de nenhuma "prova nos autos no sentido de que o Paciente tenha sido forçado pela Polícia a submeter-se aos procedimentos para expelir a droga ingerida, ou que tenha oferecido objeção ou resistência à realização dos exames para a constatação da presença da substância entorpecente", pelo que não há como se falar em nulidade do feito pela ilicitude da prova produzida.

7.12.7 Bafômetro

Em julgamento com divergência de votos, o Superior Tribunal de Justiça decidiu que a averiguação do índice de alcoolomia em condutores de veículos, por meio do instrumento conhecido por "bafômetro", sem a aquiescência do agente, é vedada por força do princípio *nemo tenetur se detegere*.

Do Acórdão desse julgamento, extrai-se:

> O entendimento adotado pelo Excelso Pretório, e encampado pela doutrina, reconhece que o indivíduo não pode ser compelido a colaborar com os referidos testes do "bafômetro" ou do exame de sangue, em respeito ao princípio segundo o qual ninguém é obrigado a se autoincriminar (*nemo tenetur se detegere*).Em todas essas situações prevaleceu, para o STF, o direito fundamental sobre a necessidade da persecução estatal.[264]

Destacou o Relator designado para a lavratura do Acórdão que, estando o direito do agente de não produzir prova contra si inserido

263 Extraído do voto do Relator. STJ – 6ª T., HC nº 149.146/SP, Rel. Min. Og Fernandes, j. em 5.04.2011, *DJe* 19.04.2011; STJ – 5ª T., HC nº 159.108/SP, Relª. Min. Laurita Vaz, j. em 11.10.2011, DJe 19.10.2011.

264 RESP nº 1.111.566/DF, Rel. p/ Acórdão Min. Adilson Vieira Macabu (Desembargador convocado do TJ/RJ).

nos direitos constitucionais assegurados aos acusados em geral, não se poderá impor ao condutor de veículo o dever à submissão de prova autoincriminadora, já que:

> Entender de forma diversa, sob o ponto de vista jurídico, é o mesmo que ignorar a positivação do direito ao silêncio, expressamente previsto no art. 5º, inciso LXIII, da Constituição de 1988, na medida em que, no nosso ordenamento legal, o réu não é obrigado a se autoincriminar, segundo o princípio *nemo tenetur se detegere*, que rege o nosso direito de punir.[265]

Ressaltou, ainda, o Relator que:

> A discussão acerca da impossibilidade de obrigar-se o condutor de veículo a realizar os exames elencados no decreto regulamentador do Código de Trânsito Brasileiro, em razão da incidência do *nemo tenetur se detegere*, está cabalmente rechaçada, quer pela doutrina pátria, quer pelo pacífico entendimento jurisprudencial.[266]

Para além de não estar o agente, quando de sua apreensão sob a direção de veículo automotor, obrigado a fazer uso do "bafômetro", ainda que sobre ele recaiam suspeitas de encontrar-se embriagado, relembram Aury Lopes Jr e Ricardo Jacobsen Gloeckner, que "o STF garantiu a aplicação do princípio *nemo tenetur se detegere* ao delito de direção de veículo automotor sob efeito de substância alcoólica:

> *Habeas corpus*. Constitucional. Impossibilidade de se extrair qualquer conclusão desfavorável ao suspeito ou acusado de praticar crime que não se submete a dosagem alcoólica. Direito de não produzir prova contra si mesmo: *nemo tenetur se detegere*. Indicação de outros elementos juridicamente válidos, no sentido de que o paciente estaria embriagado: possibilidade. Lesões corporais e homicídio culposo no trânsito. Descrição de fatos que, em tese, configuram crime. Inviabilidade do trancamento da ação penal. 1. Não se pode presumir que há embriaguez de quem não se submete a exame de dosagem alcoólica: a Constituição da República impede que se extraia qualquer conclusão desfavorável àquele que, suspeito ou acusado de praticar alguma infração penal, exerce o direito de não produzir prova contra si mesmo: Precedentes. 2. Descrevendo a denúncia que o acusado estava "na condução de

[265] Extraído do voto do Redator p/ o Acórdão. STJ – RESP nº 1.111.566/DF, Red. p/ Acórdão Min. Adilson Vieira Macabu (Desembargador convocado do TJ/RJ).

[266] Extraído do voto do Redator p/ o Acórdão. STJ – RESP nº 1.111.566/DF, Red. p/ Acórdão Min. Adilson Vieira Macabu (Desembargador convocado do TJ/RJ).

veículo automotor, dirigindo em alta velocidade" e "veio a colidir na traseira do veículo" das vítimas, sendo que quatro pessoas ficaram feridas e outra "faleceu em decorrência do acidente automobilístico", e havendo, ainda, a indicação da data, do horário e do local dos fatos, há, indiscutivelmente, a descrição de fatos que configuram, em tese, crimes. 3. Ordem denegada (HC 93.916/PA, rel. Min. Cármen Lúcia, *DJe*, divulg. 26-6-2008, publ. 27.6.2008)".[267]

Necessário se faz, a respeito desse tema, embora já suficientemente esclarecido, levar ao conhecimento do leitor, as lições de Guilherme de Souza Nucci, como forma de não mais comportar nenhuma dúvida, a saber:

> Trata-se de questão incontroversa, lastreada no princípio constitucional da presunção de inocência, de que o réu não tem o dever de se autoincriminar (*nemo tenetur se detegere*); portanto, é lógico não possuir obrigação alguma de colaborar para a realização de prova pericial, cuja finalidade é prejudicá-lo. Assim, não necessita fornecer material gráfico para exame de falsidade documental, nem entregar sangue para exame de constatação de dosagem alcoólica, como também não está obrigado a sobrar o aparelho denominado *bafômetro* ou *etilômetro*.
>
> Sobre este último, trata-se de um aparelho composto por dois conjuntos, o que se destina à purificação da amostra de ar e outro para verificação da dosagem alcoólica. O método é baseado na premissa de que o álcool se distribui entre o sangue e o ar do alvéolo pulmonar, sendo viável detectar a quantidade de álcool no sangue pela via pulmonar. O art. 306 do Código de Trânsito Brasileiro já teve três redações, uma das quais exige a prova de que o motorista dirigia com concentração de mais de 0.6 decigramas de álcool por litro de sangue. Ora, para esta situação, necessário se tornava a produção de prova pericial e a colaboração do acusado para tanto, o que se afigurava um nítido abuso ao seu direito de não produzir prova contra si mesmo. Atualmente, a redação do referido artigo 306 dispensa dados indicativos da quantidade de álcool no sangue do motorista, tipificando, somente, quem dirige sob a influência de álcool. Os meios de prova são variados, admitindo-se, inclusive, prova testemunhal, algo que independe da colaboração do infrator.
>
> Há posições em sentido contrário, baseadas em assertivas pouco científicas, como o fato de quem é inocente não teme fornecer material para exame. Seria aplicação do brocardo "quem não deve, não teme", Mas, se assim fosse, a confissão também deveria ser ato obrigatório e o silêncio, prova de culpa. Com sabedoria, a Constituição Federal consagrou o

[267] LOPES JÚNIOR, Aury; GLOECKNER, Ricardo Jacobsen. *Investigação preliminar no Processo Penal*. 6. ed. São Paulo: Saraiva, 2014. p. 487-488.

direito ao silêncio, vez que se coaduna com o estado de inocência do réu. Logo, não se trata de defender a idéia popular de que "quem não deve, não teme", mas de prestigiar um sistema acusatório digno e ético.[268]

7.12.8 Fuga do local pelo condutor de veículo em acidente automobilístico.

Dispõe o art. 305, do Código de Trânsito Brasileiro (Lei nº 9.503, de 23.09.1997), *in verbis*:

> Afastar-se o condutor do veículo do local do acidente, para fugir à responsabilidade penal ou civil que lhe possa ser atribuída:
>
> Penas – detenção, de seis meses a um ano, ou multa.

O Supremo Tribunal Federal, no julgamento do Recurso Extraordinário nº 971.959/RS, Rel. Min. Luiz Fux, realizado em 14.11.2018, com repercussão geral, em que se discutia a constitucionalidade da criminalização da fuga de local de acidente constante do mencionado art. 305, do CTB, como assim lembrado por Renato Brasileiro de Lima, aprovou, em decisão Plenária, a seguinte tese: "A regra que prevê o crime do art. 305 do CTB é constitucional posto não infirmar o princípio da não incriminação, garantindo o direito ao silêncio e as hipóteses de exclusão de tipicidade e de antijuridicidade". À semelhança do que já fora decidido pelo Supremo Tribunal Federal no julgamento do RE 640.139, quando se afirmou que o princípio constitucional da autoincriminação não alcança aquele que atribui falsa identidade perante a autoridade policial com o intuito de ocultar maus antecedentes, prevaleceu o entendimento de que não há direitos absolutos e que, no sistema de ponderação de valores, há de ser admitida certa mitigação, até mesmo do princípio da não autoincriminação". Na visão da Corte, a exigência de permanência no local do acidente e de identificação perante a autoridade de trânsito não obriga o condutor a assumir expressamente sua responsabilidade civil ou penal e tampouco enseja que seja aplicada contra ele qualquer penalidade caso assim proceda. Na verdade, a depender do caso concreto, a sua permanência no local pode até constituir um meio de autodefesa, na medida em que terá a

---

[268] NUCCI, Guilherme de Souza. *Curso de Direito Processual Penal*. 21. ed. Rio de Janeiro: Forense, 2024b. p. 430-431.

oportunidade de esclarecer, de imediato, eventuais circunstâncias do acidente que lhe sejam favoráveis".[269]

7.13 Pode o acusado exercer o direito ao silêncio quando das perguntas do Julgador e do Ministério Público, reservando-se a responder tão somente às perguntas formuladas por seu Defensor?

Enfrentando esse questionamento, o Ministro Felix Fischer, do Superior Tribunal de Justiça, em data de 7.12.2020, quando do julgamento do *habeas corpus* nº 628224-MG,[270] recepcionando a lição consignada no voto do Ministro Rogério Schietti Cruz, por ocasião do julgamento do REsp nº 1825622/SP, julgado pela 6ª Turma do STJ, segundo a qual "o interrogatório é, em verdade, o momento ótimo do acusado, o seu 'dia na Corte' (*day in Court*), a única oportunidade, ao longo de todo o processo, em que ele tem voz ativa e livre para, se assim o desejar, dar sua versão dos fatos, rebater os argumentos, as narrativas e as provas do órgão acusador, apresentar álibis, indicar provas, justificar atitudes, dizer, enfim, tudo o que lhe pareça importante para a sua defesa, *além, é claro, de responder às perguntas que quiser responder, de modo livre, desimpedido e voluntário*", decidiu que "tendo-se como direito do acusado a *possibilidade de autodefesa*, que não se confunde com o *direito ao silêncio* e o de *não produzir provas contra si mesmo*", o réu tem o direito, por ocasião de seu interrogatório, de "se manifestar *livremente* quanto ao mérito, seja de forma espontânea ou sob condução de perguntas de qualquer das autoridades, especialmente, do seu próprio patrocínio", pelo que, conclui-se, pode ele (réu) silenciar às perguntas que não lhe convém, respondendo, tão somente, às que desejar, nomeada e especificamente

---

[269] LIMA, Renato Brasileiro de. *Código de Processo Penal comentado*. 5. ed. Salvador: Juspodivm, 2020. p. 576-577.

[270] Registre-se que o Ministro Felix Fischer concedeu a ordem de *habeas corpus* de ofício, já que, segundo disse, a 3ª Seção do STJ, seguindo entendimento firmado pela 1ª Turma do STF, sedimentou orientação no sentido de não admitir *habeas corpus* substitutivo de recurso adequado, situação que implica o não reconhecimento da impetração, ressalvados casos excepcionais em que, configurada flagrante ilegalidade apta a gerar constrangimento ilegal, seja possível a concessão da ordem de ofício. Esclareceu, destarte, que tal posicionamento tem por objetivo preservar a utilidade e eficácia do *habeas corpus* como instrumento para a proteção da liberdade da pessoa, quando ameaçada por ato ilegal ou abuso de poder, de forma a garantir a necessária celeridade no seu julgamento. Desta forma, ainda que entendendo, na espécie, incabível o *mandamus*, porquanto substitutivo de recurso ordinário, concedeu de ofício a ordem habeascorpal, e assim o fez em homenagem ao princípio da ampla defesa.

às que lhe forem endereçadas por sua Defesa Técnica, exceto, como já amplamente aqui registrado, em relação à sua qualificação.

Para melhor compreensão, veja-se, no essencial, trecho do voto proferido pelo Ministro Felix Fischer, no citado *habeas corpus* de nº 628224-MG:

> No caso concreto, merecem destaques *dois pontos*: a insurgência da d. Defesa no momento da própria audiência (de forma a *afastar a preclusão*) e a efetiva impossibilidade, ao fim, de o réu exercer o seu direito de autodefesa.
>
> Vejamos, trechos da audiência, que bem demonstram isso (fls. 582-583):
>
> "Weryd Simões, OAB/PE 43.967 [Advogado do acusado José Lucas]: 'Só um esclarecimento. A orientação da defesa técnica é que o Réu, especificamente o Réu José Lucas, para que responda tão somente as perguntas de seu advogado, utilizando o direito ao silêncio no que tange Vossa Excelência e ao Ministério Público, a defesa tem perguntas a formular para o Réu.'
>
> Fernanda Costa Garcia Perez [Promotora de Justiça]: 'Pela ordem, Excelência. Ou ele [José Lucas] responde às perguntas ou se vale do direito ao silêncio. Escolher de quem ele [José Lucas] vai responder às perguntas, ou responder só perguntas da defesa dele não é se valer do direito ao silêncio, a meu ver.'
>
> Maurício Pinto Filho [Juiz de Direito]: 'Pois é. No meu entendimento, Dr., isso não é possível, ou ele fica em silêncio ou ele responde.'
>
> Weryd Simões, OAB/PE 43.967 [Advogado do acusado José Lucas]: 'Excelência, é possível e isso está amparado pelo Código de Processo Penal, mas a defesa só faz um registro. Inclusive, como foi bem esclarecido por Vossa Excelência, ele pode optar por fazer ou não, responder ou não qualquer pergunta. Então, o desejo do Réu é responder as perguntas da defesa e nós temos, som, inúmeras perguntas a fazer para o Réu.'
>
> Maurício Pinto Filho [Juiz de Direito]: 'Entendo, Dr., mas, quando perguntado se ele [José Lucas] vai ficar em silêncio ou vai responder, ele me falou que vai ficar em silêncio, e como o depoimento é um ato pessoal, então acho que cabe a ele. Então, assim, o Sr. Deveria ter orientado ele a dizer o que você está dizendo.'
>
> Weryd Simões, OAB/PE 43.967 [Advogado do acusado José Lucas]: 'Excelência, é possível que ele não tenha compreendido a pergunta, aí eu peço para refazer a pergunta para saber se ele quer responder às perguntas de seu advogado.'
>
> Maurício Pinto Filho [Juiz de Direito]: 'tá ok., vou refazer. José Lucas, o Sr. Quer falar ou ficar em silêncio?'
>
> José Lucas Alves de Araújo: 'Ficar em silêncio.'

> Maurício Pinto Filho [Juiz de Direito]: 'Ah, então pronto.'
>
> Weryd Simões, OAB/PE 43.967 [Advogado do acusado José Lucas]: 'José Lucas, nós conversamos antes da audiência e a orientação da defesa é que você responda às perguntas de seu advogado. Você vai responder as perguntas da defesa?'
>
> José Lucas Alves de Araújo: 'Sim, Sr.'
>
> Weryd Simões, OAB/PE 43.967 [Advogado do acusado José Lucas]: 'Eu acho que agora ficou claro, Excelência.'
>
> Maurício Pinto Filho [Juiz de Direito]: 'Tá ok, Dr., mas eu não vou deferir este tipo de conduta. O Sr. Pode recorrer, porque está indeferido, ou ele responde às perguntas de todos ou não, ou ele fica em silêncio.'
>
> Weryd Simões, OAB/PE 43.967 [Advogado do acusado José Lucas]: 'só peço que Vossa Excelência, por favor, faça constar em ata a forma de como ficou esclarecido pelo Réu. Ele vai manter o silêncio das perguntas do Magistrado e do Ministério Público, mas responderá as perguntas da defesa, em caso de deferimento.'
>
> Maurício Pinto Filho [Juiz de Direito]: 'Ok. Pode constar em ata, por gentileza'".
>
> *Em face das peculiaridades do caso concreto, como dito, o réu acabou por não exercer o seu direito de palavra durante a instrução processual.*
>
> Portanto, tendo-se como direito do acusado a *possibilidade de autodefesa*, que não se confunde com o *direito ao silêncio* e o de *não produzir provas contra si mesmo*, assim como que a d. Defesa se insurgiu na *própria audiência*, da mesma forma que a *renovação* do interrogatório e dos *prazos* seguintes não trará *in casu* prejuízo maior à causa do que eventual declaração de nulidade, tenho que a ordem deva ser concedida.
>
> Diante do exposto, *não conheço do habeas corpus. Concedo a ordem, de ofício*, para que, *confirmando a liminar*, nova audiência de instrução seja realizada, oportunizando-se, ao paciente, seu interrogatório (a identificação pessoal é *obrigatória*), assim como se manifestar *livremente* quanto ao mérito, seja de forma espontânea ou sob condução de perguntas de qualquer das autoridades, especialmente, do seu próprio patrocínio. Por conseguinte, sejam os prazos subsequentes renovados, sem prejuízo da renovação dos eventuais atos já praticados.

Adotando entendimento diverso daquele firmado pelo STJ, Douglas Fischer, depois de discorrer sobre o disposto no art. 185, do CPP, indicando a natureza do interrogatório do réu como meio de defesa, destacou que, no modelo acusatório, como é o nosso, "o interrogatório é *ato do juiz*", pelo que esclareceu e afirmou:

É preciso bem compreender as coisas, notadamente o *nemo tenetur se detegere* e direito ao silêncio.

Na mesma linha de posicionamentos externados (Comentários ao CPP, item 186.2), o *nemo tenetur se detegere*, que pode ser traduzido como "*ninguém é obrigado a se descobrir*"), é um aforismo renascido (data do século XVII, do direito inglês) no pós-iluminismo, emblemático de uma era de transformação na teoria do processo e, sobretudo, no âmbito do processo judicial criminal, já no século XIX. O réu, anteriormente tratado como conquista a posição de *parte*, sujeito, então, de direitos subjetivos, a partir da compreensão do processo como *relação jurídica*, com a atribuição de ônus, faculdades e deveres aos litigantes.

De um lado, o *nemo tenetur se detegere* cumpriu (e ainda cumpre!) a relevante missão – como verdadeiro princípio – de proteção à pessoa do acusado, afirmando a necessidade de respeito aos atributos inerentes á dignidade humana (integridade física, psíquica, inviolabilidades – intimidade, privacidade etc.). De outro, prestou-se a consolidar os direitos subjetivos dele ao exercício de todas as faculdades processuais pertinentes ao órgão acusador.

O direito ao silêncio, portanto, é uma das manifestações mais importantes do aludido princípio (*nemo tenetur*), na medida em que tutela, não só a consciência daquele que, pelo fato de correr o risco de uma condenação, se vê compelido a *mentir* em seu favor, mas, também, protege o acusado contra juízos de convencimentos lastreados em percepções subjetivas indignas de graus acessíveis de certeza.

No direito norte-americano, no qual se baseou o constituinte de 1988 (não só, evidentemente!), há, como se sabe, inúmeros julgamentos da competência do Tribunal do Júri, órgão que, como também se sabe, decide sem qualquer motivação (ali, tem lugar a íntima convicção). Por isso, uma inquirição bem-feita pelo acusador poderá apresentar aos jurados, não uma versão sobre os *fatos* em julgamento, mas sobre a *pessoa* do julgado. Tampouco adianta o controle judicial da inquirição, na medida em que, embora advertidos sobre eventual impertinência das perguntas da acusação, os jurados poderiam sempre decidir segundo suas impressões pessoais colhidas na irregular inquirição. É por isso que a Quinta Emenda garante a ele (acusado) o direito de não depor. Não só de guardar silêncio, mas de não se sentar no banco dos réus, o que poderia ser interpretado como *recusa imotivada* à prestação de esclarecimentos sobre a acusação. Esse detalhe aqui abordado é relevante para demonstrar que não se pode misturar as coisas (e sistemas) para então dizer que o réu não é obrigado a *responder às perguntas do juiz*, mas apenas *de seu advogado.*

Tornou-se prática no Brasil referir-se ao direito ao silêncio como um suposto princípio da não autoincriminação. Na realidade, as coisas não são "bem assim".

A garantia do direito ao silêncio, como vimos, reafirma a necessidade de controle racional das decisões judiciais, de modo a impedir que o órgão julgador se valha do silêncio ou da negatividade de respostas às perguntas como critério de certeza ou de convencimento judicial.

De outro lado, dentre inúmeras garantias e direitos subjetivos do cidadão brasileiro, o direito à intimidade, à privacidade, à incolumidade física e psíquica, à honra, à imagem (art. 5º, X e XII, CF), que podem ser tangenciados pelo Poder Público, salvo nos limites autorizados no texto constitucional, de que é exemplo, a exigência de autorização judicial para a interceptação telefônica, para a expedição de mandado de prisão e para a busca e apreensão domiciliar (art. 5º, XI, XII e LXI, CF).

É no conjunto desse rol de direitos individuais que se resume o *nemo tenetur se detegere*, ou, se se quiser, a não autoincriminação.

O que não se pode afirmar é que o acusado teria o *direito* a não participar de qualquer medida probatória – contra si –, bastando assim desejar. Não existe esse *direito*. Nem aqui e nem em lugar nenhum dos ordenamentos jurídicos do mundo ocidental, incluindo os Tratados Internacionais de proteção aos direitos humanos. O que se garante, junto ao direito ao silêncio, é a proteção efetiva do acusado contra ações lesivas aos mencionados direitos individuais (integridade física, psíquica etc.).

[...]

Prosseguindo, temos que deixar bem claro que, em nossa compreensão, ampla defesa não pode ser confundida com a possibilidade de a defesa querer realizar todo e qualquer ato processual do *modo como entenda*. Ampla defesa não é o que a defesa quer, mas o que pode fazer à luz da concretização de todos os princípios constitucionais no processo penal pelo que *previsto na lei*. Portanto, não está em jogo apenas a ampla defesa, mas também o devido processo legal (que é devido processo para ambas as partes).

Então vamos pontuar novamente: o que a Constituição garante ao réu, no ato *privativo do juiz* que é o interrogatório, é não responder as perguntas formuladas (todas ou algumas) daquele que é o condutor da instrução criminal.

O ato é do juiz. Vamos insistir: do juiz!

E isso *isola* algum preceito constitucional? Claro que não.

Devido processo legal impõe reconhecer que o feito é *conduzido* por um juiz natural que tem o *direito e dever de interrogar o réu*, o qual, por sua vez, pode optar por *não responder as perguntas formuladas pelo juiz*.

Assim, não pode o réu dizer, de antemão, que não responderá as perguntas do juiz, mas *exclusivamente as do seu advogado*.

Tal procedimento é, desculpem, uma *inversão procedimental* sem base legal e sistemática alguma.

Não existe *garantia* – legal ou principiológica – de o réu transmudar o seu advogado em realizador do interrogatório, quando a lei (integralmente compatível a um modelo acusatório) confere a prerrogativa ao juiz.

Evidentemente que, como estamos tratando de *um dos meios de defesa do réu no processo*, embora ato *privativo* do juízo, tal situação não impede que, *em complementação ao ato*, a defesa requeira ao juiz a formulação de *eventuais questionamentos* que, não formulados, sejam importantes para robustecer a tese defensiva.

Não por outra razão que o STJ vem sistematicamente assentando que *"o art. 188 do Código de Processo Penal, com a redação dada pela Lei nº 10.792, de 1º.12.2003, dispõe que o magistrado, após proceder ao interrogatório, deve indagar de todas as partes, sem exceção, se restam eventuais fatos a serem esclarecidos. A propósito, o Supremo Tribunal Federal tem firmado entendimento no sentido da legalidade da participação dos corréus nos interrogatórios de outros réus, em reverência ao princípio do contraditório"*, embora eventual *"falta de permissão para a Defesa de corréu realizar perguntas no interrogatório de corréus não acarretou prejuízo concreto no caso em tela, dado que a tese defensiva que a Defesa pretendia robustecer foi rechaçada com base em outros elementos de prova, motivo pelo qual descabida a declaração de nulidade do feito, em atenção ao art. 563 do CPP" (Agravo Regimental no Recurso Especial nº 1.905.931/SP, STJ, 5ª Turma, unânime, Rel. Min. Joel Han Paciornik, julgado em 10.8.2021, publicado no DJ em 16.8.2021).*

Vamos deixar bem claro que o réu não é obrigado a responder às perguntas do juiz. Entretanto, nesse caso, não poderá *exigir* responder *as mesmas perguntas* do modo como formuladas pelo seu advogado.

As partes – e sobretudo a defesa – realizam perguntas *complementares* ao ato (privativo) do juiz, se necessário para o *melhor esclarecimento dos fatos.*

Não se pode *criar* ritos processuais sob o *pálio de "ampla defesa"*.

Insistimos: ampla defesa não é o que se quer que seja, mas o que a lei permite!

Portanto:

a) direito ao silêncio, sim;

b) direito a responder parcialmente às perguntas formuladas no interrogatório, igualmente;

c) mas se negar a responder às perguntas do juiz e ressaltar que vai responder *somente às perguntas* do advogado de defesa (mesmo que coincidentes, total ou parcialmente) com as que já formuladas anteriormente pelo juiz (em relação às quais pode ter exercido o direito ao silêncio) viola sim frontalmente um modelo acusatório, *pois se está diante de um ato que a lei conferiu ao juiz"*.[271]

---

[271] FISCHER, Douglas. Interrogatório: ato do juiz ou do advogado de defesa? *Professor Douglas Fischer*: temas jurídicos, [*s. l.*], 26 set. 2021.

No mesmo sentido, Márcio Schlee Gomes assentou que "o interrogatório não é um ato do réu. O interrogatório é um ato do juiz",[272] acrescentando, pois, que "diante da previsão do artigo 188 do CPP, a atuação da defesa no interrogatório é estritamente complementar. Assim, se o réu, no mais pleno exercício de seu direito, resolve não depor, não se manifestar, deixando de responder às perguntas do magistrado, o ato será encerrado, pois, por uma questão de lógica e óbvia, não se pode fazer esclarecimentos, não se tem como complementar se o principal existiu",[273] pelo que "entender que o direito à ampla defesa tutelaria um "interrogatório seletivo", em que o réu apenas responderia ao seu próprio advogado/defensor público, diretamente contra o texto legal previsto no CPP e num ato que exclui o Estado – juiz e Ministério Público – constituiria em evidente ampliação indevida de um princípio".[274]

Discordando da doutrina aqui transcrita sobre essa circunstância, Guilherme de Souza Nucci é firme em dizer:

> É importante destacar que o direito ao silêncio é amplo e irrestrito, cabendo ao acusado exercê-lo como e quando bem quiser. Isso significa que pode responder a algumas perguntas e não responder a outras. Pode aceitar indagações do juiz, mas rejeitar as formuladas pelo órgão acusatório e, naturalmente, pode responder as feitas pelo defensor.[275]

O Supremo Tribunal Federal, em sintonia com Guilherme de Souza Nucci, assim firmou sua jurisprudência:

> PENAL E PROCESSO PENAL. DIREITO AO SILÊNCIO. EXERCÍCIO SELETIVO. POSSIBILIDADE. CERCEAMENTO. NULIDADE DO INTERROGATÓRIO RECONHECIDA. AGRAVO REGIMENTAL PROVIDO.

---

[272] GOMES, Márcio Schlee. *Direito ao Silêncio "Seletivo" do Acusado? Nemo tenetur*, ampla defesa e proporcionalidade. *In:* ALAN, José Alexandre Zachia (org.). *Direito Penal e modernidade*: estudos em homenagem ao professor Augusto Dias Silva. São Paulo: Tirant lo Blanc, 2022.

[273] GOMES, Márcio Schlee. *Direito ao Silêncio "Seletivo" do Acusado? Nemo tenetur*, ampla defesa e proporcionalidade. *In:* ALAN, José Alexandre Zachia (org.). *Direito Penal e modernidade*: estudos em homenagem ao professor Augusto Dias Silva. São Paulo: Tirant lo Blanc, 2022. p. 142-143.

[274] GOMES, Márcio Schlee. *Direito ao Silêncio "Seletivo" do Acusado? Nemo tenetur*, ampla defesa e proporcionalidade. *In:* ALAN, José Alexandre Zachia (org.). *Direito Penal e modernidade*: estudos em homenagem ao professor Augusto Dias Silva. São Paulo: Tirant lo Blanc, 2022. p. 145-146.

[275] NUCCI, Guilherme de Souza. *Curso de Direito Processual Penal*. 21. ed. Rio de Janeiro: Forense, 2024b. p. 451.

> 1. O direito constitucional ao silêncio deve ser exercido pelo acusado da forma que melhor lhe aprouver, devendo ser compatibilizado com a sua condição de instrumento de defesa e de meio probatório.
>
> 2. A escolha das perguntas que serão respondidas e aquelas para as quais haverá silenciamento, harmoniza o exercício de defesa com a garantia da não incriminação.
>
> 3. Agravo provido para reconhecer a nulidade dos interrogatórios em razão do cerceamento do direito ao silêncio seletivo.[276]

Não é diferente o entendimento do Tribunal de Justiça de Minas Gerais, a saber:

> APELAÇÃO CRIMINAL – RECURSOS DEFENSIVOS E MINISTERIAL – ORGANIZAÇÃO CRIMINOSA E LAVAGEM DE DINHEIRO – PRELIMINARES – NULIDADES DAS INTERCEPÇÕES TELEFÔNICAS – QUEBRA DE CADEIA DE CUSTÓDIA – INÉPCIA DA DENÚNCIA E AUSÊNCIA DE JUSTA CAUSA – LITISPENDÊNCIA – INCOMPETÊNCIA DO JUÍZO – INDEFERIMENTO DE PERGUNTAS – NEGATIVA DE REALIZAÇÃO DO INTERROGATÓRIO DE RÉU FORAGIDO POR VIDEOCONFERÊNCIA – COMPARTILHAMENTO DE RELATÓRIOS DO COAF COM AUTORIDADE DE PERSECUÇÃO PENAL – QUEBRA DE SIGILO FISCAL – APRESENTAÇÃO DE ALEGAÇÕES FINAIS SEM A PRODUÇÃO DE TODOS OS LAUDOS DOS APARELHOS CELULARES APREENDIDOS – INOBSERVÂNCIA DA FASE DE DILIGÊNCIAS, PREVISTA NO ART. 402 DO CÓDIGO DE PROCESSO PENAL – DESNECESSIDADE DE PERÍCIA TÉCNICO-CONTÁBIL – INOBSERVÂNCIA DO DIREITO AO SILÊNCIO PARCIAL – PREJUÍZO À AUTODEFESA – NULIDADE CONSTATADA – EXTENSÃO DOS EFEITOS AOS CORRÉUS.
>
> [...]
>
> - O interrogatório é o momento processual no qual o acusado pode promover a sua autodefesa, sendo que o agente possui a faculdade de responder somente as perguntas que lhe convenham, ainda que sejam formuladas exclusivamente pela sua Defesa.[277]

Para nós, não obstante as posições em contrário, pode o réu responder, ou deixar de fazê-lo, a todas as perguntas do juiz ou somente

[276] STF – 2ª T., no Ag.Reg. no ROHC nº 213.849/SC, Redator do Acórdão Min. Edson Fachin, vencido o Min. Ricardo Lewandowski (Relator), julgado em Sessão Virtual de 05 a 12 de abril de 2024.

[277] TJMG – 7ª Câmara Criminal, na Apel. Crim. Nº 1.0000.22.115185-5/001 (1342474-83.2020.8.13.0024), Rel. Des. Agostinho Gomes de Azevedo, j. em 23.04.2025.

às que desejar dentre às que lhe forem formuladas pelo magistrado. Entendemos que o interrogando pode se negar a responder às perguntas do Ministério Público, cujo Órgão, como Fiscal da Lei que o é, imparcial, portanto, não deixa de ser, no processo penal, parte. No imaginário popular, o Ministério Público, no exercício de suas funções criminais, é visto como órgão sistemático de acusação, ou seja, uma parte simplesmente acusadora, não se atentando, pois, que pode (aliás, deve)[278] pugnar pela absolvição do denunciado, nos casos que se lhe autorizam. Essa, portanto, uma das razões, embora metajurídica, que nos leva a concluir que o acusado pode se negar a responder às perguntas do Ministério Público, quando do interrogatório judicial. Por óbvio, compete ao réu concordar em responder às perguntas de sua defesa técnica também, se desejar. Não compreendemos, porém, possa o acusado optar por responder tão somente às perguntas de sua defesa, excluindo às do juiz, tornando o ato em um monólogo entre si e seu patrono.

Assim, nos parece aceitável a interpretação foi feita pelo Min. Ricardo Lewandowski (voto vencido no Ag.Reg. no ROHC nº 213.849/SC, j. em 15.04.2024), quando, em data de 6.04.2022, ao proferir seu voto no ROHC nº 213.849-SC, reconhecendo que o direito ao silêncio traduz-se em proteção ao acusado a fim de que não produza provas contra si, ressaltou que, "por outro lado tal garantia não confere aos acusados escolherem por quem serão ou não interrogados, inexistindo qualquer previsão nesse sentido", destacando, ainda, que "as alterações da Lei n. 10.792/2003, foram assegurados a intervenção das partes no procedimento e ao interrogatório o direito de permanecer em silêncio, decorrência do princípio *nemo tenetur se detegere*, todavia o ato continuou sob o controle do Magistrado, não tendo a alteração

[278] "Não se pode exigir de uma pessoa, cuja função é fiscalizar a estrita aplicação da lei, que oriente sempre a sua atuação na tentativa de conseguir, com ginástica de inteligência, procedência para a acusação deduzida. Não é nem deve ser o Promotor um colecionador de condenações. A atuação do Ministério Público, di-lo Figueiredo Dias, deve ser orientada, unicamente, pelos fins da descoberta da verdade e da realização da Justiça e, portanto, pela observância estrita de um dever de objetividade" (TOURINHO FILHO, Fernando da Costa. *Processo Penal*. 11. ed. São Paulo: Saraiva, 1989. v. 3. p. 153). "Se é o órgão da lei e fiscal de sua execução e a lei determina a absolvição em certos casos, quando ocorrer qualquer deles, o promotor público, não somente pode como deve, exatamente para a execução da lei, reconhecer a inocência e pedir a absolvição" (LYRA, Roberto. *Como julgar, como defender, como acusar*. Rio de Janeiro: Editora Científica, [2014?]. p. 82). "Se inocente for, a absolvição do réu é função institucional do Ministério Público e o Promotor de Justiça, na qualidade de *custos legis*, deve pedir a declaração do *ius libertatis* do acusado" (RANGEL, Paulo. *Direito Processual Penal*. 8. ed. Rio de Janeiro: Lumen Juris, 2004. p. 28).

legislativa em momento algum assegurado o direito de escolher quem irá interrogá-lo".

7.14 "(Im)possibilidade do silêncio parcial da vítima ouvida em juízo no âmbito da Lei Maria da Penha"

Merece aqui, por sua importância e, também, para oportunizar eventual discussão dialética a respeito do tema, o registro feito por Caio Espíndola Fonseca, em relação a adoção do silêncio "parcial vertical" da vítima quando, em sede de declarações em juízo, se nega a responder às perguntas formuladas pela defesa do acusado.

Com o título em epígrafe, Caio Espíndola Fonseca, em data de 27.04.2025, publicou no site *Consultor Jurídico* opinião no sentido de que a vítima, quando ouvida como informante, não dispõe da possibilidade de deixar sem respostas às perguntas da defesa do réu, em relação aos fatos objeto da apuração nos autos.

Começa o autor esclarecendo ser comum os "operadores do Direito que atuam em processos de competência das Varas de Violência Doméstica [...] se depararem com a situação em que a ofendida, orientada pelo profissional que representa os seus interesses no processo, manifestar-se no sentido de não responder às perguntas formuladas pela defesa do acusado, independentemente de sua natureza e, não raras as vezes, antes mesmo delas serem formuladas". E prossegue: "O silêncio da vítima é, geralmente, fundamentado no artigo 13 da Lei nº 11.340 (Lei Maria da Penha), que prevê a possibilidade de aplicação subsidiária e complementar do inciso IV do artigo 5º da Lei 13.431/2017, que trata do direito da criança e do adolescente ao silêncio, quando vítimas ou testemunhas de violência. De semelhante modo, por analogia, também é comum fundamentar tal pretensão no artigo 400-A do CPP, dispositivo inserido pela Lei nº 14.245 (Lei Mariana Ferrer) e que veda às partes e aos demais sujeitos processuais a manifestação sobre circunstâncias ou elementos alheios aos fatos objetos da apuração nos autos, assim como a utilização de linguagem, de informação ou de material que ofendam a dignidade da vítima ou de testemunhas. Outro dispositivo que comumente ampara o desejo de a vítima não responder às perguntas defensivas é o enunciado nº 50 do Fórum Nacional de Juízas e Juízes de Violência Doméstica e Familiar contra a Mulher (Fonavid), que preceitua que *"deve ser respeitada a vontade da mulher em situação de violência de não se expressar durante seu depoimento em juízo, após devidamente informada dos seus direitos"*. Assumindo postura contrária às interpretações que muitos outros dão a esses dispositivos, Caio Espíndola Fonseca fundamenta: "Todavia, em um processo penal que se pretende democrático, a interpretação e a aplicação desses dispositivos, ainda que inseridos no microssistema de proteção à mulher, devem estar de acordo com o texto constitucional e, por essa razão, não podem, em hipótese alguma, deturpar o seu sentido ou construir óbice ao exercício das garantias processuais. Nesse sentido, a Constituição da República (artigo 5º, inciso LXIII) consagrou o direito ao silêncio expressamente ao acusado, não havendo previsão semelhante para a vítima ouvida em juízo como informante". Em continuação, mencionado autor, amparando-se em lição de Aury Lopes Jr., acrescenta que "no que diz respeito à vítima ouvida em juízo, prevalece na doutrina o entendimento de que, por se tratar de meio de prova, a ofendida "*não pode invocar o direito ao silêncio, pois essa é uma garantia que apenas o imputado possui*". Na sequência, sustenta Caio Espíndola Fonseca "que, ao se recusar a responder toda e qualquer pergunta eventualmente formulada pela defesa do acusado, mesmo sem saber o teor de cada uma delas, a vítima inviabiliza o exercício do contraditório" previsto no artigo 5º, inciso LV, da Constituição Federal. Logo, diz ele, "se à defesa do acusado não for permitido evidenciar eventuais contradições, omissões e inverdades no depoimento da vítima, não é possível atribuir valor epistemológico para esse relato, que também padece no plano da validade. Dito de outra maneira, não admitir que a defesa formule perguntas implica negar às partes o direito de participar da produção da prova, com o que o direito à prova e o contraditório restam violados. O prejuízo ao acusado na adoção do silêncio parcial da ofendida torna-se ainda mais evidente diante da constatação de que, nos crimes cometidos no âmbito da Lei Maria da Penha, a jurisprudência é pacífica ao atribuir especial relevância à palavra da vítima, equiparando suas declarações ao depoimento de uma testemunha". E, louvando-se no magistério de Gustavo Henrique Badaró, Caio Espíndola Fonseca reproduz que, "*nos casos em que se admite que a palavra da vítima tenha validade para condenação do acusado, chegando-se, até mesmo, a afirmar que ela goza de presunção de veracidade, se não for dada a oportunidade à defesa fazer perguntas ao ofendido, será impossível demonstrar que suas declarações não são coerentes e verossímeis*". Depois de assim expor, e após outros fundamentos aqui não transcritos, conclui o já citado autor: "Diante de todo o exposto, resta evidente que a adoção do silêncio parcial da vítima, quando ouvida como informante, compromete de forma irremediável a validade da prova oral produzida em juízo. Em um processo penal orientado pelos princípios do contraditório e da paridade de armas, não há espaço para restrições unilaterais à participação da defesa na formulação de perguntas. A proteção à vítima deve coexistir com a garantia de um processo justo e equilibrado. Assim, qualquer interpretação que autorize a recusa prévia e genérica ao exame cruzado, sem amparo constitucional, além de afrontar direitos fundamentais do acusado, esvazia o próprio conceito de prova válida e deve ser rechaçada".[279]

A nós nos parece assistir razão ao aludido autor. De fato, para além de não haver previsão legal sobre a possibilidade do exercício ao silêncio seletivo da vítima, o acusado não pode ter o seu direito à ampla defesa e ao contraditório cerceado. Caberá, por óbvio, ao juiz, quando da oitiva da vítima, indeferir eventuais perguntas que venham a macular o disposto no art. 400-A, do Código de Processo Penal, não sendo, pois, à ofendida, dado o direito de optar por responder tão somente às perguntas do magistrado, bem assim, se for o caso, de seu assistente judicial, sem permitir ao acusado que lhe sejam endereçados questionamentos em relação aos fatos objeto de apuração nos autos, competindo ao magistrado, destarte, intervir contra manifestações sobre circunstâncias ou elementos alheios aos fatos objeto da apuração nos autos e a utilização de linguagem, de informação ou de material que ofendam a dignidade da vítima ou de testemunhas, como expressamente previsto na legislação de regência (art. 400-A, incisos I e II, do CPP). Essa norma processual penal, pois, há de ser igualmente observada e respeitada nos delitos que dizem respeito à Lei Maria da Penha (Lei nº 11.340/2006). Impõe-se, outrossim, nos casos de competência do Tribunal do Júri, observância e obediência ao disposto no art. 474-A, do Código de Processo Penal, cuja redação é semelhante àquela prevista para os crimes contra a dignidade sexual.

7.15 Da referência crítica ao silêncio do réu quando ouvido em fase inquisitorial, no plenário da sessão do júri. Nulidade. Tribunal de Justiça de São Paulo/SP.

Como já amplamente analisado neste livro, o réu tem o direito ao silêncio; o seu silêncio não importará em confissão e também não

---

[279] FONSECA, Caio Espíndola. (Im)possibilidade do silêncio parcial da vítima ouvida em juízo no âmbito da Lei Maria da Pena. *Consultor Jurídico*, [s. l.], 27 abr. 2025.

poderá ser interpretado em prejuízo de sua defesa (art. 186, parágrafo único, e art. 478, ambos do CPP).

Desse modo, o Tribunal de Justiça de São Paulo/SP, em data de 03.06.2025, deu provimento a uma apelação de um réu condenado a 32 anos de reclusão em regime inicialmente fechado, além da perda do cargo de policial militar, porque o Promotor de Justiça, durante sua fala, fez menção ao silêncio do acusado durante a fase inquisitorial, acrescentando comentário crítico, anulando, assim, o julgamento.

Eis, a seguir, o inteiro teor da Ementa daquele julgamento:

> DIREITO PENAL. APELAÇÃO CRIMINAL. TRIBUNAL DO JÚRI. EXPLORAÇÃO DO DIREITO AO SILÊNCIO DO RÉU. NULIDADE. I. Caso em Exame: Elton Luiz de Andrade foi condenado pelo Tribunal do Júri por homicídio qualificado, nos termos do artigo 121, §2º, incisos I, IV e §6º do Código Penal, à pena de 32 anos de reclusão em regime inicial fechado, além da perda do cargo de policial militar. II. Questão em Discussão: A questão em discussão consiste em: (i) se o uso de algemas durante o julgamento foi injustificado, violando o §3º do artigo 474 do CPP e a Súmula Vinculante nº 11 do STF; (ii) se a menção ao silêncio do réu pelo Ministério Público durante os debates infringiu o artigo 478, II do CPP. III. Razões de Decidir: A mantença do réu algemado durante o julgamento pelo Tribunal do Júri foi objeto de apreciação por intermédio de *habeas corpus* impetrado anteriormente em favor do réu, cuja ordem foi denegada. Ao mencionar o silêncio do réu durante o interrogatório realizado na fase de investigação, o Ministério Público violou a proibição preconizada pelo artigo 478, II, do CPP, o que impende a anulação da sessão plenária de julgamento. Ficou demonstrado pelo registro na ata de julgamento pelo próprio Juiz Presidente que o representante do Ministério Público fez referência ao silêncio do réu e explorou a circunstância de o interrogando ter optado em permanecer calado. Não foram feitas advertências ao Ministério Público nem orientações aos jurados para que desconsiderassem as referências feitas acerca do silêncio do réu. IV. Dispositivo e Tese: Recurso de apelação provido para anulação da sessão plenária de julgamento realizada em 10.6.2024 pelo Tribunal do Júri da comarca de Ribeirão Preto, com retorno dos autos ao Juízo *a quo* para novo julgamento. Tese de julgamento: *A referência ao silêncio do réu pelo Ministério Público durante os debates no Tribunal do Júri e o intuito de explorar a circunstância e opção do réu em permanecer calado constituiu vedação expressa na Lei Penal Processual e enseja nulidade do julgamento*. Legislação Citada: CPP, art. 478, II. Jurisprudência citada: TJSP, Apelação Criminal 9000005-30.2007.8.26.0451; Relator: Ericson Maranho; 6ª Câmara de Direito Criminal; j.: 06/06/2013. (TJ-SP – Ac. unân. da 3ª Câmara de Direito Criminal, Processo 1506711-15.2022.8.26.0506, j. em 29/05/2025, Rel. Des. Rodrigues Torres) – itálico inovado.

Do voto do Desembargador Relator, pinçam-se, nesse particular, as seguintes passagens:

> *Da referência crítica ao silêncio do réu*
>
> No que se refere à menção feita pelo Ministério Público ao silêncio do réu durante seu interrogatório na fase policial, tem razão da defesa: o julgamento deve ser anulado. O direito ao silêncio, expressamente garantido no artigo 186 é um dos principais institutos principiológicos que estruturam o Direito Processual Penal. Seu fundamento está na Constituição Federal, em seu art. 5º, LXIII, e, também, no artigo 8.2, g da Convenção Americana sobre Direitos Humanos, o Pacto de São José da Costa Rica. Enfim, o direito ao silêncio é corolário do princípio *nemo tenetur se detegere*. O réu tem o direito de não produzir prova contra si mesmo. Assim, caso o réu opte pelo exercício desse direito, seja por orientação da defesa técnica, seja por vontade pessoal, em juízo ou na fase investigativa, não pode o julgador levar em consideração seu silêncio para presumi-lo culpado nem para fundamentar uma condenação. É o que dispõe expressamente o parágrafo único do art. 186 do CPP. E a necessidade de preservação da incolumidade desse direito é tão importante e imprescindível que o legislador, com relação ao Tribunal do Júri, proibiu, explicitamente, qualquer menção argumentativa e crítica ao silêncio do acusado. É que os jurados, que são leigos, não podem ser influenciados por argumentação ilícita que viola um direito constitucional e convencional do acusado. Aliás, a desobediência a essa proibição implica violação ética a princípios que devem ser preservados para a indenidade de nossa sociabilidade democrática. É por tudo isso que a desobediência a essa norma proibitiva implica nulidade do julgamento (CPP, art. 478, II). E, neste caso, houve evidente e inegável violação à proibição de menção crítica ao direito do réu ao silêncio. De fato, constou da ata do julgamento, explicitamente, o seguinte: "Pelo MM. Juiz foi dito: 'Durante a manifestação do Dr. Promotor de Justiça, a Defesa requereu que constasse em ata que ele asseverou que, na fase policial, o acusado poderia se explicar e manteve-se em silêncio. O Ministério Público afirmou que não utilizou a menção como argumento de autoridade'". Como se vê, inquestionavelmente, lamentavelmente, o Promotor de Justiça fez menção ao silêncio do réu durante a fase inquisitorial e acrescentou comentário crítico inadmissível a essa menção. Não ocorreu uma mera menção narrativa, mas, sim, uma menção acompanhada de censura à conduta do réu, que teria ficado em silêncio diante da oportunidade que lhe fora garantida para oferecer uma explicação. Essa argumentação, de forma ilícita e nada ética, despreza a máxima de que o acusado não tem a obrigação de oferecer explicações e tem o direito ao silêncio exatamente porque tem o direito de não produzir provas contra si mesmo. Essa postura do Promotor de Justiça durante o julgamento é inadmissível e expressamente proibida pelo ordenamento jurídico nos termos do artigo 478 do CPP. Ademais,

> como se trata de norma que visa à garantia de direito constitucional e convencional dos acusados, deve sempre ser interpretada e aplicada de modo efetivo a garantir-lhe eficácia plena. E, neste caso, basta ler o texto da ata acima transcrito para que se evidencie que a intenção do Promotor de Justiça não foi a de beneficiar o réu, mas, sim, de explorar negativamente a opção do réu pelo direito ao silêncio. Inegavelmente, a menção ao silêncio do réu durante o interrogatório extrajudicial teve o nítido objetivo argumentativo de censurar a opção do réu pelo silencia e, assim, prejudicar a imagem e postura do réu para favorecer a sua pretensão à condenação, o que, como visto, acabou ocorrendo. Decididamente, a sessão plenária de julgamento deve ser anulada e os autos, retornar ao Juízo *a quo* para o fazimento de novo julgamento, ficando prejudicado o mérito recursal, como decidido por este Tribunal em julgamento de caso análogo: "JÚRI Nulidade Menção, em Plenário, pela acusação, do interrogatório em que o réu optou pelo silêncio Violação do disposto no art. 478, II, do Código de Processo Penal Preliminar acolhida." (Apelação Criminal 9000005-30.2007.8.26.0451; Relator: Ericson Maranho; 6ª Câmara de Direito Criminal; j.: 06/06/2013).
>
> De rigor, pois, a anulação da sessão plenária de julgamento.

Do Acórdão acima reproduzido, bem se vê que, para o TJ/SP, fazer referência ao uso do direito ao silêncio pelo réu em desfavor dele durante os debates do Tribunal do Júri viola o Código de Processo Penal e resulta, portanto, em nulidade.

Em sessão do júri, o promotor de Justiça disse que o réu poderia ter se explicado, mas preferiu ficar em silêncio.

Assim entendeu a 13ª Câmara de Direito Criminal do Tribunal de Justiça de São Paulo ao anular um julgamento da 2ª Vara do Júri e das Execuções Criminais de Ribeirão Preto (SP) que condenou o réu a 32 anos de reclusão em regime inicial fechado por homicídio em grupo de extermínio. Com isso, o processo foi encaminhado ao juízo de origem para a promoção de um novo julgamento.

O colegiado tomou a decisão ao analisar o recurso de apelação do acusado contra a sentença de primeira instância.

Segundo os autos, a denúncia foi analisada pelo Tribunal do Júri em junho de 2024. Na sessão, o representante do Ministério Público mencionou o fato de o réu ter escolhido ficar em silêncio durante o interrogatório ao qual foi submetido durante as investigações do crime.

A defesa, então, pediu a anulação do julgamento com base no artigo 478, inciso II, do CPP. O dispositivo prevê a nulidade dos debates do Tribunal do Júri quando forem feitas menções ao silêncio do acusado ou à ausência de interrogatório por falta de requerimento.

O relator do recurso no TJ-SP, desembargador Rodrigues Torres, deu razão ao argumento defensivo.

"O direito ao silêncio, expressamente garantido no artigo 186 do CPP, é um dos principais institutos principiológicos que estruturam o Direito Processual Penal. O réu tem o direito de não produzir prova contra si mesmo. Assim, caso o réu opte pelo exercício desse direito, seja por orientação da defesa técnica, seja por vontade pessoal, em juízo ou na fase investigativa, não pode o julgador levar em consideração seu silêncio para presumi-lo culpado, nem para fundamentar uma condenação", escreveu o magistrado.

"A necessidade de preservação da incolumidade desse direito é tão importante e imprescindível que o legislador, com relação ao Tribunal do Júri, proibiu, explicitamente, qualquer menção argumentativa e crítica ao silêncio do acusado. É que os jurados, que são leigos, não podem ser influenciados por argumentação ilícita que viola um direito constitucional e convencional do acusado. Aliás, a desobediência a essa proibição implica violação ética a princípios que devem ser preservados para a indenidade de nossa sociabilidade democrática. É por tudo isso que a desobediência a essa norma proibitiva implica nulidade do julgamento."

O relator observou ainda que a ata do julgamento atacado informa que o promotor de Justiça falou que o réu poderia ter se explicado durante a fase policial do processo, mas manteve-se em silêncio.

"Essa argumentação, de forma ilícita e nada ética, despreza a máxima de que o acusado não tem a obrigação de oferecer explicações e tem o direito ao silêncio exatamente porque tem o direito de não produzir provas contra si mesmo. Essa postura do promotor de Justiça durante o julgamento é inadmissível e expressamente proibida pelo ordenamento jurídico", acrescentou.[280]

---

[280] MELLO, Mateus. Por menção ao silêncio do réu, TJ-SP anula júri que o condenou a 32 anos. *Consultor Jurídico*, [s. l.], 13 jun. 2025. Disponível em: https://www.conjur.com.br/2025-jun-13/por-mencao-ao-silencio-do-reu-tj-sp-anula-juri-que-o-condenou-a-32-anos/. Acesso em: 16 jun. 2025.

CAPÍTULO 8

SOBRE UM SUPOSTO DIREITO DE MENTIR

O direito ao silêncio e a garantia contra a não autoincriminação proporcionam discussões quanto à sua extensão e/ou seus limites, notadamente porque, conforme Jorge Miranda, "nenhum direito é absoluto ou ilimitadamente elástico e cada novo direito tem de coexistir com os demais direitos, sem quebra da unidade (aliás, mais valorativa do que lógica) do sistema".[281]

É certo, pois, que, para alguns, por força daquelas prerrogativas, tem o acusado, no seu exercício à ampla defesa, o direito de mentir, inclusive sobre sua identidade, sem que, em consequência, sofra qualquer admoestação e/ou punição; para outros, porém, a garantia ao silêncio e o direito de não produzir provas em seu desfavor, não asseguram ao acusado o direito de mentir, especificamente sobre sua identidade, nem o de fazer autoacusação falsa, sem que, em decorrência, sofra qualquer represália.

8.1 Doutrina brasileira

No Brasil, a questão suscita diferentes interpretações.

8.1.1 Direito de mentir, sem restrições

Segundo Alexandre de Moraes:

> O direito de permanecer em silêncio, constitucionalmente consagrado, seguindo orientação da Convenção Americana sobre Direitos Humanos,

281 MIRANDA, Jorge. *Manual de Direito Constitucional*. 4. ed. Lisboa: Coimbra, 2008. t. IV. p. 181.

que prevê em seu art. 8º, §2º, *g*, o *direito a toda pessoa acusada de delito não ser obrigada a depor contra si mesma, nem a declarar-se culpada*, apresenta-se como verdadeiro complemento aos princípios do *due processo of law* e da ampla defesa, garantindo-se dessa forma ao acusado não só o direito ao *silêncio puro*, mas também o direito a prestar declarações falsas e inverídicas, sem que por elas possa ser responsabilizado, uma vez que não se conhece em nosso ordenamento jurídico o crime de perjúrio.[282]

No mesmo sentido, Edgar de Moura Bittencourt consignou que:

> Na batalha que se trava entre a acusação e a defesa, a mentira do réu, na luta por sua liberdade, se não é elogiável sob o aspecto moral, também não lhe é proibida. Dizer a verdade contra si próprio, com o risco de um enorme sofrimento, é atributo das criaturas superiores, mas a lei penal – observa o velho GARRAUD – não quer o heroísmo.[283]

8.1.2 Restrições a um suposto direito de mentir

Para Antônio Assumpção "a mentira não pode ser interpretada como direito ínsito, mas como subterfúgio repudiável ao exercício da atividade investigativa e judicante".[284]

De acordo com Theodomiro Dias Neto, "a mentira é um direito do acusado desde que sua prática não resulte em crimes".[285]

A esse respeito, Luis Flávio Borges D'Urso discorreu:

> O limite, tênue, que define quando o acusado está no exercício de um direito ou infringindo algum dispositivo legal reside na conduta observada isoladamente, isto é, se o acusado estiver mentindo à autoridade, sobre sua identidade, haverá de responder pelo crime de falsa identidade [...].[286]

Predomina o entendimento que o direito de ficar calado não compreende o de mentir sobre sua própria identidade. Outro enfoque que afasta

---

[282] MORAES, Alexandre de. *Direitos Humanos Fundamentais*. 3. ed. São Paulo: Atlas, 2000. p. 285.

[283] BITTENCOURT, Edgar de Moura. *Crime*. São Paulo: Universitária de Direito, 1973. p. 218.

[284] ASSUMPÇÃO, Antônio A. F. *O direito de Mentir x O Direito ao Silêncio sob a ótica do Direito Internacional Comparado.*

[285] *Apud* BOTTINO, Thiago. *O Direito ao Silêncio na Jurisprudência do STF*. São Paulo: Campus Jurídico, 2009. p. 73, nota de rodapé n. 100.

[286] O Código Penal Brasileiro, no seu art. 307, dispõe: "Atribuir-se ou atribuir a terceiro falsa identidade para obter vantagem, em proveito próprio ou alheio, ou para causar dano a outrem: Pena – detenção, de 3 (três) meses a 1 (um) ano, ou multa, se o fato não constitui elemento de crime mais grave."

a hipótese de se constituir direito do acusado a mentira, vem à luz, quando analisamos o crime de auto-acusação falsa[287] prevista em nosso ordenamento jurídico para proibir que alguém se auto-atribua, falsamente, a autoria de um crime, transtornando completamente o sistema punitivo, que punirá o inocente e deixará impune o verdadeiro culpado. [...]

Dessa forma fica evidente que o acusado criminalmente não tem direito de mentir impunemente, pois mesmo que utilize-se do princípio da ampla defesa, de não produzir prova contrária a si mesmo ou de permanecer calado, jamais estará autorizado a mentir sobre sua identidade ou a se auto-acusar falsamente, respondendo por tais crimes se assim proceder.[288]

Guilherme de Souza Nucci, sobre esse tema pontificou:

Direito de mentir do réu: embora, no exercício do seu direito de defesa, que é constitucionalmente assegurado – ampla defesa – e não deve ser limitado por qualquer norma ordinária, tenha o acusado o direito de mentir, negando a existência do crime, sua autoria, imputando-a a outra pessoa, invocando uma excludente qualquer, enfim, narrando inverdades, não lhe confere o ordenamento jurídico o direito de auto-acusar falsamente. Nem em nome do princípio da ampla defesa é-lhe assegurado o direito de auto-acusar-se, pois também é princípio constitucional evitar, a qualquer custo, o erro judiciário (art. 5º, LXXV).[289]

Não havendo hierarquia entre normas constitucionais, deve o sistema harmonizar-se sem necessidade de que uma norma sobrepuje outra. Assim, sob qualquer prisma, evitar a auto-acusação é tipo penal perfeitamente sintonizado com a segurança almejada pelo sistema jurídico-penal.[290]

Autodefesa: não é infração penal a conduta do agente que se atribui falsa identidade para escapar da ação policial, evitando a prisão [...]. Não abrange, no entanto, o momento de qualificação, seja na polícia, seja em juízo, pois, o direito de silenciar ou mentir que possui não envolve essa fase do interrogatório. Não há, como já visto em itens anteriores,

---

287 O Código Penal Brasileiro, no seu art. 341, dispõe: "Acusar-se, perante a autoridade, de crime inexistente ou praticado por outrem: Pena – detenção, de 3 (três) meses a 2 (dois) anos, ou multa."

288 D'URSO, Luis Flávio Borges. O Acusado tem Direito de Mentir? *Revista Âmbito Jurídico*, [s. *l.*], 31 ago. 2003.

289 Art. 5º, LXXV, da Constituição da República Federativa do Brasil: "O Estado indenizará o condenado por erro judiciário, assim como o que ficar preso além do tempo fixado na sentença."

290 NUCCI, Guilherme de Souza. *Código Penal comentado*. 7. ed. São Paulo: Revista dos Tribunais, 2007. p. 1083.

qualquer direito absoluto, de modo que o interesse na escorreita administração da justiça, impedindo-se que um inocente seja julgado em lugar do culpado, prevalece nesse ato. Daí porque, falseando quanto à sua identidade, pode responder pelo crime do art. 307.[291]

Sérgio Ricardo de Sousa e Willian Silva, defendem que:

> Não é direito do investigado ou do réu negar-se a responder ou fazê-lo mentirosamente, no que diz respeito à sua qualificação pessoal, evitando-se, dentre outras situações, que o interrogando se faça passar por terceira pessoa ou mesmo por uma pessoa inexistente, com graves danos para os aspectos teleológicos do processo penal.[292]

Por sua vez, Fernando da Costa Tourinho Filho verberou:

> Cumpre notar que o réu tem inteira liberdade de dizer o que quiser e bem entender. Mas nem por isso poderá fazer uma auto-acusação falsa, pois, nesse caso, estaria, com a sua conduta, criando obstáculo a que se puna o verdadeiro culpado.
>
> Quando do seu interrogatório, se ele a tanto assentir, o réu poderá dizer o que quiser e bem entender, dando aos fatos a versão que lhe parecer melhor, sem que possa cometer o crime de falso testemunho, mesmo porque sujeito ativo dessa infração é a testemunha [...]. Ele pode até faltar à verdade. E, como observa Jorge de Figueiredo Dias, "não se trata de um direito de mentir, mas, simplesmente, da não-punição da mentira" (*Direito processual penal*, Coimbra, v. I, p. 450).
>
> No Direito norte-americano, o acusado tem o direito de permanecer calado, em face do *privilege against self-incrimination*. Mas, se quiser abrir mão desse privilégio, poderá, após o juramento de dizer a verdade e somente a verdade, ser inquirido pelo seu Defensor (*direct examination*) e, a seguir, pela parte contrária (*cross examination*), como se fosse uma verdadeira testemunha, respondendo por eventual perjúrio (Antônio Magalhães Gomes Filho, *Direito à prova no processo penal*, São Paulo, Revista dos Tribunais, 1997, p. 149). Tal liberdade de manifestação não vai ao ponto de se permitir ao réu acusar-se de um crime que não cometeu. A auto-acusação falsa é crime.[293]

---

[291] NUCCI, Guilherme de Souza. *Código Penal comentado*. 7. ed. São Paulo: Revista dos Tribunais, 2007. p. 986.

[292] SOUZA, Sérgio Ricardo de; SILVA, Willian. *Manual de processo penal constitucional*: pós-reforma de 2008. Rio de Janeiro: Forense, 2008. p. 404.

[293] TOURINHO FILHO, Fernando da Costa. *Código de Processo Penal Comentado*. 10. ed. São Paulo: Saraiva, 2007. v. I. p. 547-548.

De acordo com Maria Elizabeth Queijo:

> Predomina o entendimento de que o direito ao silêncio tem lugar apenas no interrogatório de mérito. Desse modo, o acusado pode deixar de responder às indagações formuladas a respeito do fato em apuração e suas conseqüências, não lhe sendo facultado deixar de responder às perguntas formuladas com referência à sua identificação. A recusa de resposta a essas indagações pode ensejar a prática do crime de desobediência.
>
> Nessa esteira, também não é consentido ao acusado faltar a verdade em relação aos dados que o identifiquem, sob pena de cometimento de crime. Não se reconhece a incidência do *nemo tenetur se detegere* na qualificação porque se entende que a oferta de dados pessoais não implica auto-incriminação, já que não representa assunção de responsabilidade quanto ao fato apurado [...] Extrai-se que não tem o acusado o direito de silenciar, bem como há o dever de dizer a verdade com referência à qualificação.
>
> Deve-se ressaltar, porém, que o *nemo tenetur se detegere* somente não incide em relação aos dados de identificação, tais como nome, sobrenome, filiação, data e local de nascimento, número de carteira de identificação. Não estão abrangidas na identificação as indagações referentes a antecedentes e condenações anteriores.[294]

Na linha de Ada Pellegrini Grinover, Antônio Scarance Fernandes e Antônio Magalhães Gomes Filho: "As perguntas sobre a qualificação do acusado não estão acobertadas pelo direito ao silêncio, porquanto em sua resposta não se caracteriza qualquer atividade defensiva".[295]

8.1.3 Restrições e não restrições a um suposto direito de mentir: ausência de consenso na doutrina brasileira.

Não há consenso na doutrina brasileira acerca de um direito a mentir como expressão da prerrogativa constitucional contra a autoincriminação.

---

294 QUEIJO, Maria Elizabeth. *O direito de não produzir prova contra si mesmo*: o princípio *nemo tenetur se detegere* e suas decorrências no processo penal. São Paulo: Saraiva, 2003. p. 200-202.

295 GRINOVER, Ada Pellegrini; FERNANDES, Antônio Scarance; GOMES FILHO, Antônio Magalhães. *As Nulidades no Processo Penal*. 6. ed. São Paulo: Revista dos Tribunais, 1997. p. 80.

No que diz respeito ao reconhecimento ou não do crime de denunciação caluniosa por parte do agente que, dolosamente, atribui a outrem, sabendo-o inocente, a autoria do delito a si imputado, Jorge Assaf Maluly, por todos, colacionando as opiniões de muitos doutrinadores e, ao final, contrapondo-se a alguns deles, leciona:

> Pode ocorrer que o verdadeiro autor do crime, quando interrogado por uma autoridade, impute a outro a prática ilícita e, por conseqüência, dê causa a uma investigação policial ou ação penal contra esta pessoa. De igual modo, a testemunha, em seu depoimento, pode indicar terceiro como responsável do crime, sabendo da falsidade desta imputação. Nestes casos, não há na doutrina consenso sobre o reconhecimento ou não da denunciação caluniosa. Destacam-se duas orientações. A primeira corrente entende que, por não haver espontaneidade nestas condutas dos agentes, o crime de denunciação caluniosa não está tipificado.
>
> Explica Magalhães Noronha que o agente deve ter "vontade livre e consciente de praticar o fato, ou noutros termos, livre e espontaneamente provocar a iniciativa da autoridade. Se, por exemplo, a imputação é feita por um réu que se defende em processo ou por testemunha que nele depõe, o crime a reconhecer será o de calúnia ou falso testemunho".
>
> No mesmo sentido prelecionam Nelson Hungria, Paulo José da Costa Jr. e Damásio E. de Jesus. Soma-se a este argumento a circunstância do réu estar no exercício do seu direito constitucional da ampla defesa (art. 5º, LV, CF), que lhe assegura a possibilidade não só de ficar em silêncio como a de não assumir a autoria do delito, oferecendo uma versão contrária à acusação.
>
> Contrariando este posicionamento, Flávio Queiroz aborda o problema, ensinando que o "interrogado e a testemunha só são perguntados sobre a responsabilidade criminal da pessoa ou pessoas denunciadas. Por conseguinte se, em suas respostas, acusam uma outra, fazem-no por livre vontade e sem qualquer provocação. Indagar-se-á do interrogado o que se relaciona com a acusação.
>
> Se negar o crime, quando o tenha praticado, ou o relatar com falsas circunstâncias, não sofrerá por isso. Processado pela justiça, defendeu-se da mesma, muito embora tentando enganá-la. Por mentir em relação à sua pessoa não infringiu lei. Respondeu ao que lhe foi perguntado, procurando somente desvencilhar-se das malhas do processo. Agiu, porém, espontânea e criminosamente, se se aproveitou da pergunta para acusar alguém, cuja inocência conhecia".
>
> Com a mesma orientação, Bento de Faria contesta a primeira corrente e lembra que não se pode confundir voluntariedade com espontaneidade. Diz que a "denúncia deve, sem dúvida, ser voluntária, mas pode não ser espontânea, e nem por isso escapa a repressão penal quando caluniosa. Assim, quando em um interrogatório, ou durante algum exame, alguém

imputa a outrem, com precisão, a prática de delito, sendo tomadas por têrmo suas declarações, que posteriormente, determinaram o inquérito policial, não há como contestar, segundo penso, a denunciação caluniosa".

Idêntica é a orientação de Heleno Cláudio Fragoso, no sentido de que a "lei não exige, de forma alguma, a espontaneidade da ação, que é elemento indiferente. É bastante, para configurar a culpa, como no dolo em geral, a voluntariedade da ação".

Analisando o delito de *calunnia* do Código Penal Italiano, Antolisei preleciona que o agente responde pelo crime quando acusa um inocente no curso de um interrogatório, mas excepciona as hipóteses em que o réu assim age para repelir uma acusação ou na chamada "calúnia por retorsão", nas quais o culpado atribui ao seu acusador um outro crime para diminuir a eficácia da imputação ou para valer-se de uma circunstância atenuante.

Manzini também se coloca entre aqueles que entendem que a falsa imputação não precisa ser espontânea, basta ser voluntária, e por isso, tanto o acusado, durante um interrogatório perante a autoridade, como uma testemunha podem responder pela denunciação caluniosa. A nossa Jurisprudência, de igual modo, diverge sobre a conseqüência penal da conduta daquele que, interrogado por uma autoridade policial ou judiciária, imputa falsamente a outro a prática do delito. Alguns julgados a consideram atípica, mas também podemos encontrar algumas decisões tipificando o fato como crime de calúnia (art. 138 do CP).

A meu ver, quando é o interrogado que imputa falsamente a outrem uma prática criminosa, não há que se falar em denunciação caluniosa porque, ainda que tenha agido voluntariamente, não o faz com o ânimo de causar a instauração de uma investigação policial ou uma ação penal contra um inocente, mas apenas para defender-se, repelir uma acusação existente contra si.

Esta situação torna-se mais evidente quando, por exemplo, o réu invoca uma causa excludente de sua responsabilidade, como a legítima defesa, na qual atribui ao seu desafeto a iniciativa da agressão injusta. Por este fato o réu não irá responder pelo crime contra a administração da justiça, em razão da sua atipicidade.[296] [297]

---

[296] MALULY, Jorge Assaf. *Denunciação caluniosa*. Belo Horizonte: Del Rey, 2006. p. 57-60.

[297] Dispõe o art. 138 do Código Penal Brasileiro: "Caluniar alguém, imputando-lhe falsamente fato definido como crime: Pena – detenção, de 6 (seis) meses a 2 (dois) anos, e multa"; já o art. 339 do mesmo Código Penal Brasileiro preconiza: "Dar causa a instauração de investigação policial, de processo judicial, instauração de investigação administrativa, inquérito civil ou ação de improbidade administrativa contra alguém, imputando-lhe crime de que o sabe inocente: Pena – reclusão, de 2 (dois) a 8 (oito) anos, e multa. §1º A pena é aumentada de sexta parte, se o agente se serve e anonimato ou de nome suposto. §2º A pena é diminuída de metade, se a imputação é de prática de contravenção."

8.1.4 Tolerância à mentira

Não obstante alguns entendimentos em contrário, comungamos com Renato Brasileiro de Lima, para quem

> não se pode concordar com a assertiva de que o princípio do *nemo tenetur se detegere* assegure o *direito* à mentira. Em um Estado democrático de Direito, não se pode afirmar que o próprio Estado assegure aos cidadãos direito a um comportamento antiético e imoral, consubstanciado pela mentira [...].
>
> Na verdade, por não existir o crime de perjúrio no ordenamento pátrio, pode-se dizer que o comportamento de dizer a verdade não é exigível do acusado, sendo a mentira *tolerada*, porque dela não pode resultar nenhum prejuízo ao acusado [...].
>
> Logo, como o dever de dizer a verdade não é dotado de coercibilidade, já que não há sanção contra a mentira no Brasil, quando o acusado inventa um álibi que não condiz com a verdade, simplesmente para criar uma dúvida na convicção do órgão julgador, conclui-se que essa mentira há de ser tolerada por força do *nemo tenetur se detegere*.[298]

Cumpre registrar que, segundo o mesmo Renato Brasileiro de Lima, há que se distinguir "a mentira defensiva da mentira agressiva". Para esse autor, enquanto a "mentira defensiva" é tolerada, a "mentira agressiva" merece especial atenção e, nas hipóteses que indica, deve ser reprimida:

> Se essa mentira defensiva é tolerada, especial atenção deve ser dispensada às denominadas *mentiras agressivas*, quando o acusado imputa falsamente a terceiro inocente a prática do delito. Nessa hipótese, dando causa à instauração de investigação policial, processo judicial, investigação administrativa, inquérito civil ou ação de improbidade administrativa contra alguém que o sabe inocente, o agente responderá normalmente pelo delito de denunciação caluniosa (CP, art. 339), porque o direito de não produzir prova contra si mesmo esgota-se na proteção do réu, não servindo de suporte para que possa cometer outros delitos. Também é crime a conduta de *acusar-se, perante a autoridade, de crime inexistente ou praticado por outrem* (CP, art. 341, autoacusação falsa).[299]

---

[298] LIMA, Renato Brasileiro de. *Nova Prisão Cautelar*: doutrina, jurisprudência e prática. Niterói: Impetus, 2011. p. 147.

[299] LIMA, Renato Brasileiro de. *Nova Prisão Cautelar*: doutrina, jurisprudência e prática. Niterói: Impetus, 2011. p. 147.

Nesse particular, Gustavo Henrique Badaró leciona:

> Não há um direito de mentir para o acusado. Há uma irrelevância na mentira do acusado, posto que de tal ato não lhe poderão advir consequências negativas. O direito ao silêncio do acusado inclui o direito de apresentar versão para encobrir fatos sobre os quais deseja calar. Se o acusado atribui a outrem a autoria do crime que lhe é imputado, sabendo ser este inocente, não cometerá o crime de denunciação caluniosa, se o fizer para se defender. Entretanto, se o acusado mentir, para confessar um crime que não cometeu, poderá responder pelo delito de autoacusação falsa (CP, art. 342).[300]

Para nós, embora concordemos com o magistério de Gustavo Henrique Badaró no sentido de que "não há um direito de mentir", constituindo-se tão somente uma irrelevância jurídica na conduta do agente que assim o faz para se exigir de uma responsabilidade penal, como, por exemplo, negar a autoria do crime que lhe está sendo imputado ou apresentar um falso álibi no exercício do direito de autodefesa, exceto quando confessa um crime que não cometeu, pois assim estará violando o disposto no art. 341, do Código Penal,[301] nos associamos à posição de Renato Brasileiro de Lima, para quem, se a mentira for defensiva, será tolerada, porém, se a mentira é daquelas a quem ele denomina como "agressiva", que venha a dar causa, por exemplo, "à instauração de investigação policial, processo judicial, investigação administrativa, inquérito civil ou ação de improbidade administrativa contra alguém que o sabe inocente, o agente responderá normalmente pelo delito de denunciação caluniosa (CP, art. 339), porque o direito de não produzir prova contra si mesmo esgota-se na proteção do réu, não servindo de suporte para que possa cometer outros delitos".[302] [303]

300 BADARÓ, Gustavo Henrique. *Processo penal*. 8. ed. São Paulo: Revista dos Tribunais, 2020. p. 515. Aqui cabe um reparo nosso: pensamos ter havido, no original, erro de digitação, pois o crime de autoacusação falsa está previsto no art. 341 do CP e não no art. 342, como mencionado pelo autor.

301 Art. 341 do CP. "Acusar-se, perante a autoridade, de crime inexistente ou praticado por outrem: Pena – detenção, de 3 (três) meses a 2 (dois) anos, ou multa".

302 LIMA, Renato Brasileiro de. *Nova Prisão Cautelar*: doutrina, jurisprudência e prática. Niterói: Impetus, 2011. p. 147.

303 O *caput* do art. 339, do CPP (com a nova redação que lhe deu a Lei nº 14.110, de 18.12.2020, publicada no Diário Oficial de União de 21.12.2020, assim dispõe: "Dar causa à instauração de inquérito policial, de procedimento investigatório, de processo judicial, de processo administrativo disciplinar, de inquérito civil ou de ação de improbidade administrativa contra alguém, imputando-lhe crime, infração ético-disciplinar ou ato ímprobo de que

8.1.5 "A mentira do réu e a dosimetria da pena"

Sustenta André Wagner Melgaço Reis, em seu artigo "A mentira do réu e a dosimetria da pena", que o juiz, quando da lavratura de sentença condenatória, ao fixar a pena-base, deverá levar em consideração a mentira do réu, valorando negativamente a personalidade do inculpado, de modo a justificar seu aumento, pois, em caso contrário, provocará "violação ao princípio da individualização da pena (CF, art. 5º, XLVI e CP, arts. 59 e 68)".

A propósito, veja-se:

> O Juiz, ao fixar a pena do réu, deve levar em consideração, inicialmente, as circunstâncias judiciais previstas no art. 59 do CP, dentre as quais se encontra a *valoração a respeito da personalidade do agente criminoso.*
>
> A *personalidade*, por sua vez, está vinculada às *qualidades morais, às distorções de caráter, à índole do sujeito,* que são extraídos de forma habitual de ser, agir e reagir. O ilustre Desembargador do TJSP, *GUILHERME NUCCI,* cita alguns *exemplos* de aspectos negativos da personalidade, que evidenciam o modo de ser de uma determinada pessoa, a saber: agressividade, preguiça, frieza emocional, insensibilidade acentuada, emotividade desequilibrada, passionalidade exacerbada, maldade, irresponsabilidade no momento das obrigações, ambição desenfreada, *insinceridade, desonestidade,* covardia, hostilidade no trato, individualismo exagerado, intolerância, xenofobia, racismo, homofobia, perversidade, dentre outros.
>
> Dessa forma, *se o réu mentir em seu interrogatório,* negando a prática do crime por ele cometido ou justificando o crime ao apresentar, por exemplo, uma versão fantasiosa dos fatos, a fim de obter uma injusta absolvição, *justificado está o aumento de sua pena-base,* com fundamento na personalidade negativa do acusado. Afinal, a *insinceridade e desonestidade* demonstrados perante o Juiz, revelam a *distorção de caráter e a ausência de sendo moral* por parte do réu que se utilizou da mentira – subterfúgio repugnado pela ética e pelo dever de lealdade – com o nítido propósito de tumultuar a instrução processual e induzir em erro, maliciosamente, o julgador, afrontando, assim, a dignidade da Justiça.
>
> [...] é certo que o *direito ao* silêncio, facultado ao réu a fim de evitar que se autoincrimine (*nemo tenetur se detegere*), encontra respaldo na Constituição Federal (CF, art. 5º, LXVIII). Todavia, *dele jamais se pode extrair o direito de* mentir, pois a mentira representa verdadeira *fraude processual,* não podendo o Estado ser complacente com este tipo de comportamento

---

o sabe inocente". O legislador não alterou a pena imposta na redação anterior desse art. 339, ou seja, a manteve em reclusão, de 2 (dois) e 8 (oito) anos, não produzindo, também, nenhuma modificação nas redações dos seus §§1º e 2º.

vil e abjeto, que pode levar a erro judiciário, desmoralizando, assim, a própria justiça.

[...]

Acrescente-se, ainda, que *o réu, em seu interrogatório, tem a livre autonomia para trilhar três caminhos*. Pode *confessar* a prática do crime, contribuindo com a "busca da verdade real" e, consequentemente, com a Justiça, fato que implicará na *redução de sua* pena, por força da incidência da atenuante prevista no art. 65, III, "d", do CP. Pode, também, ficar em *silêncio*, fato que não resultará em qualquer prejuízo para ele. No entanto, caso resolva falar perante o Juiz, jamais poderá mentir, pois a lei não lhe confere tal "direito", cabendo a ele, tão somente, dizer a verdade, pois às partes é exigível o dever de lealdade processual. Dessa forma, caso opte pela mentira, com nítida intenção de induzir o julgador em erro, deve sua *pena-base ser* majorada, com fundamento em sua personalidade negativa (CP, art. 59), pois reveladora de um caráter distorcido, de ausência de senso moral e de uma índole desviada.

[...] *Em conclusão, se o réu mentir em seu interrogatório*, negando a prática de um crime por ele cometido, ao apresentar, por exemplo, uma versão fantasiosa dos fatos, com o nítido propósito de obter uma injusta absolvição, ao induzir o julgador em erro, *deve o Juiz aumentar sua pena-base, com fundamento na personalidade negativa do acusado* (CP, art. 59). *Caso assim não o faça*, incorrerá em *evidente e flagrante violação ao princípio da individualização da pena* (CF, art. 5º, XLVI e CP, arts. 59 e 68).[304]

Essa circunstância também é defendida por Andrey Borges de Mendonça, como a seguir é dada a conhecer:

Parece-nos, assim, que se o juiz constatar que o réu mentiu, poderá considerar tal circunstância no momento da pena. Não é que se esteja estimulando a confessar – até porque para isto já há uma circunstância atenuante genérica –, mas apenas negando que ao juiz e ao Poder Judiciário possa se admitir que o réu venha em juízo e, perante um agente do Estado, possa mentir livremente, como se isto fosse algo normal e aceitável, como se entende atualmente.[305]

Ao proferir sentença nos autos do processo nº 3023333-83.2013.8.26.0224 (Ação Penal de Competência do Tribunal do Júri), em data de 14 de março de 2013, tendo como réu Mizael Bispo de Sousa,

---

304 REIS, André Wagner Melgaço. Mentira do réu influencia dosimetria da pena? *Revista Jus Navigandi*, Teresina, ano 21, n. 4670, 14 abr. 2016.

305 MENDONÇA, Andrey Borges de. *Prisão e outras Medidas Cautelares Pessoais:* São Paulo: Método, 2011. p. 194.

o qual restou condenado a uma pena fixada, em definitivo, em vinte (20) anos de reclusão em regime inicialmente fechado, o Juiz de Direito Leandro Jorge Bittencourt Cano, da Comarca de Guarulhos-SP, quando da dosimetria da pena, analisando a personalidade do acusado, valorou-a negativamente, em razão do que majorou a sanção em (02) anos, considerando, entre outras circunstâncias, o fato de haver o réu mentido quando de seu interrogatório, assim fundamentando o magistrado:

> Com relação à personalidade "devem ser lembradas as qualidades morais do apenado, a sua boa ou má índole, o sentido moral do criminoso, bem como sua agressividade e o antagonismo em relação à ordem social e seu temperamento" (HC 91.176/SP – Relator: Ministro Eros Grau, j. 16.10.2007). Na espécie, a análise dos fatos demonstra que o agente possui uma personalidade agressiva, covarde e irresponsável, além de ter demonstrado frieza em sua empreitada, patenteando intensa violência na prática delitiva. Não bastassem os tiros, a vítima foi jogada ainda viva numa represa, talvez desacordada, sendo certo que não sabia nadar. Em outras palavras, o resultado morte era mais do que esperado. Tem personalidade egoística voltada à satisfação de seus instintos mais básicos, sendo-lhe indiferente as consequências infaustas de seus atos sobre seus semelhantes. Infelizmente, não existe o crime de perjúrio no ordenamento jurídico pátrio. Por outro lado, não há dúvida sobre o direito ao silêncio, podendo o réu durante o seu interrogatório nada responder sobre uma ou todas as questões que lhe forem dirigidas, sem que isso possa lhe acarretar qualquer prejuízo. Todavia, uma coisa é permanecer em silêncio, ato nitidamente omissivo, outra bem diferente é mentir, conduta altamente ativa, antiética e contrária aos valores mais comezinhos da sociedade, não nos parecendo, assim, que exista uma garantia ao suposto direito invocado. Na verdade, não estamos diante de um direito de mentir, mas simplesmente da não punição criminal da mentira, salvo se a sua postura redundar na inculpação de terceiros, no desvio da investigação para a busca de fatos inexistentes, ou mesmo se consubstanciar na assunção de ilícitos executados por outras pessoas (com o objetivo de inocentar o real criminoso, dando-lhe proteção em troca de uma promessa de recompensa ou qualquer outra espécie de benefício escuso). Com o devido respeito, não se pode tolerar o perjúrio como se fosse uma garantia constitucional, até pelo fato de o réu não precisar mentir para exercer o seu direito ao silêncio. A verdade é sempre um valor a ser defendido pelo Estado, o qual jamais poderá permitir e estimular a mendacidade. Esclarecendo, caso silencie, nada lhe acarretará; logo, não precisa mentir. Ao mentir, o acusado o faz de modo intencional, notadamente para enganar o julgador, na espécie, os jurados, e beneficiar-se da própria torpeza, perfídia ou malícia, em detrimento de bens jurídicos relevantes para a Magna Carta e o

processo penal. Se o réu não está obrigado a falar, está cristalino que não precisa mentir. Como ensina Andrey Borges de Mendonça (*Prisão e outras Medidas Cautelares Pessoais*, 2011, Método, p. 194): "Parece-nos, assim, que se o juiz constatar que o réu mentiu, poderá considerar tal circunstância no momento da pena. Não é que se esteja estimulando a confessar – até porque para isto já há uma circunstância atenuante genérica –, mas apenas negando que ao juiz e ao Poder Judiciário possa se admitir que o réu venha em juízo e, perante um agente do Estado, possa mentir livremente, como se isto fosse algo normal e aceitável, como se entende atualmente". Ora, como a mentira tem por escopo iludir os jurados, ludibriar o "ex adverso", enganar a coletividade e provocar um erro judiciário, tal circunstância negativa sobre a personalidade do acusado será sopesada pelo juiz-presidente na fixação da pena, nos termos do art. 59 do CP. A mentira jamais poderá ser interpretada como direito ínsito, mas como subterfúgio repudiável ao exercício da atividade investigativa e judicante. Parafraseando Pedro Reis (Dever de verdade – Direito de mentir. História do pensamento jurídico. *Revista da Faculdade de Direito da Universidade de Lisboa*. Lisboa. Coimbra Editora. p. 457 e 462, respectivamente), "é de ter-se sempre em conta que onde o silêncio for útil, não se justifica a mentira", pelo que "do direito de calar não decorre um direito de falsear uma declaração". Para Antônio Pedro Barbas Homem (*O que é direito?*, Lisboa. Principia Editora, Reimpressão, 2007, p. 66), a "verdade brilha e guia a nossa liberdade e a nossa vontade", ao passo que a mentira, ao contrário, "conduz à escuridão e ao vazio". Não se exige o heroísmo do acusado de dizer a verdade auto incriminadora, ou seja, o comportamento de dizer a verdade não é imposto, mas isso não quer dizer que exista o direito de mentir. De acordo com Theodomiro Dias Neto (O direito ao silêncio: tratamento nos direitos alemão e norte-americano. Revista Brasileira de Ciências Criminais, n. 19, São Paulo: RT, 1997, p. 187" (*Apud* Thiago Bottino. *O direito ao silêncio na jurisprudência do STF*. São Paulo: Campus Jurídico, 2008, p. 73), a jurisprudência alemã tem, contrariamente da doutrina, "assumido posição diversa, no que se refere à pena, ao interpretar a mentira como indício da personalidade do acusado". Diga-se, por fim, que ao lado dos direitos fundamentais existe uma segunda dimensão, representada pelos deveres fundamentais, isto é, o dever do homem de respeitar determinados valores relevantes para a vida em comunidade, de tal modo que os direitos devem ser os canais institucionais que permitam a realização dos deveres (+ 2 anos) [...].[306]

Embora não seja, de rigor, o objeto essencial deste livro, cumpre assinalar, nesse tópico, abrindo-se, pois, um parêntese, para registrar

[306] CANO, Leandro Jorge Bittencourt. Processo nº 3023333-83.2013.8.26.0224 (Ação Penal de Competência do Tribunal do Júri). Comarca de Guarulhos-SP.

as observações feitas por Gilberto Ferreira, sobre a "personalidade" do agente e as dificuldades do juiz em avaliá-la.

Ei-las:

> A personalidade é um conjunto de atributos adquiridos ao longo da vida, de tal sorte que, retirados do homem, este deixa de existir como ser humano. A personalidade é quem determina a individualidade de uma pessoa. É o elemento estável da conduta de uma pessoa, formada por inúmeros fatores endógenos e exógenos. Diz respeito à sua índole, à sua maneira de agir e sentir, à sua maneira de ser.
>
> [...]
>
> Elemento mais importante dos critérios aferidores do grau de reprovabilidade, tanto engloba os antecedentes e a conduta social, a personalidade do agente deve ser objeto de acurada análise pelo magistrado. Pelo estudo da personalidade o magistrado terá melhores condições de entender o porquê do crime e assim encontrar a pena, observados os demais critérios, que melhor se ajuste aos fins de reprovação e prevenção.
>
> Mas, avaliar a personalidade não é obra fácil. Exige noções de psicologia e psiquiatria, além de um processo muito bem instruído que contenha todos os dados e elementos necessários a essa avaliação, sem falar nos inúmeros contatos pessoais que devem manter avaliador e avaliado.
>
> [...]
>
> Não será, portanto, *com duas penas bisonhas – como disse Laertes M. Munhoz,* que se há de atender, no complexo problema da aplicação da pena, ao imperativo legal e indispensável do estudo da personalidade do agente.
>
> Por isso mesmo, há quem proponha, Nelson Pizzotti Mendes, com apoio de pessoal especializado.
>
> A realidade nua e crua desse nosso país terceiro-mundista é a de que o juiz, efetivamente, não tem condições de avaliar cientificamente a personalidade do criminoso. Primeiro, porque ele não tem um preparo técnico em caráter institucional. As noções sobre psicologia e psiquiatria as adquiri como autodidata. Segundo, porque não dispõe de tempo para se dedicar a tão profundo estudo. Como se sabe, o juiz brasileiro vive assoberbado de trabalho. Terceiro, porque, como não vige no processo penal o princípio da identidade física,[307] muitas vezes a sentença é dada sem ter o juiz qualquer contato com o réu. Quarto, porque em razão das deficiências materiais do Poder Judiciário e da polícia, o processo nunca vem suficientemente instruído de modo a permitir uma rigorosa análise da personalidade.

---

[307] Aqui cabe uma observação nossa. O atual e vigente §2º, do art. 399, do CPP brasileiro, com a nova redação que lhe deu a Lei nº 11.719/2008, está assim redigido: "O juiz que presidiu a instrução deverá proferir a sentença".

De sorte que o legislador, consciente das dificuldades, ao mencionar a análise da personalidade, não pretendeu que esta fosse feita com o rigor e o conhecimento que se exigiria de um especialista em psicologia ou psiquiatria. Sua pretensão foi muito mais modesta, bastando que o juiz tenha em conta a "boa ou má índoles do delinqüente, seu modo ordinário de sentir, de reagir, sua maior ou menor irritabilidade e o seu maior ou menor grau de entendimento, ou sua maior ou menor propensão à prática de crimes.

Não há um critério único para essa avaliação. Cada caso será um caso. Mas o juiz deve ter sensibilidade, certo de que a formação da personalidade depende essencialmente das condições de vida do agente. Por isso que Aníbal Bruno dizia que o magistrado deveria levar em conta o meio circundante do criminoso que o formou e bem assim o meio que vive em confronto com o meio circundante ocasional, dentro do qual aconteceu o episódio criminoso, de modo que um exame assim realizado mostrará em que medida o crime é reflexo do meio circundante, tornando-se mais ou menos reprovável.[308]

8.2 Jurisprudência brasileira

No Brasil, tanto o Supremo Tribunal Federal quanto o Superior Tribunal de Justiça mantêm, a rigor, atualmente, uniformidade em seus julgamentos em relação a um suposto direito de o réu mentir. Inúmeras são, na atualidade, conhecidas as decisões no sentido de que o réu pode, no exercício de sua defesa, mentir sobre os fatos, ou seja, em relação à prática da infração penal, sem que isso importe em qualquer ilicitude. As atuais jurisprudências do STF e do STJ são no sentido de que o réu, se mentir, por ocasião de seu interrogatório, sobre sua qualificação e/ou sobre sua verdadeira identidade, responderá pelo crime de falsa identidade, tipificado no art. 307, do Código Penal.[309]

8.2.1 Supremo Tribunal Federal: direito de mentir em relação à prática da infração penal

Segundo entendimento firmado pelo Supremo Tribunal Federal:

Qualquer indivíduo que figure como objeto de procedimentos investigatórios policiais ou que ostente, em juízo penal, a condição jurídica de

[308] FERREIRA, Gilberto. *Aplicação da Pena*. Rio de Janeiro: Forense, 2000. p. 86-88.

[309] "Art. 307. Atribuir-se ou atribuir a terceiro falsa identidade para obter vantagem, em proveito próprio ou alheio, ou para causar dano a outrem: Pena – detenção, de 3 (três) meses a 1 (um) ano, ou multa, se o fato não constitui elemento de crime mais grave."

imputado, tem, dentre as prerrogativas que lhe são constitucionalmente asseguradas, o direito de permanecer calado. *Nemo tenetur se detegere*. Ninguém pode ser constrangido a confessar a prática de um ilícito penal.

O direito de permanecer em silêncio insere-se no alcance concreto da cláusula constitucional do devido processo legal. E nesse direito ao silêncio inclui-se, até mesmo por implicitude, a prerrogativa processual de o acusado negar, ainda que falsamente, perante a autoridade policial ou judiciária, a prática da infração penal.[310]

Em outro caso, o STF assim julgou:

- *Habeas corpus*. Falsidade ideológica.

- No caso, a hipótese não diz respeito, propriamente, à falsidade quanto à identidade do réu, mas, sim, ao fato de o então indiciado ter faltado com a verdade quando negou, em inquérito policial que figurava como indiciado, que tivesse assinado termo de declarações anteriores que, assim, não seriam suas. Ora, tendo o indiciado o direito de permanecer calado e até mesmo o de mentir para não auto-incriminar-se com as declarações prestadas, não tinha ele o dever de dizer a verdade, não se enquadrando, pois, sua conduta no tipo previsto no artigo 299 do Código Penal.

- "*Habeas corpus*" deferido, para anular a ação penal por falta de justa causa.[311]

8.2.2 Superior Tribunal de Justiça: direito de mentir em relação à prática da infração penal

De acordo com o Superior Tribunal de Justiça:

A Constituição de 1988 (art. 5º, inc. LV), à semelhança de outras Cartas e Constituições nacionais, não trouxe nenhuma novidade no tocante ao princípio do contraditório em sede penal, que se incrusta em princípio maior: o da ampla defesa.

A própria Constituição (art. 5º, inc. LXIII), por influência remota do direito constitucional norte-americano ("Miranda v. Arizona", 1966), enseja ao preso o direito de saber de seus direitos, inclusive o de ficar em silêncio e, por extensão, até falsear os fatos.[312]

---

310 STF – 1ª Turma, HC nº 68929-9/SP, Rel. Min. Celso de Mello, j. em 22.10.1991, DJ de 28.08.1992.

311 STF, HC nº 75257-8/RJ, Rel. Min. Moreira Alves, j. em 17.06.1997, DJ de 29.08.1997.

312 STJ – RHC 3012/MG – 6ª Turma, Rel. Min. Adhemar Maciel, DJU 11.10.93, p. 21344 (*Apud* GARCINDO FILHO, Alfredo de Oliveira (org.). *Jurisprudência Criminal do Supremo*

8.2.3 Supremo Tribunal Federal: falsa identidade por ocasião da prisão

Para o Supremo Tribunal Federal, o acusado que mente, por ocasião de sua prisão, em relação ao seu verdadeiro nome, para esconder seus maus antecedentes,[313] comete o crime de falsa identidade.

O Supremo Tribunal Federal entende que "tipifica o crime de falsa identidade o fato de o agente, ao ser preso, identificar-se com nome falso, com o objetivo de esconder seus maus antecedentes".[314]

Além disso: "Comete o delito tipificado no art. 307 do CP aquele que, conduzido a autoridade policial, atribui a si próprio, falsa identidade com o intuito de ocultar seus antecedentes".[315]

8.2.4 Superior Tribunal de Justiça e outros Tribunais de Justiça Estaduais: falsa identidade na ocasião do interrogatório em relação a qualificação

A atual jurisprudência do Superior Tribunal de Justiça é no sentido de que o acusado que mente, por ocasião de sua prisão, em relação ao seu verdadeiro nome, para esconder seus maus antecedentes,

---

Tribunal Federal e do Superior Tribunal de Justiça: 1992 a 1999. 5. ed. Curitiba: Edição do Autor, 1999. p. 382).

313 Uma vez mais, reproduzimos, aqui, à guisa ilustrativa, nossas notas de rodapés de nºs 4 e 192: "Na Itália, o direito ao silêncio também se estende a perguntas sobre a qualificação pessoal do acusado. "I - M.G. foi acusado de ter declarado falsamente à Polícia de Pisa que não tinha condenações penais na Itália. O Tribunal de Florença entendeu que a pessoa investigada tem a obrigação de responder com verdade apenas as questões relativas aos seus dados pessoais e as restritamente destinadas à identificação. Quanto aos antecedentes criminais e outras circunstâncias processuais, o sujeito poderia se recusar a responder sem incorrer em responsabilidade criminal. No entanto, se ele decidir responder e prestar declarações falsas, ele responderá pelo crime. II - A *Corte Constitucional Italiana* declarou a inconstitucionalidade de dispositivo do Código de Processo Penal na parte em que não prevê que a advertência quanto ao direito ao silêncio seja dirigida ao investigado ou ao acusado antes das informações pessoais a serem por ele prestadas; e também, declarou a inconstitucionalidade de dispositivos do Código Penal, na parte em que não exclui a punição do investigado ou do réu que, solicitado a prestar as informações sem antes lhe terem dado as advertências, fizeram declarações falsas" (Sentença 111/2023, julgado em 5.06.2003 (SUPREMO TRIBUNAL FEDERAL. *Boletim de jurisprudência internacional e estrangeira*: direito ao silêncio. 8. ed. Brasília, DF: STF, 2023. p. 23).

314 STF – 2ª T., HC nº 72377/SP – Rel. Min. Carlos Velloso, j. em 23.05.1995, DJ de 30.06.1995, p. 20409

315 RE 561.704-AgR, voto do Rel. Min. Ricardo Lewandowski, julgamento em 3-3-2009, Primeira Turma, *DJE* de 3-4-2009. *Apud* BRASIL. Supremo Tribunal Federal. *A Constituição e o Supremo*. 3. ed. Brasília, DF: STF, 2010. p. 311.

comete o crime de falsa identidade, posto que não abrigado pelo princípio da autodefesa.

Nesse sentido, diversamente do que antes vinha sendo decidido por aquela Corte, o STJ, passou a deliberar que:

> CRIME DE FALSA IDENTIDADE. ART. 307 DO CÓDIGO PENAL. CONDUTA PRATICADA PERANTE A AUTORIDADE POLICIAL. AUTODEFESA. INEXISTÊNCIA. SÚMULA 522/STJ. TIPICIDADE CONFIGURADA.
>
> 1. A orientação atual do STJ, sedimentada pela Terceira Seção nos autos de recurso especial representativo de controvérsia, é a de considerar típica a conduta de atribuir-se falsa identidade, perante a autoridade policial, ainda que para frustrar a eventual responsabilização penal, não estando abrigo do princípio da autodefesa.
>
> 2. Ademais, dispõe a Súmula 522 desta Corte Superior: "A conduta de atribuir-se falsa identidade perante a autoridade policial é típica ainda que em situação de alegada autodefesa."
>
> 3. *Habeas corpus* não conhecido.[316]

Pacificando sua interpretação nesse ponto, o STJ editou a Súmula de nº 522, com o seguinte teor:

> A conduta de atribuir-se falsa identidade perante a autoridade policial é típica, ainda que em situação de alegada autodefesa.

A propósito, conforme também já registrado aqui, mas que nada custa relembrar, Renato Brasileiro de Lima, em comentários às Súmulas Criminais do STF e do STJ anotou:

> tem prevalecido o entendimento de que o direito ao silêncio não abrange o direito de falsear a verdade quanto à identidade pessoal (súmula n. 522 do STJ). Tipifica, pois, o crime de falsa identidade o fato de o agente, ao ser preso, identificar-se com nome falso, com o objetivo de esconder seus maus antecedentes.[317]

---

[316] STJ – 5ª T., no HC nº 368.478-RJ, Rel. Min. Jorge Mussi, j. em 17.11.2016, DJ 23.11.2016.

[317] LIMA, Renato Brasileiro de. *Súmulas Criminais do STF e do STJ Comentadas*. 3. ed. Salvador: Juspodivm, 2020. p. 474.

Segundo outros Tribunais de Justiça da Federação:

O delito de falsa identidade não pode ser descaracterizado pelo princípio *nemo tenetur se detegere*, pois este não confere imunidade ao indivíduo que mente a respeito de sua qualificação" (*RJDTACRIM* 11/88). No mesmo sentido, TJSP: *JTJ* 154/285; TACRSP: *RJDTACRIM* 4/104, 6/86, 23/204, 21/146, 24/193, *JTACRIM* 83/67).[318]

Falsa identidade. Caracterização. Delito não elidido pelo propósito de autodefesa. Direito de o réu ficar calado e não colaborar que não compreende o de falsear a própria identidade. Recurso provido. É incorreto sustentar que o suspeito pode atribuir-se falsa identidade no exercício da ampla defesa constitucional. A liberdade de mentir sem sanção processual, não é ilimitada e não importa na impunidade pelos crimes que venham a ser praticados através das declarações mendazes. A mentira punível é a que visa contrariar a acusação, contestar fatos em que se baseia, lograr sua improcedência e não furtar-se a ela assumindo identidade suposta ou e terceiro" (JTJ10/283).[319]

Dar nome de outra pessoa para livrar-se de responsabilidade penal

Há crime (TACrimSP, *RJDTACrimSP, 26/93*, 94 e 96; TACrimSP, Acrim 1.034.277, *RT 746*/650).[320]

Falsa identidade. Equiparação da conduta daquele que falseia sua identidade perante a autoridade policial como o direito de manter-se calado. Inocorrência. A ninguém é dado falsear sua identidade perante autoridade policial, não havendo confundir-se a prática do delito previsto no art. 307 do CP com o direito, constitucionalmente assegurado, de manter-se calado" (TACrimSP, AC 1210109-6, Rel. Wilson Barreira, j. 7-8-2000).[321]

Falsa identidade – Nome falso em auto de prisão em flagrante – configuração. Configura-se o delito de falsa identidade atribuir-se nome falso em auto de prisão em flagrante, porque presente a intenção de obter vantagem em proveito próprio, uma vez que já havia sido condenado anteriormente em outra Comarca. Inteligência do art. 307 do CP. Recurso ministerial provido parcialmente" (TJMG, AC 98.158-9, Rel. Zulman Galdino, 23-9-1997).[322]

---

318 *Apud* MIRABETE, Julio Fabbrini. *Código Penal interpretado*. São Paulo: Atlas, 1999. p. 1668.

319 *Apud* MIRABETE, Julio Fabbrini. *Código Penal interpretado*. São Paulo: Atlas, 1999. p. 1667.

320 *Apud* JESUS, Damásio Evangelista de. *Código Penal anotado*. 15. ed. São Paulo: Saraiva, 2004. p. 953.

321 BITENCOURT, Cezar Roberto. *Código Penal Comentado*. 4. ed. São Paulo: Saraiva, 2007. p. 1071.

322 BITENCOURT, Cezar Roberto. *Código Penal Comentado*. 4. ed. São Paulo: Saraiva, 2007. p. 1071.

> Réu que mente sobre qualificação em interrogatório e depois alega auto-defesa. Inadmissibilidade [...] (AP. Crim. 226.307-3, Jundiaí, 4ª Câm. Crim., Rel. Passos de Freitas, 9.12.1997, v.u.).[323]
>
> *Réu que mente a respeito de sua qualificação*
>
> Entendeu o TJSP que há crime de falsa identidade (CP, art. 307) (*JTJ* 163/135, 170/289 e 190/334).[324]

8.3 Doutrina portuguesa

Convém relembrar, de logo, nesse aspecto, que o ordenamento jurídico português impõe, como já visto, limites e restrições aos direitos ao silêncio e à não autoincriminação.

Como já antecipado, por exemplo, o arguido, no caso de se recusar a fornecer respostas às perguntas que lhe forem feitas ou na eventualidade de respondê-las falsamente, poderá vir a ser processado, respectivamente, pelos crimes de desobediência ou de falsas declarações (v. arts. 348 e 359).

No que diz respeito, especificamente, a um suposto "direito de mentir", Germano Marques da Silva esclarece:

> Que a lei não estabelece qualquer sanção para o argüido que, prestando declarações sobre os factos que lhe forem imputados, falte à verdade. Não se trata de um direito de mentir, mas simplesmente da não punição da mentira.[325]

Resumindo o pensamento dos doutrinadores portugueses Manuel Lopes Maia Gonçalves, Costa Andrade, Castanheira Neves, Jorge de Figueiredo Dias e Germano Marques da Silva, Maria Elizabeth Queijo expõe, didaticamente:

> Na doutrina portuguesa, Manuel Lopes Maria Gonçalves salienta, a esse respeito, que a questão não tem grandes repercussões práticas, na medida em que, em qualquer caso, será inexigível do acusado o dever de verdade.

---

323 *Apud* BONFIM, Edílson Mougenot. *Código de Processo Penal Anotado*. São Paulo: Saraiva, 2007. p. 341.

324 *Apud* JESUS, Damásio Evangelista de. *Código Penal anotado*. 15. ed. São Paulo: Saraiva, 2004. p. 174.

325 SILVA, Germano Marques da. *Curso de Processo Penal*: noções gerais, elementos do processo penal. 6. ed. rev. e actual. Lisboa: Verbo, 2010. p. 315.

Já Costa Andrade, embora não afirme peremptoriamente a existência do direito à mentira, traz a lume citação de Castanheira Neves, que bem define a questão: "O que ninguém exige, superadas que foram as atitudes degradantes do processo inquisitório (a recusar ao réu a qualidade de sujeito do processo e vê-lo apenas como meio e objecto de investigação), é o heroísmo de dizer a verdade auto-incriminadora".

Jorge de Figueiredo Dias e Germano Marques da Silva, por seu turno, entendem que inexiste direito à mentira. Apenas o comportamento de dizer a verdade é inexigível, na medida em que não há sanção para a mentira.[326]

Acrescente-se, ainda, nesse aspecto, que segundo Jorge de Figueiredo Dias, o qual também indica como seus aliados Castanheira Neves e Cavaleiro de Ferreira, o reconhecimento do direito ao silêncio não pode levar à conclusão de que é assegurado "ao argüido um verdadeiro *direito de mentir*".[327]

Consoante esse doutrinador português, aquela opinião deve ser "repudiada", pois "nada existe na lei, com efeito, que possa fazer supor o reconhecimento de um tal 'direito'",[328] acrescentando, assim, que:

> Não existe, por certo, um *direito* a mentir que sirva como causa justificativa da falsidade; o que sucede simplesmente é ter a lei entendido ser *inexigível* dos argüidos o cumprimento do dever de verdade, razão porque *renunciou* nestes casos a impô-lo.[329]

Sem receio de enfrentar esse tema, Jorge de Figueiredo Dias explica:

> Com isto não se terão resolvido todos os problemas nascidos de um comportamento processual mentiroso do argüido, enquanto tal comportamento constitui aquilo que, no lugar próprio, configuraremos como *acto processual de dupla função*. Parece-nos seguro que, de um ponto de vista *processual*, ele não constitui acto processualmente inadmissível.

---

326 QUEIJO, Maria Elizabeth. *O direito de não produzir prova contra si mesmo*: o princípio *nemo tenetur se detegere* e suas decorrências no processo penal. São Paulo: Saraiva, 2003. p. 233.

327 DIAS, Jorge de Figueiredo. *Clássicos Jurídicos*: Direito Processual Penal. Coimbra: Coimbra, 2004. p. 450.

328 DIAS, Jorge de Figueiredo. *Clássicos Jurídicos*: Direito Processual Penal. Coimbra: Coimbra, 2004. p. 450.

329 DIAS, Jorge de Figueiredo. *Clássicos Jurídicos*: Direito Processual Penal. Coimbra: Coimbra, 2004. p. 451.

> Como seguro é que, de um ponto de vista *substantivo*, tal comportamento não integra já o tipo incriminador de falas declarações.
>
> Resta saber, porém, se ele poderá eventualmente integrar *outros tipos incriminadores*, máxime o de denúncia caluniosa [...] e o e difamação [...], e se, de toda maneira, não constituirá *ilícito civil*. Uma resposta negativa – que nos parece, em princípio de afastar – não está sem mais coberta nem pela idéia de inexigibilidade acima exposta, nem pela simples invocação do direito de defesa do argüido [...].[330]

Fundamentalmente, sobre essa questão, Jorge de Figueiredo Dias adverte:

> Têm de considerar-se proibidos e inadmissíveis em processo penal todos os meios de interrogatório e de obter declarações que importem *ofensa à dignidade da pessoa humana, à integridade pessoal (física ou moral) do arguido*, em especial os que importem qualquer *perturbação da sua liberdade de vontade e de decisão*.
>
> Este é o ponto de vista mais fundamental e compreensivo em toda esta matéria, podendo afirmar-se sem custo que (abrangendo em primeira linha, segundo o sentido próprio, o emprego de *maus tratos, ofensas corporais*, administração de *meios de qualquer natureza, hipnose* e utilização de *meios cruéis e enganosos*) compreende ele igualmente a *perturbação, por qualquer meio, da capacidade de memória e de avaliação do argüido*, a utilização contra ele da *força* fora dos casos e dos limites expressamente permitidos pela lei, e a própria *ameaça com uma medida legalmente inadmissível* ou a *promessa de qualquer vantagem não prevista em lei*.[331]

Não fazendo coro às lições doutrinárias já consignadas, o professor lusitano António Pedro Barbas Homem, discorrendo sobre esse tema, anota que a "verdade brilha e guia a nossa liberdade e a nossa vontade", ao passo que a mentira, ao contrário, "conduz-nos à escuridão e ao vazio".[332]

De acordo com esse autor lusitano, "o problema da verdade antecede o da justiça", pelo que "uma decisão não pode ser justa se não for verdadeira".[333]

---

330 DIAS, Jorge de Figueiredo. *Clássicos Jurídicos*: Direito Processual Penal. Coimbra: Coimbra, 2004. p. 451-452.

331 DIAS, Jorge de Figueiredo. *Clássicos Jurídicos*: Direito Processual Penal. Coimbra: Coimbra, 2004. p. 454-455.

332 HOMEM, António Pedro Barbas. *O que é Direito?* Lisboa: Principia, 2007. p. 66.

333 HOMEM, António Pedro Barbas. *O que é Direito?* Lisboa: Principia, 2007. p. 67.

Por estas razões, afirma que, diferentemente do silêncio e de ficar calada, uma pessoa acusada de praticar um crime, não pode, diante de um juiz, mentir, "pois tal significava aceitarmos a mentira como critério de organização da sociedade".[334]

Como que se filiando a esse pensamento, Pedro Reis discorre que "é de ter-se sempre em conta que onde o silêncio for útil, não se justifica a mentira", pelo que "do direito de calar não decorre um direito de falsear uma declaração".[335]

8.4 Jurisprudência portuguesa

O Supremo Tribunal de Justiça de Portugal, muito embora admita não existir na legislação portuguesa "um direito a mentir", assegura, por outro lado, ao arguido, o direito de não sofrer qualquer punição se assim o fizer.

Nesse sentido, observe-se:

> *VI - O direito ao silêncio não pode ser valorado contra o arguido. Porém, a proibição de valoração incide apenas sobre o silêncio que o arguido adotou como estratégia processual, não podendo repercutir-se na prova produzida por qualquer meio legal, designadamente a que venha a precisar e demonstrar a responsabilidade criminal do arguido, revelando a falência daquela Estratégia; VII - Inexiste no nosso ordenamento jurídico um direito a mentir; a lei admite, simplesmente, ser inexigível dos arguidos o cumprimento do dever de verdade. Contudo, uma coisa é a inexigibilidade do cumprimento do dever de verdade e outra é a inscrição de um direito do arguido a mentir, inadmissível num Estado de Direito; VIII a XVIII* [...] (Ac. do STJ, de 12.03.2008, *in* www.dgsi.pt (Proc. nº 08P694).[336]

8.5 Doutrina alemã

Dispõe Theodomiro Dias Neto que Claus Roxin,

> em sintonia com a posição majoritária da doutrina, entende que a mentira não pode ser avaliada como indício de autoria e culpa nem tampouco como critério para aumento de pena. Num mesmo sentido,

[334] HOMEM, António Pedro Barbas. *O que é Direito?* Lisboa: Principia, 2007. p. 67.

[335] REIS, Pedro. Dever de Verdade: Direito de Mentir – História do Pensamento Jurídico. *Revista da Faculdade de Direito da Universidade de Lisboa*, Lisboa, v.48, n.1-2, p. 451-480, 2007.

[336] CARVALHO, Paula Marques. *Manual Prático de Processo Penal*. 4. ed. Lisboa: Almedina, 2008. p. 365.

> considera inadmissível a advertência judicial à verdade, enquanto que o incentivo à mentira pelo advogado deve ser permitido.[337]

O mesmo Roxin, segundo Thiago Bottino, "considera que a liberdade de declarações abarca não somente o direito de recusar-se a responder perguntas, mas também o direito de negar falsamente as acusações que são dirigidas ao indivíduo".[338]

8.6 Jurisprudência alemã

Ainda de acordo com Theodomiro Dias Neto, a jurisprudência alemã tem, ao contrário da sua doutrina, "assumido posição diversa, no que se refere à pena, ao interpretar a mentira como indício da personalidade do acusado".[339]

8.7 Doutrina italiana

Voltando a tomar por empréstimo a pesquisa realizada por Maria Elizabeth Queijo, colhe-se da doutrina italiana que:

> Marco Boschi, Paola Felicioni, Olivieno Mazza e Paolo Tonini defendem que não há direito à mentira por parte do acusado. O último autor, a respeito, observa que o entendimento de que o *nemo tenetur se detegere* protege o direito à mentira é reflexo de maximização do direito à defesa.
>
> Já Ramajoli reconhece que o *nemo tenetur se detegere* decorre não somente o direito ao silêncio, como também o direito de mentir, sem qualquer discriminação, seja a mentira sutil ou não. Do mesmo entendimento compartilha Maria Elisabetta Cataldo, que assinala que o acusado tem um verdadeiro e próprio direito de mentir, já que não presta juramento nem pode ser processado por falso testemunho. Sérgio Badellino afirma que a possibilidade de mentir, pelo acusado, advém da ausência de previsão legal do dever de colaborar.
>
> Orazio Campo, por sua vez, observa que a discussão sobre a existência de um direito à mentira é irrelevante, na medida em que não podem ser impostas sanções ao acusado que mente.[340]

---

337 *Apud* BOTTINO, Thiago. *O Direito ao Silêncio na Jurisprudência do STF*. São Paulo: Campus Jurídico, 2009. p. 73.

338 BOTTINO, Thiago. *O Direito ao Silêncio na Jurisprudência do STF*. São Paulo: Campus Jurídico, 2009. p. 87.

339 *Apud* BOTTINO, Thiago. *O Direito ao Silêncio na Jurisprudência do STF*. São Paulo: Campus Jurídico, 2009. p. 73.

340 QUEIJO, Maria Elizabeth. *O direito de não produzir prova contra si mesmo*: o princípio *nemo tenetur se detegere* e suas decorrências no processo penal. São Paulo: Saraiva, 2003. p. 233-234.

8.8 Doutrina espanhola

Socorrendo-se, uma vez mais, do trabalho levado a efeito por Maria Elizabeth Queijo, tem-se que:

> Na doutrina espanhola, José María Asencio Mellado entende que há direito à mentira, na medida em que esse comportamento do acusado não pode ser sancionado ou dele se extraírem conseqüências prejudiciais. Mas aduz que o Tribunal poderá servir-se da mentira para averiguar a credibilidade geral das declarações do acusado.[341]

[341] QUEIJO, Maria Elizabeth. *O direito de não produzir prova contra si mesmo*: o princípio *nemo tenetur se detegere* e suas decorrências no processo penal. São Paulo: Saraiva, 2003. p. 234.

CAPÍTULO 9

A MENTIRA E O DEVER DE SE FALAR A VERDADE NA VISÃO FILOSÓFICA

Os filósofos Immanuel Kant, Benjamim Constant e Arthur Schopenhauer têm, cada um, segundo Nara Miranda de Figueiredo, uma opinião diferente sobre "um suposto direito de mentir".[342]

De acordo com essa filósofa, para Kant, Constant e Schopenhauer:[343]

> Um indivíduo não deve mentir em hipótese alguma, pois a mentira pode induzir o ouvinte a praticar determinada ação que não corresponde à sua vontade e sim à vontade daquele que proferiu a sentença não verdadeira,

[342] FIGUEIREDO, Nara Miranda de. Sobre um suposto direito de mentir: um paralelo entre Kant, Schopenhauer e Constant, e alguns conceitos schopenhauerianos. *Revista Urutágua*, Maringá, n. 7, 2004.

[343] Convém consignar, aqui, as restrições feitas ao pensamento kantiano, nesse particular, por Paulo de Sousa Mendes, a saber: "Kant distinguia realmente as esferas da Moral (ou, se preferirmos, a doutrina da virtude) e do Direito (ou, se quisermos, o sistema metafísico do Direito), mas isso não significava que fossem esferas independentes uma da outra [...]. Da distinção kantiana entre Moral e o Direito resultava apenas que a Moral era mais exigente na apreciação do cumprimento dos deveres por parte dos cidadãos, algo que Pufendorf já havia anotado. Mas a distinção kantiana entre a Moral e o Direito ficava bem perto de se desvanecer quando aquilo que se tinha de apreciar era o *demérito* das pessoas que tivessem praticado quaisquer injúrias, pois aí a Moral e o Direito era igualmente severos. Na verdade, a *maldade interna* dos criminosos entrava na avaliação da gravidade dos crimes. É irritante a tendência masoquista de Kant para achar que as dificuldades inerentes ao agir por dever (*i.e.*, praticar o bem) eram a única marca da virtude, numa perspectiva radicalmente oposta à de Aristóteles, segundo a qual as pessoas verdadeiramente virtuosas tiram prazer de praticar o bem. Segundo Kant, o filantropo não agiria por dever, pois gostava de ajudar os outros e isso desvirtuava a sua atitude. Por dever agiriam somente aqueles que enfrentavam a adversidade, quer dizer: o nosso carácter só mostraria ter valor quando alguém praticasse o bem não por inclinação, mas por dever – quando, por exemplo, um homem que perdeu o gosto pela vida e anseia pela morte continua a dar o seu melhor para preservar a sua própria vida, de acordo com a lei moral. Mas esses esforçados padrões a acção moral estavam completamente fora

privando o ouvinte de fazer uso da sua total liberdade de ação, isto é, violando o direito do ouvinte de saber a verdade [...].

Para Constant, junto ao conceito de dever está o conceito de direito e onde não há direitos, também não pode haver deveres [...]. Por conseguinte, dizer a verdade é um dever, mas apenas em relação àquele que tem direito à verdade. Nenhum homem, porém, tem o direito a uma verdade que prejudica outro [...].

Para Schopenhauer há certas situações, nas quais, podemos fazer uso da mentira sem injustiça [...]. Mas Schopenhauer atenta para o limite que devemos respeitar para não tornarmos a mentira um instrumento perigoso e abusivo. A possibilidade de fazermos uso da mentira está nos casos nobres e de autodefesa e apenas nestes.[344]

A esse respeito, esclarece José Barata-Moura:

O próprio Kant também assinala – demarcando-se embora do que considera ser a estreiteza deste enfoque – que, em sentido jurídico, apenas se entende por "mentira" (*Lüge*) aquela que cause prejuízo a outrem ou lese os direitos de outrem (*falsiloqium dolosum*).[345]

Depois de assim se expressar, Barata-Moura arrebata:

Por outro lado – em consonância com as disseminadas vituperações societais da "velhacaria", da "vigarice", da "trapaça", da "barota", ou da "intrujice" – uma multiplicidade e instâncias particularizadas da

---

da realidade, pois não há quem actue somente em função do sentido do dever, já que as pessoas bem intencionadas pensam, e ainda bem que pensam, num qualquer benefício das suas acções que ultrapassa o mero sentimento do dever cumprido. Seja como for, a doutrina da virtude de Kant só nos interessa na estreita medida em que ele desenvolveu o lema do respeito pelas pessoas que já havia de Pufendorf. Agora a propósito do respeito pelas pessoas, Kant irrita ainda pela sua tendência para conceber o respeito mais como respeito pela lei moral do que como respeito pelas próprias pessoas" (MENDES, Paulo de Sousa. *O torto intrinsecamente culposo como condição necessária da imputação da pena.* Lisboa: Coimbra, 2007. p.125-126).

344 FIGUEIREDO, Nara Miranda de. Sobre um suposto direito de mentir: um paralelo entre Kant, Schopenhauer e Constant, e alguns conceitos schopenhauerianos. *Revista Urutágua*, Maringá, n. 7, 2004. José Barata-Moura, em relação ao princípio repescado de Benjamim Constant, traduz suas palavras: "Dizer a verdade não é, pois, um dever senão para com aqueles que têm direito à verdade" [Dire La vérité n'est doc um devoir qu'envers ceux qui ont à La vérité] (CONSTANT, Benjamin. *Des Réactions Politiques* (1797), VIII; CONSTANT, Benjamin. *De La force Du gouvernement actuel de La France et de La necessite de s'y rallier. Des Réactions Politiques. Des effet d La Terreur.* Préface pour Philippe Raynaud, Paris: Flammarion, 1988, p. 137). V. BARATA-MOURA, José. *Que fazer com a mentira?* O perfil do juiz na tradição ocidental. Lisboa: Almedina, 2009. p.233, nota de rodapé 23.

345 BARATA-MOURA, José. *Que fazer com a mentira?* O perfil do juiz na tradição ocidental. Lisboa: Almedina, 2009. p.224.

> plástica constelação da *inverdade* recebe, como não poderia deixar de ser, a consagração legal e jurisdicional devida.
>
> Todos temos experiência [...] de que muitas noções conexas e aparentadas – como "induzir em erro", "falsificação de provas", "fraude", "burla", "contrafacção", "impostura", "perjúrio", etc. – encontram, em diferentes ramos do Direito e na sua *praxis* uma competente moldura definitória e operacional, aproximadamente qualificada.
>
> No terreno quotidiano da prestação, e da avaliação, do "testemunho", a confrontação com as inúmeras e subtis práticas do "engano" – deliberado, ou não – constitui preocupação, e ocupação, processual obrigatória de todos quantos tenham por função e por missão promover, de dentro de um enroscado labirinto de "versões", um apuramento da "verdade" dos "factos", das circunstâncias, e do "concreto" que está em julgamento.
>
> Afigura-se-me – de um ponto e vista "exterior" e insuficientemente informado – o silêncio, o nomadismo, ou a eventual baixa densidade de sistematização, relativamente à "mentira" como objectos dos ordenamentos jurídicos não decorre fundamentalmente de uma falta ou defeito de legiferação; corresponde, porventura, mais à percepção lúcida da própria complexidade real da "coisa" em apreço (onde se entrecruzam instâncias diferenciadas e conflituantes de fundamentação) e a uma manifesta *prudência sedimentada* na lida com um tópico, cuja relevância social é notória (a espaços, magnificada em alvoroço), mas que, escorregadio, escapa a uma imediata dogmatização completa, esclarecedora e validável.[346]

Assumindo posição contrária à mentira e, via de consequência, preconizando um dever à verdade, António Pedro Barbas Homem verbera que "um dos primeiros deveres de um homem é o de falar a verdade e evitar a mentira".[347]

Continuando a tratar dessa temática, António Pedro Barbas Homem, lembrando lição de António Soares Barbosa, acrescenta:

> Tratando dos deveres dos homens em matéria de justiça, Soares Barbosa identifica o dever de falar a verdade como um dever universal, porque o seu incumprimento significa a violação dos direitos inatos de todos os cidadãos ao uso da língua; deste modo, a veracidade como dever corresponde a um direito inato do espírito: quando se engana a alguém

346 BARATA-MOURA, José. *Que fazer com a mentira?* O perfil do juiz na tradição ocidental. Lisboa: Almedina, 2009. p. 226-227.

347 HOMEM, António Pedro Barbas. *História das Relações Internacionais*: o direito e as concepções políticas na idade moderna. Lisboa: Almedina, 2009. p. 157.

> estamos a ofender os direitos inatos dos outros; a veracidade obriga a dizer a verdade, mas não obriga a falar. Podemos assim distinguir a identificação clara a um dever de falar verdade e de um direito ao silêncio, mas não de um direito de mentir.[348]

Ainda sobre esse assunto, António Pedro Barbas Homem complementa:

> Também na obra de Pufendorf encontramos o mesmo tipo de conclusões. Existem deveres quanto ao uso da palavra, os quais se exprimem numa máxima inviolável de direito natural de "nunca enganar pessoa alguma pela palavra, nem por outro sinal estabelecido para exprimir os nossos pensamentos" (Samuel Pufendorf, *Lês Devoirs de I'Homme, et Du Citoien, tels qu'ils lui sont prescrits par la Loi Naturelle*, trad. de Jean Barbeyrac, 4ª ed., 2 tomos, Amsterdam, Pierre de Coup, 1718, cap. IX, pp. 194 ss.). Deste modo, o uso das palavras foi estabelecido para proteção dos homens, daqui se seguindo a condenação da mentira.[349]

E, finalizando, sentencia António Pedro Barbas Homem:

> Como denuncia Pedro Barbosa Homem, a mentira constitui um caso de consciência, pelo que nunca pode ser lícita e permitida, inclusive quando se diga respeito à consciência do príncipe. Nem a utilidade nem a necessidade podem sobrepor-se à honestidade.[350]

---

348 HOMEM, António Pedro Barbas. *História das Relações Internacionais*: o direito e as concepções políticas na idade moderna. Lisboa: Almedina, 2009. p. 157.

349 HOMEM, António Pedro Barbas. *História das Relações Internacionais*: o direito e as concepções políticas na idade moderna. Lisboa: Almedina, 2009. p. 157-158.

350 HOMEM, António Pedro Barbas. *História das Relações Internacionais*: o direito e as concepções políticas na idade moderna. Lisboa: Almedina, 2009. p. 158.

CAPÍTULO 10

CONSIDERAÇÕES FINAIS

Por todo o exposto, pode-se afirmar, com segurança, que inexiste unanimidade em torno de um suposto e absoluto direito de o réu mentir, em qualquer hipótese, sem que, em contrapartida, não lhe advenha qualquer tipo de admoestação. Predominam os entendimentos de que o direito ao silêncio não compreende o de o acusado mentir sobre sua própria identidade e o de fazer autoacusação falsa, ou seja, o princípio *nemo tenetur se detegere* não confere nenhuma imunidade ao indivíduo que mente quanto à sua qualificação nem o ampara quando o mesmo faz uma falsa autoacusação.[351]

Destarte, é correto dizer que, assegurado o direito à não autoincriminação, "o réu está obrigado a responder às perguntas sobre a sua pessoa [...], já que essas questões não dizem respeito à prática do delito a ele imputado, não lhe prejudicando a defesa";[352] e que o imputado, não obstante possua a liberdade de "dizer o que quiser e bem entender [...] nem por isso poderá fazer uma auto-acusação falsa, pois, nesse caso, estaria, com a sua conduta, criando obstáculo a que se puna o verdadeiro culpado".[353]

---

351 No Brasil, "A negativa do acusado em responder as perguntas de identificação caracteriza contravenção penal (LCP, art. 68)" (CAPEZ, Fernando. *Curso de Processo Penal*. 14. ed. São Paulo: Saraiva, 2007. p. 333). Nota: dispõe o art 68, do Decreto-Lei nº 3.688, de 3.10.1941, também conhecido como Lei das Contravenções Penais (LCP), o seguinte: "Recusar à autoridade, quando por esta justificadamente solicitados ou exigidos, dados ou indicações concernentes à própria identidade, estado, profissão, domicílio e residência: Pena – multa".

352 BONFIM, Edílson Mougenot. *Código de Processo Penal Anotado*. São Paulo: Saraiva, 2007. p. 340.

353 TOURINHO FILHO, Fernando da Costa. *Código de Processo Penal Comentado*. 10. ed. São Paulo: Saraiva, 2007. v. I. p. 547.

Nessa última hipótese, apresenta-se lúcida a posição doutrinária de Thiago Bottino, a saber:

> Há exceções à possibilidade de o indivíduo sob investigação ou processo prestar depoimento falso e não ser punido por isso, como a proibição de confessar falsamente um crime que lhe é imputado. Nesse caso, entende-se que o indivíduo não falseou a verdade para assegurar seu direito de defesa, mas sim para beneficiar terceiro.[354]

Para Eugênio Pacelli de Oliveira, o princípio *nemo tenetur se detegere:*

> Tem em mira não um suposto direito à mentira, como ainda se anota em algumas doutrinas, mas a proteção contra as hostilidades e as intimidações historicamente desfechadas contra os réus pelo Estado. Primeiro, nas jurisdições eclesiásticas; depois, no Estado Absolutista, e, mesmo na modernidade, pelas autoridades responsáveis pelas investigações criminais.[355]

Deve ser lembrado que em um Estado Democrático de Direito, no qual não somente as decisões são democráticas em sua substância, mas produto de processos igualmente democráticos, não há muito o que se temer quando da relativização do princípio *nemo tenetur se detegere.* É que a não absolutização de direitos e garantias fundamentais não representa nenhuma novidade, seja na doutrina, seja na jurisprudência constitucional. Apenas como rápido exemplo, o Supremo Tribunal Federal do Brasil, nos passos do *Bundesverfassungsgericht* (Tribunal Federal Constitucional da Alemanha), relativizou, em 2003, a liberdade de manifestação de pensamento em favor da dignidade da pessoa humana, quando da apreciação de caso a envolver a produção e publicação de livros e periódicos de cunho supostamente antissemita.[356] [357]

---

[354] BOTTINO, Thiago. *O Direito ao Silêncio na Jurisprudência do STF*. São Paulo: Campus Jurídico, 2009. p. 99.

[355] OLIVEIRA, Eugênio Pacelli de. *Curso de Processo Penal*. 10. ed. Rio de Janeiro: Lumen Juris, 2008. p. 333.

[356] HC nº 82424/RS – Rel. Min. Moreira Alves, Rel. p/ Acórdão Min. Maurício Corrêa, j. em 17.09.2003 – Pacte: Siegfried Ellwanger Castan – Impte: Werner Cantalício João Becrek – Coator: Superior Tribunal de Justiça

[357] "Em 1986, o grupo Movimento Popular Anti-Racismo, formado pelo Movimento de Justiça e Direitos Humanos, pelo Movimento Negro Brasileiro e pelo Movimento Judeu de Porto Alegre, denunciou o conteúdo supostamente racista das obras da Editora Revisão, de Siegfried Ellwanger Castan, à Coordenadoria das Promotorias Criminais. Fez-se uma

Sobre esse tema, Tarcísio Vieira de Carvalho Neto, ao escrever especificamente sobre a "Liberdade de expressão e propaganda eleitoral", e, nesse particular, discorrendo em relação a temas de direito eleitoral à luz das legislações brasileira e portuguesa, nomeadamente sobre "discurso de ódio (*hate speech*) e propaganda negativa", anotou:

> Ao enfrentar especificamente o problema afeto a discussão de ódio, o STF afirmou que as "liberdades públicas não são incondicionais, por isso devem ser exercidas de maneira harmônica, observados os limites definidos na própria Constituição Federal (CF, art. 5º, §2º, primeira parte)". Com isso, o "preceito fundamental de liberdade de expressão não consagra o 'direito à incitação ao racismo', dado que um direito individual não pode constituir-se em salvaguarda de condutas ilícitas, como sucede com os delitos contra a honra", por isso, em casos tais, deve haver a prevalência "dos princípios da dignidade da pessoa humana e da igualdade jurídica" (STF, *HC* nº 82424/RS, Rel. Min. Moreira Alves, red. p/ o ac. Min. Maurício Corrêa, *DJ* de 19.3.2004).
>
> No caso citado, a Corte Constitucional manteve a condenação do editor e escritor Siegfried Ellwanger imposta pelo Tribunal de Justiça do Rio Grande do Sul pelo crime de antissemitismo e por publicar, vender e distribuir material antissemita. Os ministros entenderam que a conduta do paciente, consistente em publicação de livros de conteúdo antissemita, foi explícita, revelando manifesto dolo, uma vez que se baseou na equivocada premissa de que os judeus não só são uma raça, mas, mais do que isso, um segmento racial atávico e geneticamente menor e pernicioso. Dessa forma a discriminação cometida, que seria deliberada e dirigida especificamente contra judeus, configura ato ilícito de prática de racismo, com as consequências gravosas que o acompanham.[358]

---

nova denúncia em 1990, desta vez junto à chefia da Polícia do Estado do Rio Grande do Sul, que instaurou inquérito policial, que foi remetido ao Ministério Público. A denúncia foi recebida em 1991, e foi determinada a busca e apreensão dos exemplares de diversos livros publicados por Castan, entre eles, *Holocausto Judeu ou Alemão? Nos Bastidores da Mentira do Século*, do próprio Castan, *Hitler Culpado ou Inocente?*, de Sérgio Oliveira e *Os Protocolos dos Sábios de Sião*, prefaciado por Gustavo Barroso. Castan foi, então, em 1995, julgado e absolvido em primeira instância; contudo, em 1996, foi condenado por unanimidade pelos desembargadores da 3ª Câmara Criminal do Tribunal de Justiça do Estado do Rio Grande do Sul. Apesar de condenado, ainda em 1996, Castan foi flagrado vendendo seus livros na Feira do Livro de Porto Alegre, o que levou a uma nova denúncia, que foi recebida em 1998, e pela qual foi condenado a dois anos de reclusão. Castan então recorreu, argumentando que os judeus são uma etnia, e não uma raça, e que, portanto, anti-semitismo não é racismo. Seu recurso, porém, foi negado, e a condenação foi reiterada pelo STF em 2003" (SIEGFRIED ELLWANGER. *In*: WIKIPÉDIA: a enciclopédia livre. San Francisco: Fundação Wikimedia, 2012).

[358] CARVALHO NETO, Tarcísio Vieira de. *Liberdade de expressão e propaganda eleitoral*. Belo Horizonte: Fórum, 2020. p. 154.

Disso resulta, como bem afirmou o jurista eleitoralista acima citado, que "para o ordenamento jurídico brasileiro, é clássica a lição de que não há direito absoluto (REspe nº 933-89/MG, Rel. Min. Luciana Lóssio, *Dje* de 5.4.2017; RO nº 3653-08/RO, Rel. Min. Henrique Neves da Silva, *Dje* de 5.4.2015; Respe nº 99-85/SP, Rel. Min. João Otávio de Noronha, *Dje* de 23.11.2015)".[359]

De igual modo, nesse particular, o Min. Luiz Fux, do SFT, ao proferir decisão na Medida Cautelar em *habeas corpus* de nº 204.492/DF, em data de 14.07.2021, assentou que "nenhum direito fundamental é absoluto, muito menos pode ser exercido para além de suas finalidades constitucionais".

Ao tempo em que também verbera que "nenhum direito ou garantia fundamental é absoluto",[360] Guilherme de Souza Nucci reproduz decisão do Supremo Tribunal Federal, como a seguir é dada a conhecer:

> Não há, no sistema constitucional brasileiro, direitos ou garantias que se revisam de caráter absoluto, mesmo porque razões relevantes de interesse público ou exigências privadas do princípio da conveniência das liberdades legitimam, ainda que excepcionalmente a adoção, por partes dos órgãos estatais, de medidas restritivas das prerrogativas individuais ou coletivas, desde que respeitados os termos estabelecidos pela própria Constituição (RTJ 140/514).[361]

Nesse sentido, leciona o professor lusitano José de Melo Alexandrino:

> Os direitos, liberdades e garantias têm limites. E estes podem ser *directos* (quando excluem imediatamente certas parcelas do direito) ou *indirectos* (quando são fundamento para ulteriores restrições).[362]

A seu turno, Emerson Garcia consignou ser "inconcebível a existência de direitos absolutos em um Estado Democrático de Direito, isto porque frequentes são os pontos de tensão entre dois ou mais direitos,

---

[359] CARVALHO NETO, Tarcísio Vieira de. *Liberdade de expressão e propaganda eleitoral*. Belo Horizonte: Fórum, 2020. p. 153.

[360] NUCCI, Guilherme de Souza. *Curso de Direito Processual Penal*. 21. ed. Rio de Janeiro: Forense, 2024b. p. 540.

[361] NUCCI, Guilherme de Souza. *Curso de Direito Processual Penal*. 21. ed. Rio de Janeiro: Forense, 2024b. p. 532

[362] ALEXANDRINO, José de Melo. *Direitos Fundamentais*: introdução geral. Lisboa: editora Principia, 2007. p. 112.

o que, *ipsum factum*, torna imperativo o estabelecimento de critério para a solução de colisões".[363]

Em decisão dos anos 80, a Corte Alemã entendeu que a afirmação falsa sobre fatos históricos comprovadamente ocorridos não encontram proteção na mesma liberdade de manifestação de pensamento, como era a negação do holocausto, protagonizada por grupos de neonazistas.[364] [365]

Desta forma, é que os aparentes conflitos entre direitos fundamentais, de sede constitucional, devem ser enfrentados, isto é, a partir do âmbito do concreto, de cada caso, inexistindo qualquer contradição ou ameaça às conquistas da democracia da modernidade uma eventual decisão que favoreça um direito fundamental mais amplo que o outro, como o que aqui se discute.

Assim, em determinadas condições há de ser impor o respeito aos interesses da coletividade, com proeminência aos interesses individuais, em situações concretas e excepcionais, o que restou observado, no Brasil, em 2002, quando do julgamento de um caso envolvendo a cantora mexicana Glória de Los Angeles Trevino Ruiz, mais conhecida como "Glória Trevi", azo em que o Supremo Tribunal Federal determinou, a bem do interesse público, que a placenta da referida artista fosse, contra a vontade dela, submetida a exame de DNA, a fim de se elucidar a alegação de um suposto crime de estupro, o qual teria sido perpetrado nas dependências da carceragem da Polícia Federal onde se achava aquela aludida senhora sob a tutela do Estado brasileiro, tendo como consequência uma indesejada gravidez, delito esse que foi atribuído a um integrante daquele Órgão, cuja identificação a referida cantora se negava a fornecer.[366]

---

363 GARCIA, Emerson. *Ministério Público*: organização, atribuição e regime jurídico. 4. ed. São Paulo: Saraiva, 2014. p. 141.

364 "A negação do Holocausto – isto é, a negação da matança de 6 milhões de judeus perpetrada pela Alemanha e Hitler nos campos de extermínio criados nos anos 30 e 40 na própria Alemanha e nos países da Europa Central ocupados por nazistas – foi declarada pelo Parlamento Europeu como um delito passível de punição" (NEGAÇÃO DO HOLOCAUSTO na Europa: um delito passível de punição. *Shvoong*, [*s. l.*], [2010).

365 "Atualmente, negar que o holocausto tenha existido pode levar, em alguns países na Europa, a uma condenação criminal, e, diante o Tribunal Europeu de Direitos Humanos, não haverá proteção ao direito da liberdade de expressão" (trecho do artigo "Hate Speech: The United States versus the resto f the world?", publicado em *Maine Law Review*, v. 53:2, 2001, de autoria de Kevin Boyle, transcrito no voto do Min. Gilmar Mendes, do STF do Brasil, quando do julgamento do HC 82.424/RS).

366 A Ementa desse julgamento ficou assim redigida: "1. Reclamação submetida ao processo de Extradição nº 783, à disposição do STF. 2. Coleta de material biológico da placenta, com proposto de se fazer exame de DNA, para averiguação de paternidade do nascituro, embora a oposição da extraditanda. 3. Invocação dos incisos X e XLIX do art. 5º, a

Ressalte-se, que a partir da Segunda Grande Guerra mundial passamos a vivenciar um renascimento dos valores, ante a superação do positivismo formal, que entendia o direito como redução à mera aplicação de textos legais, na esteira da Teoria Pura do Direito de Kans Kelsen.[367]

De um Estado meramente legal, foi-se a uma ideia de Estado Constitucional. Daí, doravante, as Constituições dos países onde vigora um Estado Democrático de Direito foram compreendidas como um sistema aberto de regras e princípios, balizadas por valores constitucionais. Em vista disto, autores como Paulo Bonavides[368] trazem a ideia de uma nova hermenêutica constitucional, com regras distintas para a interpretação da Constituição.

Gomes Canotilho,[369] inclusive, indica métodos específicos de interpretação constitucional, entre eles o princípio da unidade da

---

CF/88. 4. Ofício do Secretário de Saúde do DF sobre comunicação do Juiz Federal da 10ª Vara da Seção Judiciária do DF ao Diretor do Hospital Regional a Asa Norte (HRAN), autorizando a coleta e entrega de placenta para fins de exame de DNA e fornecimento de cópia do prontuário médico da parturiente. 5. Extraditanda à disposição desta Corte, nos termos da Lei nº 6.815/80. Competência do STF, para processar e julgar eventual pedido de autorização de coleta e exame de material genético, para fins pretendidos pela Polícia Federal. 6. Decisão do Juiz Federal da 10ª Vara do Distrito Federal, no ponto em que autoriza a entrega da placenta, para fins de realização de exame de DNA, suspensa, em parte, na liminar concedida na Reclamação. Mantida a determinação do Diretor do Hospital Regional de Asa Norte, quanto à realização da coleta de placenta do filho da extraditanda. Suspenso também o despacho do Juiz Federal da 10ª Vara, na parte relativa ao fornecimento de cópia integral do prontuário medido da parturiente. 7. Bens jurídicos constitucionais como "moralidade administrativa", "persecução penal pública" e "segurança pública" que se acrescem – como bens da comunidade, na expressão de Canotilho, - ao direito fundamental à honra (CF, art. 5º, X), bem assim direito à honra e à imagem de policiais federais acusados de estupro da extraditanda, nas dependências da Polícia Federal, e direito à imagem da própria instituição, em confronto com o alegado direito a reclamante à intimidade e a preservar a identidade do pai de seu filho. 8. Pedido conhecido como reclamação e julgado procedente para avocar o julgamento do pleito ao Ministério Público Federal, feito perante o Juízo Federal da 10ª Vara do Distrito Federal. 9. Mérito do pedido do Ministério Público Federal julgado, desde logo, e deferido, em parte, para autorizar a realização do exame de DNA do filho da reclamante, com a utilização da placenta recolhida, sendo, entretanto, indeferida a súplica de entrega à Polícia Federal do "prontuário médico" da reclamante" (STF – Tribunal Pleno – Rcl. nº 2040/QO/DF, Rel. Min. Néri da Silveira, j. em 21.02.2002, publ. DJ de 27.06.2003, p.31).

[367] KELSEN, Hans. *Teoria Pura do Direito*. Tradução de João Batista Machado. São Paulo: Martins Fontes, 2006.

[368] "Na vida do direito, a interpretação, pois, já não se volve para a vontade do legislador ou da lei, senão que se entrega à vontade do intérprete ou do juiz, num Estado que deixa assim de ser Estado de Direito Clássico para se converter em Estado de Justiça" (BONAVIDES, Paulo. *Curso de Direito Constitucional*. 13. ed. São Paulo: Malheiros, 2003. p. 477).

[369] CANOTILHO, J. J. Gomes. *Direito Constitucional e Teoria da Constituição*. 4. ed. Coimbra: Almedina, 2000. p. 1.186.

Constituição. É dizer: num caso concreto não se aplica uma ou outra norma de uma Carta Política, mas toda a Constituição. Na tarefa de aplicação da Constituição deve-se tomar por base a ideia de que ela constitui a soma dos valores constitucionais encartados em determinado Estado. Destarte, não se interpreta um artigo ou outro de uma Constituição, mas toda ela, ao mesmo tempo.

É relevante que se destaque, por oportuno, a distinção entre regras e princípios, a partir do magistério de Robert Alexy:

> O ponto decisivo na distinção entre regras e princípios é que os *princípios* são normas que ordenam que algo seja realizado na maior medida possível dentro das possibilidades jurídicas e fáticas existentes. Princípios são, por conseguinte, *mandamentos de otimização,* que são caracterizados por poderem ser satisfeitos em graus variados e pelo fato de que a medida devida de sua satisfação não depende somente das possibilidades fáticas, mas também das possibilidades jurídicas. O âmbito das possibilidades jurídicas é determinado pelos princípios e regras colidentes. Já as *regras* são normas que são sempre ou satisfeitas ou não satisfeitas. Se uma regra vale, então, deve se fazer exatamente aquilo que ela exige; nem mais, nem menos. Regras contêm, portanto, *determinações* no âmbito daquilo que é fático e juridicamente possível. Isso significa que a distinção entre regras e princípios é uma distinção qualitativa, e não uma distinção de grau. Toda norma é ou uma regra ou um princípio.[370]

Leciona Germana de Oliveira Moraes, tomando por base a mais recente doutrina constitucional, que as regras têm uma estrutura de previsão e consequência, quer dizer, ao se firmar um contrato o preço deve ser pago. Já os princípios representam o espírito do sistema jurídico. São os valores que os orientam, a exemplo do direito à vida, à função social da propriedade, à liberdade de imprensa etc. Isso remonta à teoria de Robert Alexy, para quem os princípios são "mandados de otimização".[371] [372]

Eduardo Rocha Dias, didaticamente, assim diferencia os princípios das regras:

370 ALEXY, Robert. *Teoria dos Direitos Fundamentais.* Tradução de Virgílio Afonso da Silva. São Paulo: Malheiros, 2008. p. 90-91.

371 MORAES, Germana de Oliveira. *Controle jurisdicional da Administração Pública.* 2. ed. São Paulo: Dialética, 2004. p. 185.

372 Cf. também ÁVILA, Humberto. *Teoria dos Princípios*: da definição à aplicação dos princípios jurídicos. 10. ed. São Paulo: Malheiros, 2009.

> Os princípios são normas dotadas de maior generalidade e abstração, vinculando-se mais nitidamente a valores, e carecendo de concretização. São mandatos de otimização, uma vez que se aplicam na medida das possibilidades fáticas e jurídicas existentes. Distinguem-se das regras, passíveis de aplicação em termos definitivos, de "tudo ou nada", mediante uma subsunção dos fatos concretos. Os princípios possuem uma dimensão de peso e as regras uma dimensão de validade. Isso significa que os primeiros, caso entrem em conflito, não são excluídos do ordenamento jurídico, mas submetidos a uma ponderação, pela qual, na decisão do caso, ocorre a cedência de um diante do outro. Mas isso não impede que em outra situação se decida pela aplicação do princípio oposto. Já no caso de conflito entre regras, a solução deverá levar ao reconhecimento da invalidade de uma das regras, ou à aplicação de uma cláusula de exceção que tenha sido introduzida.[373]

Convém registrar ainda, sobre essa questão, o magistério de Georges Abboud:

> O ponto decisivo na obra de Roberty Alexy para a distinção entre regras e princípios reside no fato de que os princípios são *mandamentos de otimização*, enquanto as regras têm caráter de *mandamentos de definição*. Como *mandamentos de otimização*, os princípios ordenariam a realização de algo na maior medida possível, desde que respeitadas as possibilidades e os limites fáticos e jurídicos.[374] [375]

Por isso, apenas no caso concreto, em razão de suas peculiaridades, é que será descoberta a solução mais adequada para a resolução do conflito, privilegiando um ou outro valor constitucional, porém,

---

373 DIAS, Eduardo Rocha. Os limites às restrições de direitos fundamentais na Constituição brasileira de 1988. *In:* LIMA, Martonio Mont'Alverne Barreto; ALBUQUERQUE, Paulo Antonio de Menezes (org.). *Democracia, direito e política*: estudos internacionais em homenagem a Friedrich Müller. Florianópolis: Conceito Editorial, 2006. p. 170-171.

374 ABBOUD, Georges. *Processo Constitucional Brasileiro*. 5. ed. São Paulo: Thomson Reuters Brasil, 2021. p. 442.

375 Eros Roberto Grau, no seu livro *Por Que Tenho Medo dos Juízes (a interpretação/aplicação do direito e os princípios)*, esclareceu, logo no prefácio, "que tudo que pensava a respeito dos *princípios* havia de ser revisto" e, à página 100, em síntese, sustentou que "os princípios são regras". Mais à frente, disse: "Nada distingue os princípios das regras de direito. *Regra* é gênero do qual são espécies os *princípios explícitos e implícitos* e as *regras estrito senso*" (GRAU, Eros Roberto. *Por que tenho medo dos juízes*: (a interpretação/aplicação do direito e os princípios). 10. ed. refundida do ensaio e discurso sobre a interpretação/aplicação do direito. São Paulo: Malheiros, 2021. p. 106). Em seguida, afirmou: "Os *princípios* são, portanto, espécie do gênero *regra*" (GRAU, Eros Roberto. *Por que tenho medo dos juízes*: (a interpretação/aplicação do direito e os princípios). 10. ed. refundida do ensaio e discurso sobre a interpretação/aplicação do direito. São Paulo: Malheiros, 2021. p. 107).

de modo que sempre seja resguardado o núcleo essencial de cada um deles. Tal atividade de sopesamento será regulada e orientada pelo princípio da proporcionalidade.

Dessa forma, com a nova interpretação constitucional, a resposta mais adequada há de ser encontrada caso a caso, com o olhar atento aos valores em conflito diante do caso concreto.

Diga-se, por fim, que junto aos direitos fundamentais existe uma segunda dimensão, representada pelo deveres fundamentais, isto é, o dever do homem de respeitar determinados valores relevantes para a vida em comunidade, questão essa bem analisada por Gregório Robles, e assim resumida:

> A dignidade do ser humano não consiste em cada um exigir seus direitos e que tudo lhe pareça pouco para afirmar a sua personalidade, mas, sobretudo, consiste em cada um assumir seus deveres como pessoa e como cidadão e exigir de si mesmo seu cumprimento permanente. Os direitos devem ser os canais institucionais que permitam a realização dos deveres.[376]

---

[376] ROBLES, Gregório. *Direitos Fundamentais e a Ética na sociedade atual*. Tradução de Roberto Barbosa Alves. São Paulo: Manole, 2005. p. 123.

REFERÊNCIAS

ABBOUD, Georges. *Processo Constitucional Brasileiro*. 5. ed. São Paulo: Thomson Reuters Brasil, 2021.

ALBUQUERQUE, Marcelo Schirmer. *A garantia de não auto-incriminação*: extensão e limites. Belo Horizonte: Del Rey, 2008.

ALBUQUERQUE, Paulo Pinto de. *Comentários ao Código de Processo Penal à luz da Constituição da República e da Convenção Europeia dos Direitos do Homem*. 4. ed. Lisboa: Universidade Católica Editora, 2011.

ALEXANDRINO, José de Melo. *Direitos Fundamentais*: introdução geral. Lisboa: editora Principia, 2007.

ALEXY, Robert. *Teoria dos Direitos Fundamentais*. Tradução de Virgílio Afonso da Silva. São Paulo: Malheiros, 2008.

AMORIM, Marcus. *O Controle da Investigação Criminal pelo Ministério Público*. São Paulo: Tirante lo Blanch, 2024.

ANDRADE, Manuel da Costa. *Sobre as Proibições de Prova em Processo Penal*. Lisboa: Coimbra, 1992.

ASSUMPÇÃO, Antônio A. F. *O Direito de Mentir x O Direito ao Silêncio sob a ótica do Direito Internacional Comparado*. Disponível em: http://www.abdir.com.br/ doutrina/ver.asp?art_id=247&categoria=Internacional. Acesso em: 2 mar. 2012.

AVENA, Norberto. *Processo Penal*. 12. ed. Rio de Janeiro: Método, 2020.

ÁVILA, Humberto. *Teoria dos Princípios*: da definição à aplicação dos princípios jurídicos. 10. ed. São Paulo: Malheiros, 2009.

BADARÓ, Gustavo Henrique. *Processo penal*. 8. ed. São Paulo: Revista dos Tribunais, 2020.

BARATA-MOURA, José. *Que fazer com a mentira?* O perfil do juiz na tradição ocidental. Lisboa: Almedina, 2009.

BASTOS, Celso Ribeiro; MARTINS, Ives Gandra. *Comentários à Constituição do Brasil*. São Paulo: Saraiva, 1989. v. 2.

BECCARIA, Cesare. *Dos delitos e das penas*. Tradução de José Cretella Jr. e Agnes Cretella. 2. ed. São Paulo: Revista dos Tribunais, 1997.

BITENCOURT, Cezar Roberto. *Código Penal Comentado*. 4. ed. São Paulo: Saraiva, 2007.

BITTENCOURT, Edgar de Moura. *Crime*. São Paulo: Universitária de Direito, 1973.

BONAVIDES, Paulo. *Curso de Direito Constitucional*. 13. ed. São Paulo: Malheiros, 2003.

BONFIM, Edílson Mougenot. *Código de Processo Penal Anotado*. São Paulo: Saraiva, 2007.

BOTTINO, Thiago. *O Direito ao Silêncio na Jurisprudência do STF*. São Paulo: Campus Jurídico, 2009.

BRASIL. [Constituição (1988)]. *Constituição da República Federativa do Brasil*. Brasília, DF: Presidência da República, 1988. Disponível em: https://www.planalto.gov.br/ccivil_03/constituicao/constituicao.htm. Acesso em: 2 mar. 2012.

BRASIL. *Decreto nº 678, de 6 de novembro de 1992*. Promulga a Convenção Americana sobre Direitos Humanos (Pacto de São José da Costa Rica), de 22 de novembro de 1969. Brasília, DF: Presidência da República, 1992. Disponível em: http://www.planalto.gov.br/ccivil_03/decreto/D0678.htm. Acesso em: 2 mar. 2011.

BRASIL. *Decreto-Lei nº 2.848, de 7 de dezembro de 1940*. Código Penal. Brasília, DF: Presidência da República, 1940. Disponível em: http://www.planalto.gov.br/ccivil_03/decreto-lei/del2848.htm. Acesso em: 2 mar. 2012.

BRASIL. *Decreto-Lei nº 3.688, de 3 de outubro de 1941*. Lei das Contravenções Penais. Brasília, DF: Presidência da República, 1941. Disponível em: http://www.planalto.gov.br/ccivil_03/decreto-lei/del3688.htm. Acesso em: 2 mar. 2012.

BRASIL. *Lei nº 10.792, de 1º de dezembro de 2003*. Altera a Lei no 7.210, de 11 de junho de 1984 – Lei de Execução Penal e o Decreto-Lei no 3.689, de 3 de outubro de 1941 – Código de Processo Penal e dá outras providências. Brasília, DF: Presidência da República, 2003. Disponível em: http://www.planalto.gov.br/ccivil_03/leis/2003/L10.792.htm. Acesso em: 2 mar. 2012.

BRASIL. *Lei nº 11.343, de 23 de agosto de 2006*. Institui o Sistema Nacional de Políticas Públicas sobre Drogas – Sisnad; prescreve medidas para prevenção do uso indevido, atenção e reinserção social de usuários e dependentes de drogas; estabelece normas para repressão à produção não autorizada e ao tráfico ilícito de drogas; define crimes e dá outras providências. Brasília, DF: Presidência da República, 2006. Disponível em: http://www.planalto.gov.br/ccivil_03/_ato2004-2006/2006/lei/l11343.htm. Acesso em: 2 mar. 2011.

BRASIL. *Lei nº 9.226, de 24 de julho de 1996*. Regulamenta o inciso XII, parte final, do art. 5º da Constituição Federal. Brasília, DF: Presidência da República, 1996. Disponível em: http://www.planalto.gov.br/ccivil_03/Leis/L9296.htm. Acesso em: 2 mar. 2012.

BRASIL. Supremo Tribunal Federal. *A Constituição e o Supremo*. 3. ed. Brasília, DF: STF, 2010.

CANO, Leandro Jorge Bittencourt. *Sentença proferida nos autos do Processo nº 3023333-83.2013.8.26.0224*, datada de 14 de março de 2013 (Ação Penal de Competência do Tribunal do Júri). Comarca de Guarulhos-SP.

CANOTILHO, J. J. Gomes. *Direito Constitucional e Teoria da Constituição*. 4. ed. Coimbra: Almedina, 2000.

CAPEZ, Fernando. *Curso de Processo Penal*. 14. ed. São Paulo: Saraiva, 2007.

CAPEZ, Fernando; PRADO, Stela. *Código Penal Comentado*. Porto Alegre: Vero Jurídico, 2007.

CARVALHO NETO, Tarcísio Vieira de. *Liberdade de expressão e propaganda eleitoral*. Belo Horizonte: Fórum, 2020.

CARVALHO, Luis Gustavo Grandinetti Castanho de. *In:* CANOTILHO, J. J. Gomes; MENDES, Gilmar Ferreira; SARLET, Ingo Wolfgang; STRECK, Lenio Luiz. *Comentários à Constituição do Brasil*. São Paulo: Saraiva/Almedina, 2013.

CARVALHO, Paula Marques. *Manual Prático de Processo Penal*. 4. ed. Lisboa: Almedina, 2008.

CASTRO, J. L. Cascajo; LUÑO, Antonio-Enrique Pérez; CID, B. Castro; TORRES, C. Gomes. *Los Derechos Humanos*: significación, estatuto jurídico y sistema. Sevilla: Universidad de Sevilla, 1979.

COSTA, Joana. O Princípio *nemo tenetur* na Jurisprudência do Tribunal Europeu dos Direitos do Homem. *In:* SEMINÁRIO DE DIREITO PROCESSUAL PENAL, 2010, Lisboa. *Relatório* [...]. Lisboa: Faculdade de Direito da Universidade de Lisboa, 2010.

CUNHA, Rogério Sanches; BARROS, Francisco Dirceu; SOUZA, Renne de Ó; CABRAL, Rodrigo Leite Ferreira (coord.). *Acordo de Não Persecução Penal (Resolução 181/2017 do CNMP, com as alterações feitas pela Res. 183/2018)*. 3. ed. Salvador: Juspodivm, 2020.

CUNHA, Rogério Sanches; PINTO, Ronaldo Batista. *Código de Processo Penal e Lei de Execução Penal Comentados*. 4. ed. Salvador: Juspodivm, 2020.

D'URSO, Luis Flávio Borges. O Acusado tem Direito de Mentir? *Revista Âmbito Jurídico*, [*s. l.*], 31 ago. 2003. Disponível em: https://ambitojuridico.com.br/o-acusado-tem-direito-de-mentir/. Acesso em: 25 nov. 2009.

DELMANTO JUNIOR, Roberto. *Inatividade no Processo Penal Brasileiro*. São Paulo: Revista dos Tribunais, 2004. v. 7. (Coleção Estudos de Processo Penal Prof. Joaquim Canuto Mendes de Almeida).

DIAS, Augusto Silva; RAMOS, Vânia Costa. *O Direito à não auto-inculpação* (nemo tenetur se ipsum accusare) *no Processo Penal e Contra-Ordenacional Português*. Lisboa: Coimbra, 2009.

DIAS, Eduardo Rocha. Os limites às restrições de direitos fundamentais na Constituição brasileira de 1988. *In:* LIMA, Martonio Mont'Alverne Barreto; ALBUQUERQUE, Paulo Antonio de Menezes (org.). *Democracia, direito e política*: estudos internacionais em homenagem a Friedrich Müller. Florianópolis: Conceito Editorial, 2006.

DIAS, Jorge de Figueiredo. *Clássicos Jurídicos*: Direito Processual Penal. Coimbra: Coimbra, 2004.

DIAS, Jorge de Figueiredo; ANDRADE, Manuel da Costa; PINTO, Frederico de Lacerda da Costa. *Supervisão, direito ao silêncio e legalidade da prova*. Lisboa: Almedina, 2009.

FERRAJOLI, Luigi. *Direito e razão*: teoria do garantismo penal. Tradução de Ana Paula Zomer Sica, Fauzi Hassan Choukr, Juares Tavares, Luiz Flávio Gomes. 3. ed. São Paulo: Revista dos Tribunais, 2010.

FERREIRA, Gilberto. *Aplicação da Pena*. Rio de Janeiro: Forense, 2000.

FIGUEIREDO, Nara Miranda de. Sobre um suposto direito de mentir: um paralelo entre Kant, Schopenhauer e Constant, e alguns conceitos schopenhauerianos. *Revista Urutágua*, Maringá, n. 7, 2004. Disponível em: http://www.urutagua.uem.br/007/07figueiredo.pdf. Acesso em: 2 fev. 2009.

FISCHER, Douglas. Interrogatório: ato do juiz ou do advogado de defesa? *Professor Douglas Fischer*: temas jurídicos, [*s. l.*], 26 set. 2021. Disponível em: https://temasjuridicospdf.com/interrogatorio-ato-do-juiz-ou-do-advogado-de-defesa/. Acesso em: 3 fev. 2022.

FONSECA, Caio Espíndola. (Im)possibilidade do silêncio parcial da vítima ouvida em juízo no âmbito da Lei Maria da Pena. *Consultor Jurídico*, [*s. l.*], 27 abr. 2025. Disponível em: https://www.conjur.com.br/2025-abr-27/impossibilidade-do-silencio-parcial-da-vitima-ouvida-em-juizo-no-ambito-da-lei-maria-da-penha/ Acesso em: 28 abr. 2025.

GARCIA, Emerson. *Ministério Público*: organização, atribuição e regime jurídico. 4. ed. São Paulo: Saraiva, 2014.

GARCINDO FILHO, Alfredo de Oliveira (org.). *Jurisprudência Criminal do Supremo Tribunal Federal e do Superior Tribunal de Justiça*: 1992 a 1999. 5. ed. Curitiba: Edição do Autor, 1999.

GESU, Cristina di. *Prova penal e falsas memórias*. Rio de Janeiro: Lumen Juris, 2010.

GOMES, Márcio Schlee. *Direito ao Silêncio "Seletivo" do Acusado? Nemo tenetur*, ampla defesa e proporcionalidade. *In:* ALAN, José Alexandre Zachia (org.). *Direito Penal e modernidade*: estudos em homenagem ao professor Augusto Dias Silva. São Paulo: Tirant lo Blanc, 2022.

GRAU, Eros Roberto. *Por que tenho medo dos juízes*: (a interpretação/aplicação do direito e os princípios). 10. ed. refundida do ensaio e discurso sobre a interpretação/aplicação do direito. São Paulo: Malheiros, 2021.

GRECO, Rogério. *Código Penal Comentado*. Niterói: Impetus, 2008.

GRECO, Rogério. *Direitos humanos, sistema prisional e alternativas à privação de liberdade*. São Paulo: Saraiva, 2011.

GRINOVER, Ada Pellegrini. A Polícia Civil e as garantias constitucionais de liberdade. *In:* MORAES, Bismael B. (coord.). *A Polícia à Luz do Direito*. São Paulo: Revista dos Tribunais, 1991.

GRINOVER, Ada Pellegrini; FERNANDES, Antônio Scarance; GOMES FILHO, Antônio Magalhães. *As Nulidades no Processo Penal*. 6. ed. São Paulo: Revista dos Tribunais, 1997.

HADDAD, Carlos Henrique Borlindo. *Conteúdos e contornos do princípio contra a autoincriminação*. Campinas: Bookseller, 2005.

HOMEM, António Pedro Barbas. *História das Relações Internacionais*: o direito e as concepções políticas na idade moderna. Lisboa: Almedina, 2009.

HOMEM, António Pedro Barbas. *O que é Direito?* Lisboa: Principia, 2007.

JAKOBS, Günther. *Direito Penal do Inimigo*. Organização e introdução de Luiz Moreira e Eugênio Pacelli de Oliveira. Tradução de Gercélia Batista de Oliveira Mendes. Rio de Janeiro: Lumen Juris, 2009.

JAKOBS, Günther. *Tratado de Direito Penal*: teoria do injusto penal e culpabilidade. Apresentação de Eugênio Pacelli de Oliveira. Tradução de Gercélia Batista de Oliveira Mendes e Geraldo de Carvalho. Belo Horizonte: Del Rey, 2009.

JESUS, Damásio Evangelista de. *Código Penal anotado*. 15. ed. São Paulo: Saraiva, 2004.

KELSEN, Hans. *Teoria Pura do Direito*. Tradução de João Batista Machado. São Paulo: Martins Fontes, 2006.

LIMA, Renato Brasileiro de. *Código de Processo Penal comentado*. 5. ed. Salvador: Juspodivm, 2020.

LIMA, Renato Brasileiro de. *Nova Prisão Cautelar*: doutrina, jurisprudência e prática. Niterói: Impetus, 2011.

LIMA, Renato Brasileiro de. *Súmulas Criminais do STF e do STJ Comentadas*. 3. ed. Salvador: Juspodivm, 2020.

LOPES JÚNIOR, Aury; GLOECKNER, Ricardo Jacobsen. *Investigação preliminar no Processo Penal*. 6. ed. São Paulo: Saraiva, 2014.

LYRA, Roberto. *Como julgar, como defender, como acusar*. Rio de Janeiro: Editora Científica, [1979].

MALULY, Jorge Assaf. *Denunciação caluniosa*. Belo Horizonte: Del Rey, 2006.

MARCÃO, Renato. *Código de Processo Penal comentado*. São Paulo: Saraiva, 2016.

MENDES, Gilmar Ferreira; COELHO, Inocêncio Mártires; BRANCO, Paulo Gustavo Gonet. *Curso de Direito Constitucional*. São Paulo: Saraiva, 2007.

MENDES, Paulo de Sousa. As garantias de defesa no processo sancionatório especial por práticas restritivas da concorrência confrontadas com a jurisprudência do Tribunal Europeu dos Direitos do Homem. *Revista de Concorrência e Regulação*, Lisboa, ano I, n.1, p.121-144, 2010.

MENDES, Paulo de Sousa. *O torto intrinsecamente culposo como condição necessária da imputação da pena*. Lisboa: Coimbra, 2007.

MENDONÇA, Andrey Borges de. *Prisão e outras Medidas Cautelares Pessoais:* São Paulo: Método, 2011.

MENEZES, Sofia Saraiva de. O direito ao Silêncio: a verdade por trás do mito. *In:* BELEZA, Teresa Pizarro; PINTO, Frederico de Lacerda (org.). *Prova criminal e direito de defesa*: estudos sobre teoria da prova e garantias de defesa em processo penal. Lisboa: Almedina, 2010.

MIRABETE, Julio Fabbrini. *Código Penal interpretado*. São Paulo: Atlas, 1999.

MIRANDA, Jorge. *Manual de Direito Constitucional*. 4. ed. Lisboa: Coimbra, 2008. t. IV.

MORAES, Alexandre de. *Direitos Humanos Fundamentais*. 3. ed. São Paulo: Atlas, 2000.

MORAES, Germana de Oliveira. *Controle jurisdicional da Administração Pública*. 2. ed. São Paulo: Dialética, 2004.

MOURA, Maria Thereza Rocha de Assis. MORAES, Maurício Zanoide de. Direito ao Silêncio no Interrogatório. *Revista Brasileira de Ciências Criminais*, São Paulo, ano 2, n. 6, p. 1380-1390, 1994.

NASCIMENTO, Tupinambá. *Comentários à Constituição Federal*. Porto Alegre: Livraria do Advogado, 1997.

NEGAÇÃO DO HOLOCAUSTO na Europa: um delito passível de punição. *Shvoong*, [*s. l.*], [2010?]. Disponível em: http://pt.shvoong.com/humanities/history/793784-nega%C3%A7% C3%A3o-holocausto-na-europa-um/. Acesso em: 2 mar. 2011.

NESTOR, Távora; ALENCAR, Rosmar Rodrigues. *Curso de Processo Penal e Execução Penal*. 18. ed. Salvador: Juspodivm, 2023.

NETTO, José Laurindo de Souza; LEAL, Jenyfer Michele Pinheiro; GARCEL, Adriane. Limites à retroatividade do acordo de não persecução penal no pacote anticrime. *In:* CAMBI, Eduardo; SILVA, Danni Sales; MARINELA, Fernanda (org.). *Pacote Anticrime*. Curitiba: Escola Superior do MPPR, 2020. v. 1.

NEVES, Serrano. *O Direito de Calar*. Rio de Janeiro: Freitas Bastos, 1960.

NUCCI, Guilherme de Souza. *Código de Processo Penal comentado*. 19. ed. Rio de Janeiro: Forense, 2020a.

NUCCI, Guilherme de Souza. *Código de Processo Penal comentado*. 23. ed. Rio de Janeiro: Forense, 2024a.

NUCCI, Guilherme de Souza. *Código de Processo Penal comentado*. 9. ed. São Paulo: Revista dos Tribunais, 2009.

NUCCI, Guilherme de Souza. *Código Penal comentado*. 20. ed. Rio de Janeiro: Forense, 2020b.

NUCCI, Guilherme de Souza. *Código Penal comentado*. 7. ed. São Paulo: Revista dos Tribunais, 2007.

NUCCI, Guilherme de Souza. *Curso de Direito Processual Penal*. 17. ed. Rio de Janeiro: Forense, 2020c.

NUCCI, Guilherme de Souza. *Curso de Direito Processual Penal.* 21. ed. Rio de Janeiro: Forense, 2024b.

OLIVEIRA, Eugênio Pacelli de. *Curso de Processo Penal.* 10. ed. Rio de Janeiro: Lumen Juris, 2008.

OLIVEIRA, Eugênio Pacelli de. *Processo e Hermenêutica na Tutela Penal dos Direitos Fundamentais.* Belo Horizonte: Del Rey, 2004.

OLIVEIRA, Eugênio Pacelli de; FISCHER, Douglas. *Comentários ao Código de Processo Penal e sua Jurisprudência.* 12. ed. São Paulo: Atlas, 2020.

OLIVEIRA, Eugênio Pacelli de; FISCHER, Douglas. *Comentários ao Código de Processo Penal e sua Jurisprudência.* 15. ed. Salvador: Juspodivm, 2023.

ORGANISATION DES NATIONS UNIES POUR L'EDUCATION, LA SCIENCE ET LA CULTURE. *Les dimensions internationales des doits de l'homme.* Paris: Unesco, 1978. Disponível em: https://unesdoc.unesco.org/ark:/48223/pf0000134209. Acesso em: 28 maio 2025.

PINTO, Lara Sofia. Privilégio contra a auto-incriminação versus colaboração do argüido. *In:* BELEZA, Teresa Pizarro; PINTO, Frederico de Lacerda (org.). *Prova criminal e direito de defesa*: estudos sobre teoria da prova e garantias de defesa em processo penal. Lisboa: Almedina, 2010.

PORTUGAL. Decreto-Lei n.º 78/87. Código de Processo Penal. *Diário da República,* Lisboa, n. 40, 17 fev. 1987. Disponível em: https://diariodarepublica.pt/dr/legislacao-consolidada/decreto-lei/1987-34570075. Acesso em: 2 mar. 2011.

PORTUGAL. Supremo Tribunal de Justiça. Acórdão nº SJ200501050032763. Relator: Henriques Gaspar, 5 de janeiro de 2005. *Acórdãos do Supremo Tribunal de Justiça,* Lisboa, 2005. Disponível em: https://www.dgsi.pt/jstj.nsf/954f0ce6ad9dd8b980256b5f003fa814/6f7d23e48ba2037d802570a50035503c. Acesso em: 15 dez. 2010.

PUGLIESE, William Soares. Agravo Interno, Colegialidade e Precedentes no Supremo Tribunal Federal. *In:* MARINONI, Luiz Guilherme; SARLET, Ingo Wolfgang (coord.). *Processo Constitucional.* 2. ed. São Paulo: Thomson Reuters Brasil, 2021.

QUEIJO, Maria Elizabeth. *O direito de não produzir prova contra si mesmo*: o princípio *nemo tenetur se detegere* e suas decorrências no processo penal. São Paulo: Saraiva, 2003.

RAMOS, André de Carvalho. *Curso de Direitos Humanos.* 8. ed. São Paulo: Saraiva, 2021.

RANGEL, Paulo. *Direito Processual Penal.* 8. ed. Rio de Janeiro: Lumen Juris, 2004.

REALE JÚNIOR, Miguel. *Fundamentos de Direito Penal.* 5. ed. Rio de Janeiro: Forense, 2020.

REBOUÇAS, Sérgio. *Curso de Direito Processual Penal.* Salvador: Juspodivm, 2017.

REIS, André Wagner Melgaço. Mentira do réu influencia dosimetria da pena? *Revista Jus Navigandi,* Teresina, ano 21, n. 4670, 14 abr. 2016. Disponível em em: https://blogjuridicoderobertohorta.wordpress.com/2016/04/15/mentira-do-reu-e-a-dosimetria-da-pena/. Acesso em: 25 abr. 2025.

REIS, Pedro. Dever de Verdade: Direito de Mentir – História do Pensamento Jurídico. *Revista da Faculdade de Direito da Universidade de Lisboa*, Lisboa, v.48, n.1-2, p. 451-480, 2007.

ROBLES, Gregório. *Direitos Fundamentais e a Ética na sociedade atual*. Tradução de Roberto Barbosa Alves. São Paulo: Manole, 2005.

SAAD, Marta. *Direito ao silêncio na prisão em flagrante*. *In:* PRADO, Geraldo; MALAN, Diogo. *Processo Penal e Democracia*: estudos em homenagem aos 20 anos da Constituição da República de 1988. Rio de Janeiro, Lumen Juris, 2009.

SIEGFRIED ELLWANGER. *In:* WIKIPÉDIA: a enciclopédia livre. San Francisco: Fundação Wikimedia, 2012. Disponível em: http://pt.wikipedia.org/wiki/Siegfried_Ellwanger_Castan. Acesso em: 2 mar. 2012.

SILVA, Danni Sales; SANTOS, Fernanda Marinela de Sousa. Acordo de não persecução penal e os limites da renúncia aos direitos e às garantias fundamentais. *In:* CAMBI, Eduardo; SILVA, Danni Sales; MARINELA, Fernanda (org.). *Pacote Anticrime*. Curitiba: Escola Superior do MPPR, 2020. v. 1.

SILVA, Germano Marques da. *Curso de Processo Penal*: noções gerais, elementos do processo penal. 6. ed. rev. e actual. Lisboa: Verbo, 2010.

SILVA, José Afonso da. *Curso de Direito Constitucional Positivo*. 13. ed. São Paulo: Malheiros, 1997.

SOUZA, Sérgio Ricardo de; SILVA, Willian. *Manual de processo penal constitucional*: pós-reforma de 2008. Rio de Janeiro: Forense, 2008.

SUPREMO TRIBUNAL FEDERAL. *Boletim de jurisprudência internacional e estrangeira*: direito ao silêncio. 8. ed. Brasília, DF: STF, 2023. Disponível em: https://www.stf.jus.br/arquivo/cms/jurisprudenciaBoletim/anexo/BJIE8DireitoaoSilncio8edicao.pdf. Acesso em: 28 maio 2025.

TOBEÑAS, José Castán. *Los Derechos del Hombre*. Madrid: Reus, 1976.

TOURINHO FILHO, Fernando da Costa. *Código de Processo Penal Comentado*. 10. ed. São Paulo: Saraiva, 2007. v. I.

TOURINHO FILHO, Fernando da Costa. *Processo Penal*. 11. ed. São Paulo: Saraiva, 1989. v. 3.

TUCCI, Rogério Lauria. *Direitos e garantias individuais no Processo Penal brasileiro*. 3. ed. São Paulo: Revista dos Tribunais, 2009.

VIEIRA, Renato Stanziola. Do juiz, do Ministério Público, do acusado e defensor, dos assistentes e auxiliares da justiça. *In:* GOMES FILHO, Antonio Magalhães; TORON, Alberto Zacharias; BADARÓ, Gustavo Henrique (coord.). *Código de Processo Comentado*. 4. ed. São Paulo: Thomson Reuters Brasil, 2021.

FSC
MISTO
Papel
FSC® C092828

2023
CARBON
NEUTRAL
SAVE

Esta obra foi composta em fonte Palatino Linotype, corpo 10
e impressa em papel Offset 75g (miolo) e Supremo 250g (capa)
pela Gráfica Formato.